商道胡雪岩

刘惠燕◎编著

中国华侨出版社

图书在版编目（CIP）数据

商道胡雪岩 / 刘惠燕编著.—北京：中国华侨出版

社，2011.1

ISBN 978-7-5113-0758-3

Ⅰ.①商… Ⅱ.①刘… Ⅲ.①胡雪岩(1823～1885)-

商业经营-谋略-研究 Ⅳ.①F715

中国版本图书馆CIP数据核字（2010）第197462号

●商道胡雪岩

著　　者 / 刘惠燕		
责任编辑 / 崔卓力		
版式设计 / 墨香图书设计工作室		
经　　销 / 全国新华书店		
开　　本 / 787×1092毫米　　1 / 16　　印张 / 20　　字数 / 318千字		
印　　刷 / 北京建泰印刷有限公司		
版　　次 / 2011年1月第1版　　2011年1月第1次印刷		
书　　号 / ISBN 978-7-5113-0758-3		
定　　价 / 38.00元		

中国华侨出版社　　北京市安定路20号院3号楼　　邮编：100029

法律顾问：陈鹰律师事务所

编辑部：（010）64443056　　64443979

发行部：（010）64443051　　传真：（010）644439708

网　　址：www.oveaschin.com

e-mail:oveaschin@sina.com

前言

往事越千年，历史的天空永远闪耀着那光辉灿烂的星星。无论在什么年代，无论在什么社会环境下，也都会有伟人和英雄的出现来增添星空中星星的数量。那些星星也因为曾发出过耀眼的光芒，装点着灿烂的夜空，美化着苍穹而彪载史册。

俗话说，君子爱财，取之有道。这个"道"究竟是什么呢？是正道、邪道？还是……

不管是什么样的"道"，发家致富才是最关键的，而官商勾结恐怕要算是"道"中的极品了！而把这项技能运用得炉火纯青的人，当数我们的主人公——胡雪岩。

翻开近代商业史册，胡雪岩这个名字赫然出现在第一页上。之所以会出现这种情况，是因为他是近代商业史的先躯者，向来被现代人奉为商人的近代祖师爷。虽然他出身低微，却依靠自己的勤奋和天赋，成为了清朝末期一位被大家尊称为"商圣"的人才，创造了商界中的很多神话。也因此成为了中国几千年封建社会的第一位也是唯一的一位"红顶商人"。

这样一个极富传奇色彩的人物，虽然他有苦涩的童年，饱受了丧父之痛，但踏踏实实、任劳任怨的学徒生活改变了他的一生，让他从艰辛的人生起步中拥有了百折不回的毅力，形成了善良仁慈的良好道德，造就了目光敏锐、行动快捷、善于思考、人情通达的非凡能力，从而改写了他自己的人生：从贫苦走向了富有，从低下走向了高贵，从落魄走向了辉煌。

这位商界的祖师爷能获得如此的成功，演绎一段传奇，可以说跟他个人的人格魅力是有极大关系的。经商历程中，他虽然看透了人间百态，却依然保持着善良的本性；他目睹了朝廷的昏庸，却依然忠贞地为国奉献；他遭受了失败的锤炼，却依然百折不挠逼向成功；他见到了官场的黑暗、人性的丑陋，却依然乐观地笑对那悲惨的命运。

在别人的眼里，胡雪岩是一位不折不扣能挑大梁、担责任的大丈夫，但在他自己的眼里，那些经历的风风雨雨，那些辛苦的披荆斩棘，那些善良仁慈的流露，那些为国为民的责任，都是生活的一部分，都是他需要面对的一切。所以，他视虚无缥缈的官位为浮云，将百姓当做自己的亲人，将朝廷当做自己的天，勇敢地面对并承受着一切。即使最后被人恶意搞成的破产结局，他也坦然接受。

我们除却感叹这个传奇人物的人格外，再深入分析胡雪岩的成功，就会发现他具有非凡的商业智慧。而这种智慧主要有三个显著的特点：讲人脉、懂经营、会处世。讲人脉，表现为他善于交际，在官场、商场都有很多的"朋友"、"贵人"相助，让他不仅左右逢源，还有一个个人才为他所用；懂经营，表现在他有一双敏锐的"火眼金睛"，能把握住市场动向，能知道怎样"借鸡生蛋"、"移花接木"，能知道怎样将生意做大、做活、做精；会处世，表现为他懂得察言观色，能投人所好、急人所急，助人为乐。关于这三点，初看起来很是普通，但如果能同时将它们做到，非得需要一番人生智慧不可，所以堪称经商三绝。

　　本书就是从这三方面入手，对胡雪岩的行商处世之道进行浅显的分析、解剖。试图从他的一个个经商或者生活小故事中，从他许多充满了哲理的精辟论述中，从他的行事处世中，探究、总结出一些可以为我们所用的东西。起到砥砺自我，增长才智，丰富知识，增加阅历，借鉴经验的作用。

　　全书一共分为十二章，分别从处世、做人、做生意、交际、管理等方面展开了分析论述。虽然他已经早离我们而去，又在繁华过尽之后一贫如洗，但他的经商智慧是留给后人的一笔宝贵财富，所以编者在编辑过程中对他的是非功过略去诸多评论，只是总结了他成功的经验。在提取这些经验中，有故事的穿插，有胡雪岩经典话语的引用，也有对他经商之道的浅显论述。只是由于编者水平有限，书中难免有不妥之处，还望读者批评指正。

目 录

商道
胡雪岩

经商之道 学胡雪岩

目录

商道胡雪岩

经商之道 学胡雪岩

目录

003

商道 胡雪岩

经商之道 学胡雪岩

目 录

第一章·商道乃人道，要经商先做人

红顶商人胡雪岩，是清末政商界的一个传奇。他以贫贱的钱庄学徒出身，在短时间中事业崛起、形成近代中国金融事业中的一个异数。

胡雪岩说："做生意与做人在本质上是一样的，都要讲个信义。"中国也有句俗话叫做：做人、做事、做生意。从这句话的逻辑先后次序中，我们就可以看出；要做生意，首先必须从做人开始。只有在老老实实做人、踏踏实实做事的过程中，才能逐步积累起实实在在做生意的技巧、经验、方式、方法，从而才能取得做生意的成功。

胡雪岩之所以能把生意做活、做大，做成艺术，很大程度上就来自他将自己的人格品质运用到了经商上。

助人为乐，帮别人实际是帮自己

胡雪岩官道箴言：

> 假如在人家困难的时候，帮着解了围，人家自然不会忘记。到时他利用手里的权势，行个方便……
>
> 急人之急，帮人之苦，忧人之忧，救人之危，这是人际交往中的一种高尚行为。

中国向来有着"文明礼仪之邦"的美称，几千年的文化中也不乏助人为乐的例子。在中国古代，大到诸侯之间的联盟抵御外敌，小到平常百姓之间的五谷救济，人们都秉承着"助人为乐"的信条。

为何中国人能不断发展这种行为呢？原因其实很简单，因为帮助别人实际上也是在帮助自己。

从精神层面来讲，帮助别人的时候，能获得一种精神上的满足。在大部分中国人的意识中，神是救苦救难、无所不能的。因此，在别人困难的时候自己伸出援助之手，人们在精神上就有种自我神圣的感觉，好像自我超能力得以实现一样。

从现实物质角度出发，"礼尚往来"这个词告诉我们，帮助别人对自己也是有好多好处的。正如胡雪岩所说："假如在人家困难的时候，帮着解了围，人家自然不会忘记。到时他利用手里的权势，行个方便……"当然，这并不是强调助人为乐就是为了得到别人的回报，只是从经商的角度把这点关于做人应该具备的道德展开来谈。

在商业领域，各个公司表面上是相互独立，实际上则存在着千丝万缕的联系。并且，无论哪个公司都不能保证自己在经营上完全一帆风顺，没有难关。这个时候，商海中的相互帮助显得尤为重要。而称为中国"商圣"的胡雪岩在这方面又是怎么做的呢？

在古代，漕运是一项重要的经济制度，用现代的话来讲，就是利用水路（河道或者海道）来调运粮食（主要是公粮）。这也是中国古代历代封建王朝将征收的来自于田赋部分的粮食，押送到京城或者别的指定地点的运输方式。而运送漕米，就是一种有偿的替政府运送公粮的商业活动，政府付给运送者运费。

当时有种说法：既然是干政府的活，那就一定是个肥差。的确，那时候运送漕米可以说是一件肥美的差事，只是当时浙江的情况比较特殊。

在胡雪岩帮忙漕运的前一年，浙江闹旱灾。因为很多老百姓颗粒无收，所以钱和粮食都很难征收上来，而且旱灾导致河道的水变浅很多，不利于行船，所以，直到九月份，浙江漕米还没能启运。

这里面还有一个小插曲。曾经，浙江省前任负责运送漕米的藩司因为与浙江巡抚黄宗汉不和，被黄宗汉以漕米问题抓住小辫子狠狠地整了一顿，以致于自杀身亡。刚好，等到胡雪岩日后的大贵人王有龄做海运局坐办时，漕米由河运改为了海运，也就是先由浙江运到上海，再由上海的海船转运到京城。浙江当任的藩司因为有上一任藩司的前车之鉴，不想管漕米的事，便以漕运改为海运为由，将这档子事全部推给了王有龄。

因为漕米是上缴朝廷的"公粮"，每年都必须按时按量运到京城。所以，哪里没有执行到位，哪里的官员就要倒霉。换句话说，也就是这件公事的完成，不仅关系到王有龄的仕途命运，而且还关系到他的身家性命。

按常规来说，王有龄完成这项任务的概率几乎为零。具体原因有两方面：

一是由于大旱导致浙江百姓的收成非常少。漕米因此差欠太多，数额达到了三十多万石；

二是漕运运输力量不够。采用河运的时候，漕米可以交给漕帮运到上海。但是运输方式从河运改为海运后，等于是砸了漕帮的饭碗（漕帮只经营河运）。所以，漕米如果运不出去，他们高兴还来不及呢，哪里还肯帮忙出力？

结合这两方面，王有龄为此绞尽脑汁，一筹莫展，事情也没有进展。但没想到天无绝人之路，胡雪岩一个就地买米的计策就给他化解了忧愁。

商人，顾名思义，就一定是具有商业思维、商业头脑的人。在胡雪岩看来，这件事情的目的就是完成筹集米粮。所以不管米来自哪里，怎么来的都无关紧要，只要能按时按量在上海交付漕米，王有龄就算圆满完成了任务。既然如此，浙江的米不仅不够数量又运不来，那还不如在上海当地买米来得实际。这样既省去了运输的麻烦，问题也能迎刃而解。

严格来讲，胡雪岩是一名商人，王有龄当时也不过就是一个浙江海运局的坐办。王有龄仕途上是否一帆风顺，能不能完成任务是王有龄一个人的事情，胡雪岩作为商人只要能获利就行。可是为什么胡雪岩还非要绞尽脑汁帮助王有龄解决如此"困难"呢？

原因很简单，胡雪岩是一个有情有义的商人，他为人的一个准则就是"为朋友两肋插刀"。正是这个准则，在胡雪岩以后的经商过程中给了他很多很大的实惠。

因此，当胡雪岩说完自己的买米计策之后，王有龄大为惊喜。甚至他还亲自去了一趟上海。那趟上海之行，王有龄也真是收获不小。不仅在公事方面，他圆满地完成了运送漕米的任务；在私事上，他还贿赂了浙江巡抚黄宗汉，为自己的仕途铺平了路。

很快，黄宗汉就让这个聪慧能干，既能完美交差，又能孝敬依附自己的下属王有龄补了湖州知府的实缺。经过这件事情，王有龄非常满意。他深感自己要想当好官，办好差，离开了"好朋友"胡雪岩可实在不行，于是，曾经有些感慨地对胡雪岩说："我们两人合在一起，有什么事情是干不好的呢？我们真要好好干一下。"

从此，随着王有龄在官场上的如鱼得水，胡雪岩的生意也一步步越做越大。当初，如果没有胡雪岩为王有龄想出的这一计，也许王有龄早就因此丢官甚至丢掉性命了，还怎么谈以后的升迁。胡雪岩此举可谓是做了一件救人性命，胜造七级浮屠的事情。

从中，我们可以看出胡雪岩的一个性格特点"助人为乐"。当然这个助人，并不一定特指帮助那些对自己有很大帮助的人（王有龄只是因为巧合而已）。胡雪岩这种"助人为乐"的高尚品质是作为社会人所具有的一种人性品质，我们不能胡乱地将它曲解为"商人惯用的伎俩"。这种曲解和"高尚品质在商业上应用而得到的回报"是两种性质完全不同的意思。

据记载，胡雪岩小时候因为生活贫困在野外帮人放牛。某天，他碰到很多小伙伴就跟他们一起玩了起来。突然，一个小孩子不小心玩得掉进了山沟。其他的孩子一看情况不对，都吓得跑回了家。只有胡雪岩一个人没有那样做，他慢慢摸索着下到山沟去，把那个滚下山的孩子拉了上来，然后扶上牛背将他送回家去。当时，所有的邻里听说这件事情后都赞扬他，说他不仅机灵、勇敢，还小小年纪就有一副好心肠。

所以，在王有龄有难的关键时刻，胡雪岩没有因为怕被连累而躲远，也没有因为他官小卑微帮不了自己而袖手旁观。相反，他利用自己的聪明才智，帮助自己以后的靠山解决了关于生死的大难题。

胡雪岩他不是先知，并没有提前料到王有龄的前途似锦；胡雪岩也并不是唯利是图的商人，重利轻义。他只是在那个恰当的时刻，用人性的"助人为乐"光辉品质，帮助了一个恰当的人，然后成就了他一生商业上的辉煌。

如果有人将这种对的时间遇上对的人称为是"上天的眷顾"，那会让人觉得很肤浅、幼稚、可笑。毕竟，人的品德是靠平时修练铸就的。假情假意虽然可以换得一时的信任，但是时间长了人们就会毫不留情地替他撕下那副虚伪的面具，揭示他可恶的玩弄手段的嘴脸。所以，我们常常说"要做事先做人"。只有把人做好了，拥有了作为一个人该有的性格品质，我们在做事过程中才能如鱼得水，深有收获。

待人真诚，易得别人尊重与信任

胡雪岩官道箴言：

> 做事总要将心比心，为别人着想。
> "心诚则灵"这句话虽然主要是在求神拜佛的时候才说，但是用在与人交往上也是一样。真诚地待人，不仅能受到别人的尊重与信任，还能带来意想不到的好处。

有人曾说：世界上最美好的东西就是纯洁。纯洁的爱情让人生死相许而成千古绝唱，纯洁的友情不计回报，关键时刻总能雪中送炭。在社会这个大熔炉里，要想有良好的人际关系，最有效的途径就是真诚地向人付出纯洁的情谊。换句话说，就是待人一定要真诚。

胡雪岩生意能蒸蒸日上，大家都知道很多时候是依赖了朋友的关系。但是，胡雪岩的朋友们为何都要帮他的忙，借势给他呢？这就要得益于胡雪岩的待人真诚了。他不仅为了朋友，拆西墙补东墙，还为朋友两肋插刀，这个有帮助患难朋友王有龄渡过难关为例。因此，他的仗义豪爽，为人真诚，让他结识了江湖上同样重情重义的一帮人：漕帮的魏老爷子、大哥尤五、七姑奶奶等。而这帮重情重义朋友的存在，无疑在胡雪岩的生意场上充当了顶梁柱、贵人的角色。

胡雪岩靠真情实意结交朋友无数，这个习惯甚至贯穿他的一生。所以不管是在官场、商场，还是江湖中，胡雪岩都能因为"吃得开"而所向披靡。这种一直秉承着心中的"情义真诚"的做人原则，也正是他屡屡成功的一个重要原因。

有一次，胡雪岩的患难朋友加好伙伴王有龄担当了运粮到天津的任务。这支船队一共十多艘船从宁波港出发，全都载满了官粮。没想到，船队刚到上海，漕帮就用几十艘小舢舨装扮成火船，把王有龄载满官粮的船给烧了个精光。消息传到海运局，王有龄大惊失色，一方面赶紧呈请巡抚衙门派人侦查，缉拿案犯，另一方面委托胡雪岩私下调查。

但是，十几天过去后，官府还是没有找到任何线索。

在古代，损失官粮可不是一件小事。照现在的话来说，那就是玩忽职守，办事不力。所以，如果抓不到案犯，王有龄不仅别想再做官了，甚至还有可能被治罪。王有龄为此吃不下饭、睡不着觉，仿佛天快塌下来了。正在此时，他的好哥们儿胡雪岩匆匆忙忙赶来了。

"查到什么消息了吗？"王有龄一见面，来不及寒暄就急切地问道。

"当然了。据我了解，这件事情是漕帮中的青帮做的。"胡雪岩神色凝重地说，"但是，这事要说起来那话就长了。"

原来，漕帮并非是随意制造这起案件的。原因只是王有龄的海运局砸了漕帮的饭碗，"让漕帮兄弟没饭吃"，所以漕帮才来找找碴，准备也不让王有龄好过。说起来，王有龄也是冤屈得很。自己替朝廷当个差，做个官，却不明不白地就跟漕帮这伙人结下了梁子。

事情大致是这样的。

向来南方是富庶的产米之地，自从隋炀帝开凿大运河以来，每年南方产出的粮食都需要通过运河运粮北上。千百年来，这种粮运方式逐渐发展壮大，因此，除了运送粮米之外，还运送别的东西，之后便统称为漕运。而参与漕运行业的人，包括船家、账房、伙计、船老大，以及运河两岸靠运输为生的百姓，就结成了"漕帮"。结成漕帮的原因只是为了增强实力，互相支援，统一行动。

清朝以来，政府开始逐渐腐败，漕运管理机构大都视漕运为肥肉，所以人人都想参与其中，从而使得漕帮生意日渐惨淡。于是，漕帮在这种情况下为了求得生存，就逐渐形成了帮派组织，目的只是看准机会大行抢劫。后来，势力壮大了的漕帮还发展到在运河中设卡收税，根本无视朝廷法度，因此，他们也就形成了跟朝廷对立的一股让朝廷恐慌的势力。

太平天国定都南京以后，北京和杭州之间的运河经常受到战事的影响，漕运更加不力。于是就有大臣建议：不如将漕运改为海运。这样既可以保证运输不受战事影响，又可无形中瓦解漕帮势力，使他们自然消亡，从而除掉朝廷的"眼中钉"。

于是，朝廷就成立了海运局。实际情况也达到了运输不受战事影响又分崩瓦解漕帮势力的目的。这样，朝廷的粮米不再由运河往北运输，海运局也因此肥了起来。而这对于本来生意就惨淡的漕帮来说，无疑是雪上加霜。这些逍遥、厉害惯了的人尤其看不得朝廷对他们的嗤之以鼻模样，他们于是将仇恨的目光投向了海运局，准备伺机报复。作为海运局坐办的王有龄，他的运粮船队正好赶在了风口上，就这样被烧了。

听完胡雪岩的述说，王有龄沮丧又无可奈何地说："如此说来，我们海运局就只有关门大吉了。难道真让朝廷下令恢复漕运吗？"

"那倒未必。"作为能统筹大局的商人，胡雪岩看问题入木三分，他说，"自古以来，民都不与官府斗。如今漕帮胆敢烧掉毁坏朝廷的粮米，也是被逼无奈。如果朝廷不停手，继续将这件事情追查下去，结果只会把漕帮逼上绝路。俗话说狗急也会跳墙，更何况，他们还是处于暗处。所谓暗箭难防，如果这样继续斗下去，结果只会是两败俱伤，还不如现在咱们就去和青帮谈和，分他们点好处，息事宁人算了。"

胡雪岩并非官场中人，又是王有龄的好朋友，所以他无疑是谈判的最佳人选。于是，王有龄请他亲自出马去和漕帮和谈。为此，胡雪岩特地准备了一船杭州特产，又通过他在青帮当小头目的朋友陈三，终于来到了青帮总部。与青帮大头目廖化生见过礼后，胡雪岩送上了带来的一船杭州特产，又从怀里掏出一张 10 万两的银票，放在盘里，双手呈给廖化生。

廖化生瞟了一眼盘子中的银票，露出一丝喜悦，说道："胡先生，你不带兵，却带来银票，想必有什么谋划吧？"

胡雪岩说话向来不露痕迹。他用商人惯用的交际应酬话谦卑地说："前辈，雪岩今日前来，不过是因为仰慕漕帮的声威，前来致意罢了。"

廖化生身为漕帮大头目，也是见过世面的人，他只是哈哈一笑："胡先生，你真会说笑话，今日的漕帮如西山的落日，哪里可以和海运局的声威相提并论！"

胡雪岩是官商，所以这会儿只能顺势说："朝廷法令太多又不停地发生更改，这些更改却全然不体谅民生的艰难。而海运局，也是迫于朝廷的王法，不得不照章办事，所以难处都在心里面，实质上哪里谈得上什么声威！"

这句话的前半部分仿佛戳到了廖化生的心窝，他说："我们是民，海运局是官。为官的既然不为民着想，民又何必要为官开方便之门呢？"

按照现代人的说法，胡雪岩是深谙人情心理的高手。他知道什么情况下该说什么话，所以在这个当口，他并未一味地撇开自己官商的身份，而是从对立角度对廖化生说："这次王先生的船被烧后，浙江巡抚严令追查真凶，经过明查暗访，近日已经获得了一封密函，准备要求皇上亲启呢。"

所谓"做贼心虚"，廖化生在听到这么个"不小心"走漏的风声后，第一反应就是敏感地问："胡先生可知道其中有什么消息？"

胡雪岩既然来到了漕帮，目的是和他们讲和，那么对他们肯定是像对待朋友一般。在看到廖化生的反应后，胡雪岩看了看左右，廖化生领会了他的意思，挥手屏退左右，然后说："现在不妨直言。"

从这里，一般人想到的可能只是电影中的一个神秘的画面镜头，或者就是觉得这个做法很是平常，况且这个动作还向来被认为是汉奸告密者惯用的。但是，胡雪岩后面的一连串动作与语言简直叫人佩服。

当时胡雪岩并不说话，只是从怀中掏出一封密函，交给了廖化生。原来，这正是浙江巡抚上奏朝廷的密函，里面历数了漕帮滋扰地方，火烧粮船，目无法纪等一连串事情。信的最后这样写道："漕帮名为货运之帮，实则杀人越货之帮，请圣上痛下决心，将漕帮一举歼灭，方可绝后患。"廖化生还没细细看完密函，脸色就已经变了。

廖化生不是贪生怕死的人，相反，他久走江湖，很豪爽重义。他愣了半天，只是心里在想，漕帮虽大，但同朝廷抗衡还是有些自不量力，一旦朝廷真的下旨清剿，只恐怕不仅无数弟兄要为此丧命，几百年的漕帮基业还将毁于一旦。想到这里，这个热血男儿禁不住长叹一声："事到如今，也只有与之一拼了。"

胡雪岩见此情景，宽慰他说："前辈请宽心，胡某已做了手脚，半路截获得此密函，朝廷尚不知，如今重要的是赶紧把粮米、船只凑齐，运到天津，以免京中下旨查办。"

面对廖化生对于他为何帮助漕帮的不解，胡雪岩回答："漕帮的兄弟，自古以来就是靠水吃水，养家糊口也全部依赖这个行业。如今朝廷居然全然不体恤大家，将漕运另外改成海运，大家突然之间被夺走了饭碗，怎么可能不生气呢？纵使漕帮兄弟有做的出格的地方，官府也应该体察民情，怎么能用发兵围剿这样的手段？况且漕帮的兄弟久在江湖上行走，多是刚强率直的热血男儿，一旦较量下来，不知要死伤多少人哪！"

胡雪岩这番情真意切的话语将廖化生感动得一塌糊涂。廖化生本来就是一名重情重义的江湖人士，遇到这样宅心仁厚的生意人，激动之余只是说："胡兄弟，难得你一片仁厚之心，我廖某真是看走眼了，胡兄弟，请受我一拜！"

这其中有两点细节不容忽略，一个是廖化生连叫了两个"胡兄弟"，还有一个就是堂堂漕帮大头目居然会提出"请受我一拜"。江湖人士如果称呼某人为"兄弟"，那就暗示着他已经接纳了你，将你作为了他们内部的人看待。还起身准备对他行"一拜"的大礼，预示着胡雪岩在他心目中已经是恩人的形象。

胡雪岩并非是趾高气扬的红顶商人形象，这和他的人格品质有关。按照今天的话说，就是他这个人，人品相当的好。他选择和漕帮谈和，并非出于立功之类俗气的目的，而是真心实意的在替漕帮人士考虑。说句难听的话，他做他的生意，赚他的钱财，朝廷剿不剿灭漕帮，八竿子也打不到他一点点边。

所以，胡雪岩才会接着对廖化生说："如今运河失修，战事频繁，漕运不畅，海运颇见成效，此也是大势所趋，所以皇上才下了圣旨。漕帮弟兄只有想办法另谋出路，才是长久的良策，否则，一味破坏，只恐逃脱这次，难逃下次啊！"

于是，廖化生和胡雪岩有了更深入的关于漕帮兄弟吃饭问题的讨论，结果是胡雪岩答应以自己钱庄出面，向漕帮放款作为购置粮食的资本，并且分担漕帮出海运费的一半。廖化生感激涕零地直夸胡雪岩"仁义四海"。

关于胡雪岩为什么要管这等事情，为什么要资助漕帮，又为什么作为商人却淡薄钱财这些疑问，恐怕只能用胡雪岩自己的话来回答。他说："人在江湖走，全靠互相支撑，金钱乃是小事。"

一句话，多么中的，多么真诚。也表现了他为人的一项重要原则——"待人真诚"。

就这样，胡雪岩利用"重情重义，待人真诚"，不仅化解了漕帮对海运局的仇恨，而且还利用漕帮把粮食生意做到了乡间，不但解决了漕帮兄弟的吃饭问题，更为自己以后的事业打下了坚实的基础。

由此可见，待人真诚的实惠实在是太大了。

这个世界就是这样，只有你真诚地对待别人，别人才会真诚地对待你。这犹如物理学上力的作用性质定义一样"力是相互的，作用力有多大，反作用力就有多大"，应用到为人交际上，也是这个道理。你对别人讲情义，别人就会跟你讲情面，交朋友，而往往贵人正是从这些你真诚交往的朋友中出的。

胡雪岩为人就牢牢把握了这个原则，所以他能够得到朋友的真心，能够拥有随时准备为他两肋插刀，生死与共的朋友。也因为这个做人原则，大家看到了胡雪岩的真诚，这无意间就打响了他的名气，增加了他的信用值。而这个，以今天的眼光看来，相当于广告的力量。而且事实证明，这个力量是非常强大的。

言而有信，能树立良好商界形象

胡雪岩官道箴言：

> 要做名气，商家的信誉应该放在第一位。
> 尽管"无奸不商"是人们历来对商人的评价，尽管在商界隐藏着许多欺诈行为，尽管靠歪门邪道"发家致富"的不乏其人，但这终归不是长久之计。泥塑的信用早晚会露出马脚，假意的欺诈虽然暂时能获利，但导致的结果只能是最后在商场上毫无生意可做。因为，支撑商场中人走向卓越、成功的不是各种伎俩，而是"诚信"。

诚信，是每个人必须要具备的基本素质，也是商场经营的根本。真正成功的人士都是以诚信作为人生信条、生意原则的。

诚，就是诚实。所谓诚实，指的是态度。一个人在这个社会上生活，必然会遇见很多的人，碰见很多的事，如果忘却了诚实待人，那么长此以往，别人对你只会嗤之以鼻。在商场上，要想赢得顾客的信任，唯有商家自己拿出足够诚实的态度来。诚实是最能打动人心的。

信，就是信誉，就是说到就要做到，就是做了就要做好。信誉是一个人的经营之本，犹如脸面一样重要。如果信誉好，无论走到哪里别人都会对你刮目相看，并且信任有加，如果信誉不好，则几乎没有立足之地。因此商人具备了这一点，今后的道路才会越走越宽。

胡雪岩之所以能够把生意做到覆盖多个方面、多个地区，并且每项事业都做得很出色，原因就在于他始终本着诚信经营的理念在做生意，从而为自己赢得名声，获得了一大帮真心实意与他结交的朋友、同行和客户，拓宽了他的发展道路。

胡雪岩讲求诚信，并不是长大以后做生意时才学会的，而是在他很小的时候就懂得。这说明他是一个完完全全将诚信融入到骨子里的人，他做生意成功也很大程度上取决于他良好的做人品质。由于诚信做人做事，他遇见了一个又一个的贵人，获得了一个接一个的好机会，一步一个台阶地走上了他最终的辉煌之路。

"名气是做出来的"很多人都会这么说，当然，胡雪岩也不否定这种说法，但是他还强调信誉。他说，"做名气不是光去做花架子。仅靠花架子做出来的名气，是不可能长久的，反而会失去信任和尊重，会把自己逼入死胡同，以至于很难重新再来。要做名气，商家的信誉应该放在第一位。"在他看来，名气虽然很多是沾满了人为因素的"炒作"，但是如果是本质的诚信获得了好的信誉，无形之间就会形成良好的公关效应，获得的利益也是空前的。

所以，胡雪岩做事、做名气都非常注重信誉，而不只是做一些虚的花架子。他从做人上将这些品质融入到做生意当中，不光他的名气大到被后人尊为学习的楷模，就连他的事业——胡庆余堂药店的名气，至今也还是响当当的。

胡雪岩将信誉放在第一位，应用在生意上最重要的一点就是"戒欺"。

在胡庆余堂药店的大厅里，挂着一块牌匾，黄底绿字，非常醒目。它不像其他普通药店挂的那些楹联匾额，朝向是面对着顾客，目的是供他们欣赏的。这块牌匾正对着坐堂经理的桌子，采用朝里方式悬挂，目的当然就是警示药店员工的。这块牌匾被称为"戒欺"匾，上面的文字是曾经由胡雪岩亲自拟定的：

凡是贸易均着不得欺字，药业关系性命，尤为万不可欺。余存心济世，誓不以劣品巧取厚利，惟愿诸君心余之心，采办务真，修制务精，不致欺余以欺世人。是则造福冥冥，谓诸君之善为余谋也可，谓诸君之善自为谋亦可。

很显然，胡雪岩设置这块"戒欺"匾的目的就是告诉胡庆余堂药店所有员工，药店最重要的一个信条就是"严禁欺骗顾客"。这也是他创办的胡庆余堂的宗旨。

胡雪岩提出的第一个原则"采办务真，修制务精"，也就是说药方一定要可靠，选用的材料一定得实在，炮制也一定要精细，这样卖出的药才会有非常好的功效。

这对现代很多商人来说，是不可能做到的一点。他们觉得这样做，不仅费时费力费投资，而且顾客又不仔细查看制药的流程，这不是费力不讨好吗？其实，这种想法大错特错。消费者不是傻子，他们经常是货比三家之后再买商品，如果生产者在制作上更细心注意一些，做出的产品肯定更受消费者关注与喜爱。

第二，胡雪岩规定：药店里上至总管，下到采办员、店员，除了要勤奋、谨慎、能干之外，更要具备诚实、心善这些品质。他认为，只有这样的人，才能时时刻刻为病人着想，时时刻刻注意药材的品质。而对于药店来说，只有这样，药店才能真正达到济世救人的目的，也不会坏了名声，倒了牌子。

今天，我们在电视上也可以看到这种情况。古时的药店大堂里，常常会挂着一副对联："修合虽无人见，存心自有天知"，说的大致意思就是：卖药的虽然没有人监督，但药店自我监督赚取良心钱。这里的"修"，指的是中药制作过程中，对于未经加工的植物、矿物、动物等"生药材"的炮制。俗语说"是药三分毒"，事实上很多生药材都含有对人体有害的成分，必须经过水火炮制才能入药。这里的"合"，则是指配制中药过程中药材的取舍、搭配、组合等方面，这个步骤涉及药材的产地、种类、质量、数量很多因素，直接影响着药物的疗效。由于中药成分复杂，成品质量良莠不齐，不是行家是很难分辨优劣的，所以如果药店居心不正，以次充好，或者偷减贵重药材的分量，是非常容易得手的。但是，胡雪岩却始终秉持着中医药店的这种"自我监督"、"制造良心药"的原则，所以他的药店信誉高。

虽然胡雪岩自身并不懂得医术，但对于"药是济世救人"这个道理，他心里跟明镜似的，这也才有了那块他亲题的"戒欺"匾中"药业关系性命，尤为万不可欺"的警戒。不仅如此，在《胡庆余堂雪记丸散全集》的序言中，也有类似的戒语："大凡药之真伪难辨，至丸散膏丹更不易辨！要之，药之真，视心之真伪而已……莫谓人不见，须知天理昭彰，近报己身，远报儿孙，可不敬乎！可不慎乎！"从这里，我们不难看出胡雪岩在"戒欺"立业上的良苦用心，也能看出胡雪岩做人的高贵品质。

所以在胡雪岩看来，"'说真方，卖假药'最要不得。"他要求胡庆余堂卖出的药，必须是真方真料且精心修合。比如当归、黄芪、党参这些名贵药物必须来自甘肃、陕西；而察香、贝母、川芎必须来自云南、贵州、四川；虎骨、人参，则必须到关外去购买，即使陈皮、冰糖之类最常见的材料，他也绝不马虎，规定必须是分别来自广东、福建的。

光规定这些材料的产地还不够，胡雪岩还要求，为了顾客着想，应该要让顾客看清楚自家药店卖出的药的配方来证明货真价实。为此，他甚至提议每当炮制一种特殊的成药之前，都贴出告示让人们来参观。同时，为了让顾客知道药店选料的实在、诚实，不欺骗顾客，他还会在药店摆出各个取料的来源，甚至摆出样品。比如如果药店正在卖鹿茸，他会在药店的后院养几头来自产地的鹿，这样，胡庆余堂药店就有了被顾客信任的名声了。

有了信誉，才会有好的名声，有了好的名声，生意才会越做越红火。胡雪岩正是明白了这个道理，才会将他的药店在那个兵荒马乱的年代，将"戒欺"这一关乎信誉的大优势发挥到了极致，也收到了济世救人的社会效益。也正是因为这样，它才一直都做得红红火火，甚至到今天，还保持着很好的名声。

胡雪岩关于名声的关注，并没有让他步入现代流行的只重形式忽视内容的地步。他依然秉持着自己做人的原则：踏踏实实，诚诚恳恳，善待他人。这正如胡雪岩自己所说，"我们做生意赚了钱，要做好事。我们做好事，就是求市面平静。当然好事也不会白做，我们会要借此扬名。"以后的事实证明，胡雪岩的确依靠"做好事"扬名内外。

当然胡雪岩做名气，讲信誉，并不只是在他的生意达到辉煌的时候才想到的，他做人是这样，所以从做生意一开始就特别注意这一点。

阜康钱庄刚开业不久，胡雪岩就接到了一笔"大单子"，这个客户是绿营军官罗尚德。

因为要上战场打仗，罗尚德当然不可能带着那么多钱去，于是就想把钱存在钱庄。但他心里又担心：如果钱庄不讲信用，万一他不幸阵亡，钱不就取不出来了吗？所以，他想以不要利息来赢得钱庄的重视。

胡雪岩名声在外，罗尚德当然早就听说过，所以他最终决定将自己辛辛苦苦挣来的血汗钱存到阜康钱庄。然而，鬼使神差的是：胡雪岩不仅如"传说"中的那样讲信誉，还要照付给罗尚德那部分他不要的利息，甚至还帮他做了一个很好的策划——大部分钱存定期，小部分钱存活期，并让钱庄总管刘庆生帮他保管存折，承诺等他打仗回来取款时再还给他。

众所周知，打仗就会有生命危险，身为军官的罗尚德，不幸战死在了沙场。在阵亡前，他委托自己的两位同乡将存在阜康钱庄的存款取出来，转给他在老家的亲戚。因为他的存折在刘庆生那里，所以他的两位同乡没有任何取款的凭据。他们原本想着自己两手空空地来到阜康钱庄，要办理存款的转移手续肯定会遇到很大的麻烦和刁难，甚至做好了钱庄赖账的准备。但是，令他们没有想到的是，阜康钱庄并没有刁难他们。

为了证实他们确实是罗尚德的同乡，阜康钱庄让他们请来双方的熟人做了个证明。在确认身份之后直接给他们办理了手续，还按之前胡雪岩给罗尚德的承诺照付了利息。这一下，胡雪岩"诚实守信"的名声得到了更加确凿的证实，他因此更被人们称颂了。

胡雪岩作为一个具有高尚品质的人，他知道诚实是做人必备的品质；身为商人，他深深懂得信誉的重要性。所以在做生意的过程中，他将做人的这个品质融入到了做生意中，并且延伸为：只有懂信誉，才会有好名声，有了好名声财源才会滚滚而来。这也是他为何始终秉持做生意"诚信"原则的一个重要原因。

西方管理学家帕金森曾经说过："关系到一个人未来前途的许诺是一件极为严肃的事，它将在长时间里被一字一句地记住。"所以，想做大事业的人，必须时刻注重自己的信誉，用诚信把自己的名气做大。只有这样，才能获得更多的认可和支持。

低调做人，蜗居商海的有效战术

胡雪岩官道箴言：

> 不招人妒是庸才。但可以不招妒而自己做得招妒，那就太傻了。
>
> 人们常说："低调做人，高调做事"，"做人要低调"。现代社会越来越多的人已经意识到了低调做人的重要性。

这里所谓的低调做人和人们经常说的"枪打出头鸟"不是同一个意思。低调做人是指做事的时候把握住表现的度，既要彰显出自己的能力，又不能太过于压低别人凸显自己。而"枪打出头鸟"强调的是不要过于张扬、出头。低调是一种智慧，勿出头却是一种告诫。

正如胡雪岩所说："不招人妒是庸才。但可以不招妒而自己做得招妒，那就太傻了。"意思就是说：不招人妒忌的低调是高智慧的象征，它并不是简单的不受人关注，那是庸才所为。而如果一件事情本来可以用很低调不被人注意的方式做，但是却采用了招人妒忌的方式，那做这件事情的人就太傻了。因为自招嫉妒就是自找麻烦，不管麻烦是大是小，总归是不好的，或者惹来非议，或者为自己树敌。

人在商海中搏击，最怕的就是惹上非议，最怕的就是树立敌人。每一个精明的商人，每一个成功的商人，几乎都明白这个道理。

所以即使遭人嫉妒是难免的事情，他们也尽量低调行事，尽量避免。就算是在春风得意之时，他们也会处处言行谨慎，时时做事低调。

胡雪岩是一个精明的成功商人，更是一个深谙世事的奇人，他当然也深知这个道理。所以，无论是在扶摇直上之时，还是在穷途末路之际，胡雪岩都非常注意自己的言行举止，极力避免过于张扬，招致别人的嫉妒而使自己腹背受敌。

胡雪岩说的不自招嫉妒，还有一层深刻的意思。人，是情感动物，有七情六欲，有思想，有私心。不自招嫉妒并不只是在表面上做做文章，让人觉得你看起来言语谨慎，步步为营，而是应该做到实处，让同行的人、同事的人、合作的人都觉得你做的事情只有他们信服的份儿，没有压低他们让他们嫉妒的份儿。

自从给患难朋友王有龄打工，帮他从上海购买商米代垫漕米圆满完成任务之后，胡雪岩就准备自立门户，开一家属于自己的钱庄。但当时的胡雪岩并没有开钱庄的资本。他除了有一身的好想法外身无分文。这个时候他筹划的资金来源，只能是以王有龄为官场靠山，凭借他们的交情承办代理打点道库、县库的过往银两。

当然，这不是上下嘴唇一碰就能轻易实现的事情，实际上要筹划就需要让王有龄得到一个州县的实缺（实缺制是清朝的一种制度，有额定官职的人经过正式任命之后就叫实缺）。而当时作为浙江海运局坐办的王有龄仕途刚刚起步，根本不具备给胡雪岩提供代理公款业务的条件。再说他要得到州县的实缺，也不知道是哪年哪月的事情。但是，就王有龄当时的情况来看，他确实需要胡雪岩的全力相助。

所以，当胡雪岩把开钱庄的决定告诉王有龄之后，王有龄沉

第一章

商道 胡雪岩

经商之道 学胡雪岩

思了半天，才表明了他的看法：你开钱庄我其实是非常不愿意的，因为我目前非常需要你的帮助。但是以咱们两个的交情，我帮你也等于是在帮自己，所以你如果有机会就捐个功名吧，那样到哪里我们都在一起。

胡雪岩是个诚恳仗义的人，听朋友这么一说，他豪爽地说："这我早就想到了。开钱庄归开钱庄，帮你归帮你，我两样都照顾得来，你请放心好了。"但是王有龄不这么认为，他觉得以他们的交情，他即将腾飞的仕途，他们应该过的是一种轰轰烈烈、人人羡慕的"官商勾结"生活。

可是胡雪岩刚好不是在这个问题上和他一拍即合的人。胡雪岩从小家境贫寒，深知穷人的辛苦，富人的奢靡，也学会了低调做事的风格。所以，他诚恳地对王有龄说了这番话："雪公（王有龄字雪轩，胡雪岩称他为雪公），您现在刚刚得意，外面还不大晓得，所以此刻我来开钱庄，才是机会。等到浙江官商两方，人人都晓得有个王大老爷，人人都晓得你我的关系，那时我出面开钱庄，外面会怎么说？"

王有龄是个曾经落难的官人，加上做官的人喜欢讲究派头，他才不管外面人怎么说呢？他要的说不定无非就是别人的羡慕眼光，别人的口头奉承，自己"名声"在外。胡雪岩是商人，一个睿智的商人，他重视的名声和做官之人不一样，他扬名声的目的是为了"盈利"。

因此，他接着说："虽然不招人妒是庸才，但是自己招妒，那就太傻了。到时候人家会说你动用公款，营商自肥，如果有人再告你一状，叫我于心何安？我们做事要做得不落痕迹。钱庄有一项好处，可以代理州县公库，公家的银子没有利息，等于白借本钱。你迟早要外放州县的，等你外放出去再来开一家钱庄，代理你那个州县的公库，这就太明显了。所以，我要抢在这个时候开。"

王有龄突然之间恍然大悟，明白了胡雪岩所谓"低调做人"的实处。其实，如果纵览王有龄的一生仕途，我们可以毫不夸张地说，"他的成功除了自身的努力外，很大程度上受益于好友胡雪岩的做人之道影响。"

由此可见，胡雪岩精通不自招嫉妒的道理，是个善用"做事要做得不落痕迹"方法的高手。他并不像那些其他的普通商人，因为自己有了一个官场上的靠山就得意忘形，只等着在他的庇护下，托他的福来让自己也飞黄腾达。相反，他有自己独立的想法，有一套自己的做人之道。因为睿智如他的胡雪岩考虑到了自己的行为可能招致的影响，明白招摇而招人嫉妒的可怕性，所以，他随时随地都注意着不让自己锋芒太露，保持低调。

胡雪岩不光在自己事业的上升期奉行"不自招嫉妒"，就是在他于商场中处于逆境时，也格外注意奉行这一点。

清朝末年，洋务运动逐渐发展成熟，朝廷特设"总理各国事务衙门"，处理涉外事务。但是，实际上真正与外国官商打交道的第一线衙门却不是总理衙门，而是另有其人。其中一个是设在天津的直隶总督兼北洋大臣，另一个则是设在南京的两江总督兼南洋大臣。

当时的两江总督兼南洋大臣是大名鼎鼎的左宗棠，直隶总督兼北洋大臣是朝廷红人李鸿章。他们两个人因为人生观、价值观等的不同而向来不和。正直的左宗棠看不惯李鸿章的所作所为，李鸿章对左宗棠也鄙夷至极，毫不客气。因此，两个人都使尽浑身解数，想方设法削弱对方的势力。

大家都知道，两雄相争第一步骤一般是先斩除对方羽翼。也就是说，如果两个实力相当，后备力量都很大的人斗争，一定要先从斩断对方的"左膀右臂"下手，进而铲除他的后备力量。而当时，胡雪岩因为兼具智慧与能干，已经是左宗棠最得力的干将，加上已经被赐红顶，成为了朝廷命官，因此他也就毫无悬念地成了北洋系最明显的攻击目标。而恰在这个关键时刻，胡雪岩的三女儿要出嫁。

嫁女儿是件大喜事，而以胡家的名声和实力，嫁妆当然不能草率。于是，胡雪岩派他得力的罗四太太，带着大笔现银去上海采购钻石珠宝。罗四太太不愧精明能干，很快就在上海租界的一家德国洋行，买到了一批非常珍贵的钻石首饰。

巧得很的是，这家德国洋行的经理早就仰慕胡雪岩的"财神"大名，在给罗四太太办完手续之后，提出一个不情之请。他说希望罗四太太能将这批首饰在自家店里展览一个星期，给他们做做宣传，也就是想借胡雪岩的名气招揽更多的顾客。

在这个节骨眼上，展览，还是不展览，这是一个关系大局的问题。

照理说，这个经理的请求并不难做到，但是因为当时处于非常时期，整个李鸿章领导的北洋系都在伺机抓胡雪岩的"小辫子"。胡雪岩虽是商人，怎么说也是朝廷的红顶大员，若在上海滩展览自家女儿出嫁的首饰显得有些肆无忌惮，而且很容易给人留下话柄。

但是，如果拒绝，不仅伤了德国洋行经理的面子，而且自然也会被传扬出去。传扬出去之后的话说不定更难听。甚至会扫大名鼎鼎的红顶商人胡雪岩，胡氏店面，胡氏家族的颜面，落下小家子气的名声。胡雪岩那么重视名誉，这对他来讲将是一个大打击。

于是，在胡雪岩做人做事风格影响下的罗四太太，秉承了胡雪岩做事低调、不爱张扬的性格特点，想到了一个折中的好办法。那就是：展览可以，但是，既然是在德国洋行里举行，那么，首饰旁边的说明，只用英文和德文写，不写中文。

毫无疑问，这件事情取得了圆满结局。在胡雪岩影响下的罗四太太也深知招摇会招人嫉妒，更知道招人嫉妒的利害。这不禁让人对胡雪岩的人格魅力又加了几分赞赏。

人性中，嫉妒心几乎每个凡人都有。所以人一旦招摇，就特别容易引人嫉妒，而招人嫉妒无疑就是在自己周围画了一个圆圈，把自己圈在里面，不光不安全，反而会孤立自己，给别人攻击自己行了方便。

虽然是富甲一方的豪商，有"财神"之誉，但是，胡雪岩仍然能够始终保持着低调谦逊的作风。他收敛锋芒，不自招嫉妒，甚至这种作风也深深影响了身边人。

其实，低调做人的思想是中国传统文化的一部分。历史上很多著名而取得成功的人物都秉承这项做人的原则。说得通俗一点就是，只有懂得了低调做人，才不至于让自己成为别人的箭靶子，处于腹背受敌的境地。只有这样，从商的人才能在商场中行走自如。

重理轻利，最能获得好的商业名声

> 不抢人之美，你做初一，我做十五；你吃肉来我喝汤。
>
> 商人重利，人尽皆知。真正经商的人，没有几个不是以赚钱为目的的。胡雪岩作为一个商人，也不例外，他也会把利看得很重。但"君子爱财，取之有道"这句话对他的影响却能与商人的"重利"思想相抗衡。

胡雪岩做生意目的是赚钱，但走的都是正道，他鄙夷那些蝇营狗苟之事。正如他经常所说：拿了会觉烫手的钱，即使再多也不能沾，否则会自取灭亡。

那么，究竟哪些钱属于胡雪岩眼里"拿了会烫手"的呢？总的说来，不外乎以下三大类：

第一类是触犯法律得到的钱。比如靠走私贩毒、偷盗抢劫、杀人越货等不正当途径或手段得来的钱，也就是我们现在通常所说的"黑钱"。挣黑钱对社会的和谐和安定会造成严重的危害，这对一个正直的人、善良的人、有社会责任心的人来讲是不能接受的。

第二类是损人利己得来的钱。也就是以损害同行利益或以坑蒙拐骗的手段赚到的钱。这种挣钱方式会违背商场中公平竞争的原则，同时也会冲破人自身应该持守的道德底线。所以它应该是被正当商人所不齿的一种做法。

第三类是与朋友同行作梗的钱。虽然这种钱挣得不违法，也有正当理由去取，但拿了就可能伤了朋友和气。这对于仗义疏财、重情重义的商人来讲是万万不可取的。例如胡雪岩得知王有龄想在端午节之前接任湖州知府，以便拿到地方官员和士绅孝敬的"节敬"时，胡雪岩劝好友不要因此抢了前任署理的"好处"。

其实一般来说，对于这三类烫手钱中的前两类，大多数人们比较容易理解，也能尽量约束自己按"游戏"规则办事。但对于第三类，很多人却不甚了解。这也就是为什么商人有"卓越"和"平庸"的分别。"卓越"的商人他看得远，看得深，对朋友重情重义，恪守所有君子信条。"平庸"的人贪小利，图便利，一辈子也就是个发不了大财的小商人。

胡雪岩是一个优秀的商人，是一个卓越的商人，他秉持的"不拿烫手钱"，"君子爱财取之有道"完完全全是按照真君子的要求去做的。所以，理念加行为成就了他的名声与卓越。

胡雪岩还经常说，"不抢人之美，你做初一，我做十五；你吃肉来我喝汤。"这充分显示了他作为商人并非唯利是图的本性。"君子爱财取之有道"，他甚至大力发展其中"不夺人之美"这条潜在含义。因此，他从来不抢别人的生意，宁可舍弃自己的利益也要为同行或朋友着想。当然，付出总有回报，他的这种做法给他带来了良好的人缘，使他得到了他人的广泛认可，在事业上越走越远。

有一次，军火生意上正如鱼得水的胡雪岩得知外商又运来了一批先进、精良的军火。而如果购得了这批军火，胡雪岩肯定将大赚一笔。在消息得到进一步确认后，他立即找外商联系，凭借丰富的经验和高明的手腕，以及在军火界的声望和信誉，胡雪岩很快就把这批军火生意谈妥了。

可是，正当他为谈妥一桩大买卖而得意洋洋的时候，无意中听到商界的朋友说了些闲言碎语。事情原来是这样的：原来，在胡雪岩洽谈这笔生意之前，外商已经把这批军火以比他交易更低的价格，许给了军火界的另一位同行。但是因为当时那位同行还没有付款取货，而唯利是图的外商又看到胡雪岩出的价格更高，所以转脸就把订单给他了。只是这样，那位同行必然就丧失了大赚一笔的好机会。

了解到内情之后，胡雪岩对自己的这次"冒失"深感惭愧。他没有丝毫犹豫，直接找到那位同行，诚心诚意地跟他商量这件事情该怎么处理。对方因为了解胡雪岩在军火界的实力，怕他以后跟自己过不去，所以不好意思跟胡雪岩讲条件，只是推说"这笔生意既然让胡老板做成了就算了，只希望以后留碗饭给我们吃。"

事情如果发生在普通人身上，似乎就能以同行的"示弱"和"让步"轻易解决了，但胡雪岩不是普通人。他觉得这样做不仅有悖于自己的人生信条，也让同行蒙受了巨大的损失，于是想尽力弥补缺憾，做得结局完美些。

为此，胡雪岩主动要求把跟外商的直接合作取消，转而让那位同行按照之前和外商的约定继续跟外商合作，然后再把这批军火"转卖"给他。当然，卖给他的价格就是胡雪岩和外商之前商议的价格。这样，那位同行可谓白白捡了一笔生意，而胡雪岩也没有损失，反而卖了同行一个人情，可谓两全其美。

这件事情如果是放在了如今，生意场上的生意人处理方式80%不会这样。他们会一边叫嚣着"如今竞争大，竞争对手死一个少一个"，"帮同行就是给自己掘坟墓"之类冠冕堂皇的理由，对同行"大打出手"，并认为胡雪岩的做法是"有病"。

但实际结果证明，胡雪岩赚到的要多得多。不仅有好信誉、好名声、好生意，还有同行的尊重。

生意场上，经商虽然是以赚钱为目的，但把别人口袋里的钱"掏"到自己的腰包里来总要讲究一些"江湖道义"。首先，这个"掏"不是要豪夺，而是要讲究方式方法、礼仪规范。其次，如果"掏钱"能让人信服，你的生意才会越做越大。再次，如果所有钱财都均分在不同的人手里，你也不用担心自己因为得到过多而遭到非议。也就是说，赚钱要走正道，不仅要正，还要有"道"

胡雪岩经常对帮他做事的人说："做人做事要前半夜想想自己，后半夜想想别人。这样才能广结善缘，四通八达。"也正是如此，胡雪岩才在君子取财这条路上成功了。

第二章·商人要成功，做事讲变通

红顶商人胡雪岩，是清末政商界的一个传奇。他以贫贱的钱庄学徒出身，在短时间中事业崛起、形成近代中国金融事业中的一个异数。

　　胡雪岩说:"天变了,人应变。"现实生活中虽然人们总是强调"坚持到底,不半途而废",但这是建立在方向正确,目标明确的前提下。生命之途上有平坦大道,也有崎岖小路;有春光明媚时刻,也有寒风凛厉的时候,如果一味地"一根筋",用唯一的一种方式演绎多彩,那将意味着毫无未来之光的穷途末路。生意场上也是这样,如果指尖的变化跟不上商场的节奏,做事不讲究变通,那只能注定失败。

做生意最怕一根筋

胡雪岩官道箴言:

> 做生意一定要做灵活,切不可吊死在一棵树上面。
>
> 特别是对于如天气般变幻莫测的商场尤为重要。雨来了,你撑伞;太阳来了,你也选择撑伞。这或许暂时有点用,但如果是风来了你还是选择撑伞,那不仅挡不了大风,还容易导致伞骨损坏。到时候的损失就只能用"一条道走到黑"来形容。

俗话说"条条大道通罗马"。这条道上走不通,还有下一个路口,如果你非要钻牛角尖在一条路上苦守,任性带来的恶果只有你自己吃。作为经营者,必须要具备这种变通手法,做到决策、计划因时、因地、因与自己相关的人而异,必要的时候灵活变通。因为,如果硬要一条道走到黑,必然会让你碰一鼻子灰,而墨守成规也只能是让你停滞不前,而这两种结果对想成为商人的你来说都没有什么好处。

胡雪岩之所以能取得成功,这和他懂得变通是有很大关系的。他向来讲究"圆滑",也就是会根据所处的形势和面对的人,讲不同的话,使用不同的手法,做出不同的决策和方案,所以,他的事业能够越做越大,名声能够越来越响。

在太平天国运动失败之后,清政府对太平军进行了今天所谓的"严打"。于是许多太平军将士都在私底下盘算如何把手中的私财存放到钱庄里，等逃过这场劫难，再拿这笔钱作为后半辈子的养老费。

很多钱庄都因为太平军正在被朝廷"修理"而不敢接下这类型的生意。但胡雪岩以他敏锐的商业眼光，发现了这个机会。并且他的思维换了角度，不像别家钱庄一样死守死理，所以他从这桩买卖上又因为先人一步而获利颇丰。

胡雪岩为这事找到了他的一个朋友张胖子商议。他直接告诉张胖子这里面的利害关系：长毛（也就是太平军）如今正被朝廷严打，抄家。而被抄的人，如果有私财寄存在别处，照例是要追的。也就是说，这笔太平军存在钱庄的存款，即使将来让官府追了去，钱庄也要照付。

当初，张胖子听说利害后不敢接这个生意，他说："这是犯法的事。隐藏逆产，一旦官府来追，不但得了罪名，而且等一追了去，存款的人家到年限又来提款，怎么应付？"但考虑问题喜欢多角度、多方位的胡雪岩不这样认为。

在他眼里，一方面现实表现出打仗也打了好几年了，活捉的长毛头子也不少，但几乎未见官府追过所谓的逆产。并且，官军捉住太平军的时候，只是自然地对他们的家产搜刮一空，根本就不上报。所以，即使朝廷要追，也会先从搜刮的官军追起，钱庄担当风险小。

另一方面，他认为这并不是凡人眼中的违法事情。他的理论是："朝廷的王法是有板有眼的东西，他怎么说，我们怎么做，这就是守法。但是如果他没有说，我们就可以照自己的意思做。隐匿罪犯太平军的财产，固然表面上看来犯法，但要论法，他们钱庄也有一句话可以说'人家来存款的时候，额头上又没写着字：我是长毛。化名来存，哪晓得他的身份？'"

这好像有些强词夺理的意思，但是细细品味起来却并不是这样。胡雪岩分析的很对，做生意的人不能一味地从大众的观点出发分析、看待问题，而应该从多角度、多方位入手。的确，在这件事情上，不能一味固守"违法与否"这个理论。暂且不谈太平军究竟是否该治罪，只从钱庄做生意面向的顾客范围上看，胡雪岩就灵活地将"太平军"也看做是顾客对待。

但是，似乎有人会质疑这同胡雪岩提倡的"守法"、"君子爱财，取之有道"原则相悖。实际上这个问题可以用胡雪岩自己的话给予解答。他说："讲到良心，生意人的良心，就只有对顾客来说，公平交易，老少无欺。至于对朝廷，是要做官的讲良心，这和做生意跟主顾讲良心是一样的道理。所谓'学成文武艺，卖与帝王家'，朝廷是文武官儿的主顾，是他们的衣食父母，因此当官之人对朝廷不能不讲那种'良心'，但商人不用。"

并且，他还以官商不同思维思考方式入手。他说：比如，有长毛（太平军）被抓了，官府对他们抄家。但是如果做官的抹煞良心，侵吞这些人的财产，那对朝廷就是不讲良心。而对我们商人来说，如果长毛化名来存款，我们就拿"这是应该充公的款子"为借口而拒绝与他们做生意。结果呢？这些钱最后白白便宜了赃官。导致的最后结果只能是官员对朝廷没有良心，我们钱庄对长毛这些顾客丧失了良心。

就在这种思路的引导下，张胖子接受了胡雪岩合作的邀请，并达成了一致（当时钱庄的规矩是，大权都在总管手里，股东不得过问），开始大量吸收太平军逃亡将士的存款，然后又向候补、升迁的官员，以及逃难到上海的绅士们放贷。无息的存款再加上高额的放贷利息，使胡雪岩和张胖子大大地赚了一笔。

这就是一个很简单的胡雪岩变通的例子。其实所谓的"变通"

说白了，并不是多么复杂的思维，只是要求人们在看问题的时候多角度、多方位，不要被一种固定模式套住而已。从上面这个例子，我们也可见胡雪岩的这种变通并没有多么高深的学问，他只是站在了别人容易忘记甚至不屑站的角度上思考问题而已。

所以，胡雪岩曾经说过，变通之法运用之妙，存乎一心。做生意跟带兵打仗的道理差不多……随机应变之外，还要从变化中找出机缘来，那才是一等一的本事。一个生意人缺乏敏锐之性，将难有大作为。

的确，胡雪岩这辈子算是参透了其中的道理。他不喜欢一根筋，更不喜欢死脑筋，而是懂得另辟蹊径，转个弯来考虑问题，将各方面的利害关系都尽收其心，善于"从变化中寻找机缘"。

另外还有一件事情也能说明胡雪岩"变通"的这一特长。只是他这次不是从变通中发现了财路，而是发现了生路。

当太平军占领杭州的时候，胡雪岩因为其他原因人没在杭州，而他的家庭和事业都在杭州。所以，当时不仅胡雪岩所有的生意受迫中断，就连家眷也都落在了太平军手里。这给他，无疑带来了巨大的打击。

都说"人怕出名猪怕壮"，当时胡雪岩的事业正处于上升期，富甲一方，平时就有一些人嫉妒他，这会儿加上战乱，人心不稳，谣言更是四起。于是有人造谣说他骗走了浙江用来购买粮食的公款，滞留在上海，误军误国，请求朝廷治胡雪岩的罪。

胡雪岩不是圣人，更不是超人，这突如其来的变故，也确实让他苦恼了一阵，但他很快就冷静下来，开始从头分析。分析之后他发现：自己完全可以变不利为有利。因为陷在杭州城里的好些人，为了生存已经在帮太平军做事，他们之所以造谣，目的在于太平军有需求，而这需求就是他们想招降胡雪岩，好让他回去帮着善后。

于是，冷静下来，善于变通的胡雪岩亲自给闽浙总督衙门上了一份公文。公文中直说那些陷在杭州且污蔑他的人实际是在给朝廷做内应，以便日后跟官军里应外合对付太平军。其实善于变通的胡雪岩这一招可谓深藏不露，是一个相当高明的"计中计"。用他自己的话说，这是一次"一百零一回的买卖"。

表面看来，胡雪岩是在给那些污蔑自己的人说好话，实质上却一方面告诉官府那些谣言都是假的；另一方面也给那些为太平军做事的人留了条后路。并且，这里面还隐含深意：看你们还敢"造次"！胡雪岩打的如意算盘就是：那些造谣污蔑的人要是加害自己的家人，他就把这份公文交给太平军，说那些人其实是假装投降，实际是在跟官府勾结，想把太平军一网打尽。如果真是这样，他们一定会受到太平军的惩罚，到时连性命恐怕都难保。所以，这一计很有效，不仅保全了自己的家人，也让官府相信了他的清白。

或许有人说这只是一个计策而已，为何非要扯上"变通"的关系。仔细看起来，我们就能得出变通的套路：胡雪岩在被人置之死地的时候得以后生，靠的不是别人或者上天派来的救世主的解救，而是变换思维，从绝处找到了解救的方法。试想一下，如果他在无路可走的时候，想法是，我只能"投靠"太平军了，那么他就让那些想算计他的人得逞，并且还背上罪名。

可见，任何时候都没有所谓的绝路，商场也是处处都有商机，只要你肯头脑冷静，肯动脑筋，找对方向，懂得变通，不在一条道上走到黑，总是能达到自己的目标的。因为，换一个角度，换一种思维，很有可能就会"柳暗花明"。

精益求精是成功人士的标签

胡雪岩官道箴言：

> 事情都是人做出来的，不通的总要想办法让它通畅才是。
>
> 可见，大商跟普通人的差别就在于：为了做好一件事情，他会花费很多的精力，会投资更多。有人说：失败的最大祸根，就是养成了敷衍了事的习惯，而成功的最好方法，就是把任何事情都做得精益求精，尽善尽美。这很有道理，做事精益求精，且不说在追求上的高标准，快进步，就是身心上也让人心情愉快，精神饱满。长此以往，这种做事风格还将影响到个人的性格、品行等，让他走到哪里都大受欢迎。

精益求精是一种精神，也是一种做事态度。很多成功的人之所以能获得成功，都是因为有了这种"精神"的帮助，有了它就能获得成功。它何以有如此大的魔力呢？

首先，精益求精会让你在做事的时候立足点更高一些；其次，精益求精会让自己身上的责任更多一些；再次，精益求精还会让你在潜意识中督促自己做事更细一些。如果这三点都兼顾到的话，那么就没有理由做事不成功，做生意不盈利了。

胡雪岩做人做事做生意之所以获得成功，很大程度上就是得益于这种做事风格。

家道衰落和父亲的去世，让胡雪岩早早就体会到了生活的艰辛。因为家里入不敷出，胡雪岩8岁就开始给人帮工，但由于年龄小，他只能替人家放牛以此赚钱补贴家用。到他 12 岁的时候，一个偶然的机会让他进入了商人行列，从此改变了他的命运。

那个时候，当学徒有个体例，就是不符合标准的学徒，等到吃"分岁酒"的时候，老板娘就将鱼头对准他，暗示他没通过学徒考察。胡雪岩做事情向来都精益求精，也就从来没有担心过鱼头会朝向自己。在老板眼里，他不但能吃苦，而且会动脑子！

依照体例，当学徒就是做最脏最累的活儿，美其名曰"从基层锻炼起"。很多学徒不仅不能忍受住这种折磨，会将抱怨的情绪带到工作中，还会在能偷懒的时候就优待自己。但胡雪岩不这样，他懂得就算是个学徒，做杂工，也必须要本着将它做好、做精的态度来做事情。所以，在"公司"里他除了尽自己的本分做好学徒应该做好的所有杂活外，还每天早上早早起床、替师傅师兄们倒夜壶、倒洗脚水，然后就是积极地扫地、买早点，之后就到店面帮着擦桌抹凳。因此，他的各项学徒工作达标合格率都是100%，还外有几分"附加分"。

胡雪岩不同于别的学徒的一点是"爱动脑子"。一般人，在做自己本职工作的时候，都是尽力地模仿前辈们的做法，几乎永远停留在模仿而超越不了的阶段，也就提升不了自己。而胡雪岩自小就有一种"做事精益求精"的精神，所以，他在做本职工作的时候才会开动脑筋，四处寻找能做好、做精工作的方法并应用到工作中去。例如：当学徒的时候，除了干脏活、累活，跑前跑后，他还每天在开店自己又做完"活路"之后立在一旁，为前来办理事务的顾客提供力所能及的服务。虽然只是一些帮客人拿外套，遇到老人扶进扶出，帮忙引路之类的小事，但在学徒中他已经比别人多了一份心，因而就多了一份"成功的机会"。

长大之后，就算是胡雪岩在事业的高峰期，他也一直秉持着这个"做事精益求精"的好风格。这也是为什么后人评价胡雪岩，喜欢用"做事圆滑"来形容他。因为，在胡雪岩看来，做事如果只是做了而没有做到可以做到的完美，也算是失败的。

有一天，一位湖州的香客来胡庆余堂买了一盒胡氏辟瘟丹，但是刚一打开，他就显得有些不满。这一幕被细心的胡雪岩发现了，他赶紧走过去一看，原来这盒辟瘟丹有点缺陷，便立刻诚恳地向顾客解释说明，不仅再三地道歉，还让店员给他重换一盒。只是很不巧，那刚好是最后一盒了。胡雪岩在得知香客是远道而来，很不容易之后，便免费给他提供住宿，还保证：三天之内一定把新药赶制出来，给顾客将损失减少到最小。

过了三天，胡雪岩果然履行了他的诺言，把新配制的辟瘟丹做了出来并送到那位香客手里。那位顾客被胡大官人这份认真劲儿感动了，他没想到大商人胡雪岩在这么小的事情上也精益求精，刻意追求完美。

当然，胡雪岩的这种精益求精的态度带给他的回报是丰厚的。除了在质量上受到顾客肯定销量大增外，无形中还提高了胡庆余堂药店的名声，产生了免费、良好的广告效应。

所以，做事精益求精是有它一定的好处在里面的。一旦一个公司能提供产品质量比别人的好、服务比别人的优质，广告比别人的响亮，名气比别人的旺，那它和成功的距离比同类型商家就近了许多，也就走在了行业的前端。

留得青山在，商界处处有柴烧

胡雪岩官道箴言：

> 无论做事还是经商，都应学会掌握与运用机变与权变之理，在任何时候任何情况下都应该时时注意给自己留下退路。
>
> 中国也曾有句古话叫做"置之死地而后生"，但这个"死"字并非完完全全毫无生气之意，这里只是用来形容人所处的绝境。假想一下：如果真的被一棍子打死，那就真的再也生不起来，翻不了身了。这对于浩瀚宇宙中微小的生命来说，是一件多么残酷的事情啊。

智慧的中国古人有这么一句俗语"留得青山在，不怕没柴烧"。意思就是无论做什么事情，都一定要给自己留一条后路。当然了，所谓的留后路并不是胆小怕事，自信心不足，而是融入果决的一种理智、加入勇猛的一种谨慎。因为人生在世，不可能总是一帆风顺，如果你不善于时刻给自己留后路，那么有一天真把自己赶到绝路上的时候就会连转换方向的余地都没有，那也就不可能再有"绝处逢生"的机会了。

所以，深谙做事圆滑之道的胡雪岩这么说："无论做事还是经商，都应学会掌握与运用机变与权变之理，在任何时候任何情况下都应该时时注意给自己留下退路。"当然，他也是这样做的。他本就是个善良、仗义的人，加上又懂得未雨绸缪和不把事情做绝，所以他才能左右逢源，逢凶化吉，获得了一般人无法超越的成功。

哲学理论告诉我们：世界上的各种事物之间，总是存在着这样那样或明或暗的联系，而且彼此之间总是互用互变和互相转化的。所以，任何事情都不能做得太绝。因为你根本不知道自己做绝的那些事将会和以后的哪件事发生联系，就算当时能让自己得到一些好处，但总有一天会让自己吃下自己曾经种下的苦果。要想不给自己留下后顾之忧，不让将来的自己如履薄冰，后悔当初，就该在做每件事情的时候时时注意给自己留下退路，也只有这样的人才是精明的。

胡雪岩是一个众所周知的精明商人，他经商行事有着非常灵活的头脑和手腕，总是懂得为自己留下退路。所以，他在做任何事情之前，都会深思熟虑，顾前思后，从各个角度，各个方面尽量把事情做得圆滑、完美。给别人和自己都留一条后路。这也是为什么他能在官场、商场如鱼得水的原因。谁会不喜欢一个做事留余地的圆滑之人呢？

人类的认识是有限和无限的统一。人们对身边事物的认识总是有限的，而事物本身的发展决定了我们的认识具有无限性。因此，具有认识有限性拘束的人们不可能完全体会领悟到认识发展的"无限性"这个属性，也就是说在做任何一件事情的时候都不可能精确地预料到结果。所以，要想避免意外出现时惊慌失措，就要在做事情之前、考虑问题之时，多做几手准备，多制定几套方案，做到未雨绸缪，时时注意给自己留下退路。

众所周知，经商之路并不平坦，生意场上瞬息万变，很多人就是在商海里面挣扎、不得救生之法后被淹没掉。所以，商场中许多事情都难以预料，再有实力的人，也难免马失前蹄，而做到未雨绸缪，给自己留条退路在这一行中是非常必要的。

胡雪岩从创业到事业发展鼎盛的过程中，可以说每桩生意都充满了风险和刺激，但由于他凡事都能做到未雨绸缪，尤其特别注意给自己留下退路，所以向来他在生意场上都是有惊无险，化险为夷。这也正是他之所以能在生意场上显赫一时的重要原因之一。

在古时，钱庄做生意主要是通过兑进兑出来赚钱的，也就是相当于今天的银行业务。兑进，是吸收别人的存款做资本，而兑出则是放贷款给别人。兑进要付出利息给存款人，所以利息自然是越低越好，最好是"0"；兑出则是赚借贷人的利息，利息自然是越高越好，没有限度。低付出，高收入，正是商人所追求的。

表面上看起来，这种生意只要商家能够把握好市场，随着银价的起浮，及时调整好兑进兑出的利率，就可以稳稳当当地坐收渔利。然而，这种用钱生钱、四平八稳的运作方式固然可以，但终归不是做钱庄生意的"大手笔"，只能算是小打小闹，至多能过上小康生活而已。而要做出"大手笔"，兑进兑出都是必须承担风险的。

以兑出为例来说。放出的款要想高利息收回，就需要找到大主顾。大主顾是做大生意的，肯定需要大本钱带来大利润，也就不会太在乎借款利率的高低，他们看中的只是借的款项的数量。向这样的主顾放款，收回的利息自然就会高。

但开钱庄的都知道，借贷者若想在生意上获得大利润，所承担的风险也就越大。款放给他们，就意味着自己也要承担很大的风险。他们赚了还好，但万一对方生意失利，血本无归，自己放出去的款不也就付诸东流了？况且往往这一笔放款的数目不是小数，这样下去也就等于把自己放"倒"了。

再从兑进来说，当然最好是有储户他们存款不要利息，虽然这种情况少见，但在当时也不是没有。可天下没有完全免费的午餐，存款的人也不是傻子，他们没有任何理由甘愿这样委屈自己。所以做这样的生意，钱庄当然要承担很大的风险。比如前面讲过的，太平天国失败之后，阜康钱庄接受太平军逃亡兵将隐匿私财的存款就是一个例子。这虽然是一桩获利很大的买卖，但风险也很大。当时钱庄背负的风险是赔了夫人又折兵。因为万一朝廷查到这笔私产的所在，钱庄不光要把这些存款如数上缴朝廷，还有可能会惹上官司。并且有一天私产主人回来取款，按胡雪岩重信用的个性以及钱庄规矩，钱庄必须将原存款如数奉还。

可见，要做"大手笔"对于钱庄来讲并不容易。但有大钱不赚心里又痒痒，所以，这就需要做事的人有足够的能力事先为自己留好退路来减少这些风险带来的冲击力。

胡雪岩做事，从来不缺乏这种能力，他好像总是能做到深谋远虑，瞻前顾后，总是会注意在任何时候都为自己留下退路。但所谓"人非圣贤，孰能无过"，并不是每件事他都做得滴水不漏。但能在错误产生之后，马上想到补救的办法，全身而退，又是一种智慧。

中国兵法有这么一说："兵无常势，水无常形。"商战与兵战在战术上来讲是差不多的，商场上的环境和态势总是瞬息万变，时而天高云淡，风和日丽，一切为我所利；时而山雨欲来风满楼，黑云压城城欲摧，让人感觉到那即将来临的电闪雷鸣前的天昏地暗。那些久经商场，历经起落的商人对此往往是习以为常，因此在遇到挫折的时候也不会冲动地孤注一掷，不给自己留下东山再起的机会。

然而都说变化之中有机缘，这就说明了即使是逆境、即使是绝境，也是有机会存在的。成功的商人应该要学会在变化之中发现机缘、把握机缘，在即将被置于万劫不复的时候记住"留得青山在，不怕没柴烧"这句话。

古人曾说："识时务者为俊杰"，何谓时务不难解释，就是指代世事的发展变化。而整个这句话指导着面临困境的人们：在事件发展变化的时候，不要一味地硬碰硬，不要一味地相信自己的内心力量，应该随着态势的发展去寻找新的机缘，决定自己何去何从。

成功的路，老老实实自己铺

> 事缓则圆，不必急在一时，要妥当了再动手。
>
> 俗话也常说"笨鸟先飞早入林"，"早起的鸟儿有虫吃"，这其实都是在告诉我们一个道理，那就是：任何事情，一定要早做准备。只有早早地进入状态，想出办法，做好准备，才能在机会来临的时候较快地付诸行动，从而更快达到目标。

每个人做一件事情，一定要有充分的准备才可能取得最后的成功。这就如同厨师做饭，如果没有准备充足的调料、原料、餐具，怎么可能做出丰盛的饭菜？中国有句古话叫做"巧妇难为无米之炊"讲的就是做事之前准备工作的重要性。

而事事提前做好准备，就需要有一份自觉自愿的心理。拿破仑曾经说过："自觉自愿是种极为难得的美德，它驱使一个人在没有人吩咐应该去做什么事之前，就能主动地去做应该做的事。"只有在你自觉自愿地想做一件事情的情况下，才能主动做好各项准备。

胡雪岩是个从小有着明确目标与宏图大志的人，所以，在"万事俱备"这方面下了很多的功夫。首先，这表现在他当学徒时候的学习生活上。

胡雪岩的母亲因为胡雪岩早年丧父的关系，一直既当爹又当妈，在他很小的时候母亲就对他讲为人做事的道理：到私塾里面要听老师的话，不要吵闹；替人家放牛，要好好看管，不要只顾着自己玩儿；出去当学徒，要听老板的话，要把老板交代的事情做好……胡雪岩从小就是在这样一位朴素善良有修养母亲的耳提面命下，慢慢成长起来的。

胡雪岩自从当学徒以来，就一直毫无怨言地坚持过着繁琐枯燥的学徒生活。在他看来，在自己有能力腾飞、梦想放飞之前，有很多的准备需要做。就算是之后他转到信和钱庄当学徒，那里的生活一如既往的繁琐枯燥，但是深知"吃得苦中苦，方为人上人"道理的胡雪岩仍然没有半点的抱怨。因为他知道，美好未来那遥不可及的一角，现在他已经抓住了，自己现在能做的是将拳头攥得更紧，准备做得更充分！

他深知自己肚子里的墨水少，以后做生意肯定有障碍，就在别人午睡的时候，辛苦练大字，到晚上再学打算盘。而他分内的事情更是兢兢业业，没有任何可挑剔的地方。胡雪岩真的是把吃苦也作为是一种财富，可以换取很多东西的财富，也是所谓"宝剑锋从磨砺出"中的磨砺。

从进信和开始几年下来，钱庄又收了好几名新学徒。按规矩，学徒中那些繁琐的事情由这些新进的菜鸟做就行了！胡雪岩只需要享受"多年媳妇熬成婆，苦尽之后甘会来"的幸福就行。但是，一心为成大业做准备的胡雪岩，还是一直干着最苦最累的活，不仅一声不吭，还毫无怨言，甚至对新来的同事也没有半点脸色。

当然，这些苦并不是白吃的，胡雪岩从中收获了与人交往的圆润变通，修炼了自己优良的人格品质，锻炼了生意人必备的各项能力。就连东家于老板也对胡雪岩颇为赏识，因而对他刮目相看，处处教给他做生意的秘诀。

终于，胡雪岩的各项能力都靠自己的行动扎扎实实赢得、并得到了锻炼。为他以后一步一步的晋升埋下了伏笔。之后，在胡雪岩到信和钱庄的第五个年头，于老板便任命他为"跑街"，正式成为信和的一名职员，"转正"后的胡雪岩慢慢开始了一步步实现人生目标的准备。

其次，胡雪岩做事准备充分还表现在他攀附官员上。

中国封建官僚制度发育的周期很长，渐渐地在内部形成了一整套完备的升迁制度与习俗。按照那些不成文的规定，"礼尚往来"、"趋炎附势"都是升迁的潜规则。而依靠大官僚使自己顺利升迁、顺利行事，也已经是司空见惯的事情。所谓"官官相护"、"朝中有人好做官"，讲的就是这一现象。胡雪岩早年因为长期做钱庄的跑街的关系，经常与一帮挖空心思捐官的人打交道，所以他逐渐熟悉了这一套习俗。当然，聪明如他，也就非常明白，在那个特殊的时代，有一个坚固的官场靠山，就意味着在生意上有更少的风险和更多的机会。

正是由于长期跟这些人打交道交往，加上自己的聪明才智，胡雪岩逐渐变得很会来事儿，也很合群，到处都有他的朋友。所以，当他遇到那些处于夹缝中苟且生存的官员、或者是在某些官人需要寻求帮助的时候，他总是尽力地帮他们一把，其实质上是一种投资准备。

以后的事实证明，胡雪岩做足了这些准备。那些官人、官员都抱着"滴水之恩，当涌泉相报"的精神，不时给他不少生意上的好处。

善于借势，不怕商场风浪的侵袭

胡雪岩官道箴言：

> 做事情要如中国一句成语说的"与其待时，不如乘势"。
> 一切事情就算你准备得再充分，如果没有借助良好的天时、地利、人和，事情也不一定能得到完美的结果。

众所周知，赤壁之战是诸葛亮"巧借东风"，蜀吴联军才得以用 20 万军队大破曹操的近百万大军。如果当时是真刀真枪地对决，不论孙刘联军准备得多么充分，单凭实力，他们是不可能战胜曹操的精锐之师的。但是，诸葛亮的高明之处，就在于他懂得借助大自然的力量，巧借东风，让强敌曹操大败，从而创造了一个中国战争史上以少胜多的神话。

当然，不光是在打仗的时候需要借助"东风"，在现实生活中也是一样。我们常讲"一根筷子轻轻被折断，十根筷子牢牢抱成团"，又说"三个臭皮匠，顶个诸葛亮"，其实意思都是一样的，就是指：每个人都有自己的短处，每个人又都有自己的长处。一个人只有在借助别人的长处来弥补自己短处的情况下，才能获得单凭自身力量达不到的成功。

因此，胡雪岩说："做生意就如行船，有了东风就能更好地行船。"商场如战场。一个经营者要想使自己的事业拓展得更快、更远一点，就要学习胡雪岩善"借"的功夫。

在所有经营活动中，胡雪岩都非常注意借助"东风"——借势经营。他将自己所有的商业活动都围绕"取势、用势"展开。围绕着一个"势"字，他建立了一套独特的商业理念，那就是商业活动有势得用。他说："势利、势利，利与势是分不开的，有势就有利。所以现在先不要求利，要取势。"胡雪岩的所作所为也说明了这一点，他在争取势力的时候从来都不计较"利"。总是先让对方看到和得到他们追求的"利"，然后再依靠他们的"势"成就自己的事情。事实证明，这种方法很有效，几乎所有被他列为"东风"范围的"势力"都成了他真诚的帮手，并且他几乎对于每一股能借到的东风都不会轻易放过。正如当今人们为了达到某种目的而不惜大动脑筋一样，"资源有而不用，就是资源浪费"嘛。

胡雪岩所借的"势"，主要有四种类型，用他自己的话来说就是："官场的势力、商场的势力、江湖的势力，我都要。这三样做到了，还不够，还要有洋场的势力。"

胡雪岩首先要借取的就是"官场势力"。

当初胡雪岩不惜冒着丢掉饭碗，甚至毁坏名声的危险，资助王有龄北上捐官踏上仕途，后来又大力协助左宗棠建功立业等，使他获得了别人望尘莫及的"官场势力"。当然，胡雪岩并非仅仅是为了打通这些官场势力而获得名声或者庇护的利益，更多的他还是考虑到了如何借助于这些势力行得方便。也正是因为有了这些"东风"相助，加上胡雪岩的善于借势，使他在商场上自如行走、大展拳脚，取得了让世人震惊的成功，并成为让人尊崇、艳羡的一代红顶商人。

胡雪岩借助的第二种"势"，是"商场势力"。

不得不承认，胡雪岩是个顶级聪明的人。他并没有同普通人

商道胡雪岩

经商之道 学胡雪岩

第二章

052

一样，将同行看做是对手而敌视，相反，他对待对手的态度诚恳得让人不能理解。所以，他才能在商海沉浮中抓住虚无缥缈的商势。胡雪岩认为，一个商人的知识和能力总是非常有限的，如果仅仅靠自己独闯天下，往往很难取得成功。并且即使偶尔获利，也只是暂时不会长久。因此，他总是注意与同行建立"互助互惠"的关系，有时候甚至还会牺牲自己的利益，保全同行的利益，由此而获得同行真诚的好感，化对立为相助。胡雪岩生意上的成功，很大程度上也得益于他和同行之间的真诚合作，以及同行对他真心实意的帮助。

胡雪岩的第一批生丝运往上海时，他的目的其实是想垄断生丝行业，于是就派他的一个朋友，玩技甚精的刘不才去拉拢上海生丝大户庞二。几经周折，在刘不才的帮助下胡雪岩最后获得庞二的信任，并得到了他的倾力相助，终于做成了生丝行业上的绝对优势。

胡雪岩借助的第三种"势"，就是"江湖势力"。

对于胡雪岩这个仗义的商人来说，江湖势力是一股不可忽视且有待利用的强大力量。因为在古代，"江湖"二字几乎存在于商人的一切生活内容中。如果忽视这股看似闲散实质强大的势力，有时一不小心，就会遭到意想不到的阻力，轻则使自己的事业不能顺利前进，重则有可能使自己趴下而不得翻身。而江湖人向来重情重义，因此如果把这股势力处理得好，自己的生意不仅会顺利做下去，而且会利上加利。

胡雪岩豪爽正直的性格又让他结交了许多江湖上的朋友。他所做的军火、漕运等生意，就多亏他结交的那些江湖朋友的帮忙。如果没有他借助于江湖势力提供方便和协助，胡雪岩再有本事，也不会成功地在兵荒马乱的年月里贩运军火，也不可能帮助王有龄顺利完成漕运的任务。

胡雪岩借的第四种"势"，就是"洋场势力"。

洋人在那时候的中国已经不是很神秘的人种，他们因为清朝政府的腐败大规模涌入中土，甚至涉足到了中国的商业领域。因此，洋场势力是胡雪岩生意圈子中的一股重要力量，他所做的许多外贸生意决定了不得不与洋人打交道，所以精明的他觉得有必要让他们成为自己可以借助的"东风"并大加利用。

洋人之所以能够心甘情愿地成为胡雪岩借助的"势力"，是因为洋人本身对胡雪岩也有需求。他们本想巴结左宗棠，但左宗棠为人桀骜不驯，不好巴结，所以就看好胡雪岩这个大清重臣左宗棠身边的红人。这样就使胡雪岩也有机会和理由形成他所谓的"洋场势力"。

据说，当时有一个江南制造厂的买办，曾经万分欣喜地接了洋人的一笔军火生意，但洋人却告诉他，枪支的底价早就开给胡雪岩了，所以不管以后是谁来做这个生意，都要给胡雪岩留下折扣。连洋人如此不一样的人种，都让胡雪岩借着了势，他生意场上还能有什么不便？

"势"和"利"自古以来就是相辅相成的，有了势当然就会有利。"势"所到的地方，就能轻而易举地获利。但是社会上的资源是无穷的，"势"也是无穷尽的。如果只是开发却不会应用，那么它们就会像时间一样，无声无息地从指缝中溜走，形不成一种强大的力量。

在商场中，先积蓄对自己有利的"东风"，也就是我们一直在说的养精蓄"势"，然后再有效地借助这股势力让自己得到发展，是十分必要的。正所谓"蓄势待发"，说的就是这个道理。光有一大堆的资源，不会利用，东风也自然就不会地吹向对你有利的方向。

第二章·从商如从政，需要熟谙处世之道

红顶商人胡雪岩，是清末政商界的一个传奇。他以贫贱的钱庄学徒出身，在短时间中事业崛起、形成近代中国金融事业中的一个异数。

　　胡雪岩说:"无论做事还是经商,都应学会掌握与运用机变与权变之理。"中国有一句古话"商场如战场",似乎商场一直和政治有着千丝万缕的关系。但事实上这两者之间没有必然的联系;就算非要牵强附会地说有联系,也只是在于:它们都是将人置于一个复杂的人际环境中,让不同的人在那里和各种各样的人打着交道、处理着各色人际关系。所以,这就要求商人和政客一样,要深谙处世之道。...

出来"混"饭吃，首先得学会洞察人心

胡雪岩官道箴言：

> 能猜察别人的心理想法，且善于投人所好，是做生意的一大奥妙。
>
> 现在有门很流行的课程叫"心理学"。其实，说白了，心理学的精华就是四个字"察言观色"。适当的时候观察对方的言行举止，然后揣摩他的性格、心意，所思所想，争取在对的时间讲对的话。

精明的人类在发展过程中已经发现了一个不争的事实：每个人都希望能结识一个能揣摩到自己心思的人，因为这样会省去自己很多的麻烦。而那个人如果在合适的时候能探知到自己的内心想法，适当的时候开口说出自己的心声，那这个人在自己面前无疑是很快获得好感并吃香的。因此，社会上就发展出了"心理学"这门学科。

心理学其实并不是什么高深的学问，也不是最近两年才流行起来的学科。古人在很早以前就知道了"察言观色"的重要性，只是最近两年才将这门学问单独列出一个门类，取名叫"心理学"。

古代的人，不论是做官还是做人，就已经十分讲究说话办事的艺术。否则，怎么会有那么多"拍马屁"、"阿谀奉承"、"察言观色"的人或事存在呢？客观上来说，察言观色是一门极微妙的艺术，掌握的好，人生、处世可能如鱼得水，所向披靡。处理的不好，有可能就形成积怨，滞碍人和事的发展。

政坛上，人人都渴望仕途光明，步步高升。所以，很多的官员一辈子在往"会来事儿"方向上挤。有的人得到了精髓，仕途一路扶摇直上，有的人摸不着门道，只能一辈子"望升兴叹"。商场也是这样。对待顾客，只有摸准了他们的购买心理，才能获得更大的销量。

胡雪岩作为一个以处世"圆滑"出名的商人，在揣度人心上他向来游刃有余。

根据先前的例子知道，王有龄在胡雪岩的帮助下顺利完成了调运漕米的公事。因此，他一下子在浙江官场获得了"能员"的称誉，并很快就得到署理湖州府的实缺。按照惯例，他既然已经得到了州府这个实缺，就应该交卸海运局坐办的差使。但由于当时因为调运漕米拉下的亏空一时无法填补，加上还有一些生意上的事务牵涉到海运局。王有龄想暂时不交卸海运局的差使，继续兼领海运局坐办。这在官场上来说自然也没有什么不可以的，但前提是要得到抚台的批准。不过，当王有龄向提携自己的上司浙江抚台黄宗汉提出这个请求时，黄宗汉却有意卖了个关子。黄宗汉只字不提答不答应这件事，却向他问及阜康钱庄的情况，并提出要请胡雪岩的阜康钱庄为自己代汇一笔一万两银子的捐输军饷。王有龄是个直肠子，也不知道如何察言观色，所以马上爽快答应，并说："只要抚台大人招呼，给下钱来即随时汇出。"当然，王有龄得到的待遇只能是端茶送客。

这样一来，倒把王有龄弄了个云山雾罩，不知就理。

还是胡雪岩有眼力，深察人心。黄宗汉原本就是一个贪财刻毒、翻脸不认人，一心搜刮银子而不恤下情的小人。当初浙江前任藩司椿寿，就因为没有理会他四万两银子的勒索，被他在漕米解运的事情上狠整了一把，以致自杀身亡。胡雪岩在听完王有龄的叙述，又将黄宗汉的前科、语言进行整理分析后，知道了答案。他告诉王有龄，黄宗汉哪里是要自己借阜康钱庄交汇捐输军饷。他其实是要借王有龄继续保有海运局的差使，来勒索王有龄的银两，而且"盘口"都已开出来了，就是提到的帮忙汇入一万两银子。

终于，在胡雪岩的点拨下，王有龄恍然大悟，赶忙在第二天就代黄宗汉在钱庄交了一万两银子的捐输军饷。而事实证明，也真正是"药"到"病"除，一万两银子交出，他随即就得到兼领海运局坐办的批准。

所以，很多人对于胡雪岩都佩服三分，原因就在于人家比普通人多学了"察言观色"这一招。懂得在何种眼色、何种形势下做什么事情。

当初胡雪岩妥善解决魏老爷子和俞武成关于自己运送枪支的问题也是一个很好的例子。胡雪岩当时既不伤害魏老爷子和俞武成彼此之间的感情，又可以把他和魏老爷子这段老交情抚圆，他选择解决的办法就是搬出俞武成90岁的老娘俞三婆婆（因为他从魏老爷子嘴里得知俞武成是个孝子，对母亲的话言听计从）。

然而，胡雪岩到了苏州俞三婆婆那里，才知道她原来是个厉害的"老江湖"。因此，胡雪岩就开始运用他高超的谈判技巧：察言观色。

当得知胡雪岩的目的之后，俞三婆婆先是装聋作哑，不想帮这个"忙"。但胡雪岩既然来了就不会轻易放弃。他在发现俞三婆婆装糊涂、不知她吃硬还是吃软的情况下，不厌其烦地说明来意，并从两方面来进行游说，即所谓的恩威并施。一方面表示不愿使松江漕帮为难，想解除魏老爷子的窘境；一方面又表示不愿请官兵护运，怕跟俞武成发生冲突，这会造成人员伤亡，那么大家就伤了江湖和气。

当听到胡雪岩说"不愿意请官兵护运"这句话时，俞三婆婆暗暗吃了一惊。而这一惊就被胡雪岩深深觉察。他了解俞三婆婆这个老江湖的顾虑：她当然知道胡雪岩跟官府的关系，更知道这其中的利害。胡雪岩说这话等于指责俞武成伙同太平军抢劫军械，也暗示老江湖俞三婆婆这可是灭门的大罪。

面对这种利害关系，俞三婆婆毕竟是个老江湖，就装出一副被不争气的儿子气得发抖的样子，一边拄着拐杖一边厉声吩咐她的孙子俞少武："赶快派人把你那糊涂老子找回来！"胡雪岩又不是傻子，他既然是来谈判的就没有想过要把事情弄僵。看到事情有了转机，急忙对俞三婆婆好言相劝："这件事怪不得俞大哥！我们也是道听途说，事情还不知道真假，俞大哥不至于敌友不分。我们的来意，是想请三婆婆做主，仰仗俞大哥的威名，保个平安。"

当然，这句话是胡雪岩诚恳和谦虚的真实写照。但也是他观察到俞三婆婆心理变化后使出的一招——和稀泥。俞三婆婆因此脸色缓和了一些说："这事武成理当效劳。"

就这么一问一答，一表一述之间，胡雪岩仔细观察着老婆婆的变化。从她的眼神、面容看到了她的心理，能够站在别人的立场上思考别人需要思考的问题，从而才能附上接近于对方想了解的答案。

商场闯荡头脑要灵活，凡事张弛有度

胡雪岩官道箴言：

> 做生意要做得活络，这里的活络，自然包括很多方面，但不死守一方，灵活出击，而且想到就做，决不犹豫拖延，应该是这"活络"二字的精义所在。
>
> 平常情况下，我们很多人都喜欢夸某某某"头脑如何灵活"。这所谓的灵活并不是需要多高的智商、多了不得的聪明才智，只需要在思考问题的时候多角度、多方位并且保证任何事都张弛有度就行。

灵活就如同形容机器的运转一样，只有在施加了润滑油的情况下，它才会飞快不出差错地旋转。而对于人脑来讲，灵活需要的润滑剂就是为人处世的经验教训。人在世上生活，总要深谙一些世事生存原则，应用到商场中也是一样。

人们向来喜欢用"商场如战场"来形容商场的硝烟弥漫，充满血腥。但是，为什么在如此让人联想到残酷的地方，依然有那么多的人趋之若鹜？答案很简单，商场里处处富有潘多拉的宝盒，只是这些宝盒都被造物主隐藏了起来，只有那些头脑灵活、处世圆润的人才能发现并拥有它们。

所幸，胡雪岩就是这些聪明人中的一个。他因为深谙世事，所以将这些为人处世的方式方法都大量地运用到了商场上。而事实证明，他这么做的灵活手法，是可取的。

当初，胡雪岩因为捐助五百两银子给需要钱财捐官的王有龄后，被信和钱庄的管事张胖子以类似于"假公济私"的罪名开除出钱庄。而当王有龄捐官成功回到杭州，得知胡雪岩为此丢了饭碗，落拓不堪时，他当时就要还信和钱庄的五百两银子。不仅准备为胡雪岩洗刷恶名，还准备穿上官服，吩咐跟班备轿，让人鸣锣开道，要替胡雪岩出一口被开除的恶气。

但是这个做法被胡雪岩拒绝了。一方面胡雪岩不是一个小肚鸡肠的人，另一方面他做事喜欢给人给己留有余地。所以他并没有得理不饶人，而是设身处地地为别人想一想。其实，他不去的理由很简单，信和钱庄的"大伙"就是当初将他开除出信和的张胖子。如果这个时候他和王有龄一同鸣锣打鼓前往，势必让张胖子非常尴尬，并且大失面子。而且之前自己被开除的事情张扬出去，传扬开来，张胖子在同行、在东家面前的面子更是没有了。

王有龄当然理解了好搭档胡雪岩的用心，于是单独且低调地去还这笔借款。他特意换上便服，也不要鸣锣开道，只是将官轿换成一顶小轿到了信和。这样这一出了清旧账的戏确实"演"得漂亮。而胡雪岩做事的灵活更显得漂亮。

首先，他在做人上秉持了"以德报怨"的优良品质，没有以恶制恶。试想，如果当时他意气用事，听从王有龄的提议，大张旗鼓找信和钱庄做文章，必然和张胖子结怨，也落下个小肚鸡肠的名声。这事轻轻变通一下，却皆大欢喜。

其次，他在做事上秉持了"得饶人处且饶人"的做事技巧。这种不至于将人逼到死角的做法赢得的不只是做事上的如鱼得水，还有别人甚至是对手的信服。

再次，他在做生意上秉持了"和睦相处"的原则。虽然说商场上对手就是敌人，但是所谓"多个朋友少堵墙"，只有少了一堵墙，在做生意的时候才不至于碍手碍脚。这在以后胡雪岩和张胖子的合作中就可看出。

胡雪岩还有一个让人刮目相看的本事就是借助身边的专业人才为自己开拓财源，而不死守自己熟悉的行当。说到底，也就是不断为自己寻找新的投资方向，来扩大自己的投资经营范围。对于一个生意人来说，做自己熟悉的行当向来是公认的铁理，但如果只看到自己正在经营的熟悉的行当，最终又只能是抱残守缺。

有人曾经对胡雪岩由衷赞叹："小爷叔的眼光，才真叫眼光！看到大乱以后了。"称赞的原因是胡雪岩在做成第一桩销洋庄的生丝生意之后，没有因为是新行业而畏缩不前，相反，他立即就想到要开始投资另外两桩事业。而这两桩事业分别是在乱世之中和乱世之后投资，且都必然给他带来滚滚财源。一桩是开药店，另一桩是典当业。

胡雪岩想到投资典当业，自然与他对于他那个时代五行八作的生意行当的了解有关。他是一个有灵活商业头脑的人，在这里也能看出。战乱频繁、饥荒不断的年代，大多数商人想到的是经济滞留、资金缺乏、人们购买力下降，做生意肯定很难。但胡雪岩看到的是：居于城市之中的人，不要说那些穷家小户生活困顿，即使家境稍稍殷实一些的人家，也会不时陷于困窘之中。到那些急难之时，人们常要借典当以渡急难，所以典当行才会遍布所有市镇商埠。

因此，刚好有被胡雪岩降服的朱福年做市场指导，胡雪岩就坚定了投资典当业的想法。虽然他自己不懂行情，但是凭着商场上的灵活手腕，他让朱福年替自己留心典当业方面的人才，而自己一回杭州，就在杭州城里开设了自己的第一家当铺"公济典"。

都说"万事开头难"，只要起了步，后面路就好走了。所以其后不几年，他的当铺发展到23家，开设范围涉及杭州、江苏、湖北、湖南等华中、华东大部分省份。

从中，我们能看出胡雪岩的这种做人做事风格——灵活。他并不是个死脑筋的人。例如在对待张胖子的问题上，一根筋的人肯定怀揣的就是"洗刷冤屈，扬眉吐气"，至于会造成什么样的后果，很少有人注意。但胡雪岩不一样，他善于灵活处世，将事情处好、处圆。在商海中，就不用说了。他向来能较好地把握到灵活的度，既不显得过分突出，也不会过分低调。所以，他才会在"既将事情做到最好，又成不了箭靶子"之间游走而游刃有余。

商场讲"义"很多时候比讲"利"实惠得多

胡雪岩官道箴言:

> 世界上顶顶痛快的一件事,就是看到人家穷途末路,几乎要一钱逼死英雄汉,我有机会挥手掷金,喏,拿去用!够不够?
>
> 对于大多数人来讲,接触最多的关于讲义气的地方,就是武侠小说中的所谓"江湖"了。在那里,朋友之间、帮派之间、人与人之间最重要的就是义气,人们靠着一个"义"字在活着,并且活得还都很潇洒,很浪漫,很幸福。在那里,也仿佛整个生活的重心就是"义",人们围绕它展开,收拢,再展开,再收拢。

"义"在日常生活中虽然较为浅显,但真正懂得运用的人却不多。因此,就出现了这样一种情况:现实中的人们嘴上空谈着"义气",批判着日常"义气"的消失,而将赞赏的目光投向小说,似乎那里才是"义气"真正存在的地方。

其实,小说是基于现实而又高于现实生活的。那里强调的义虽然被扩大化了,但是里面讲到的"义大于利"确实是生活中实实在在的原则。所以,才有了"多行不义必自毙"的说法,才有了"舍生取义",才有了"维护武林的太平"等说法。

现在人们常说"有钱难买快乐,有钱难买开心,有钱难买……"这句话粗看起来是一些物质不富足的人的自我蒙蔽之语,实质上有很深刻的道理。人活着,作为一个群体活着,目的就不仅仅是吃、喝、玩、乐，否则为什么要称人为"高等动物"？既然不是为了简单的生存目的而活，那侧面已经证明了属于精神层面的"义"要高于物质层面的"利"。

胡雪岩是做人、做事、做生意方面的精英，对于这个道理，他非常明白，而且可以毫不夸张地说，他比谁都要明白。他甚至还看到了强大的"义"所带来的巨大的"利"。

当初，为了买米的事情，胡雪岩拜访漕帮，受到魏老夫人接待并尊称为"爷叔"。"爷叔"是漕帮中人对帮外至交的敬称，因此漕帮上下对胡雪岩都非常尊敬。到了晚上，胡雪岩将魏老夫人儿子魏老五请到自己的住处，商谈买米一事。只见魏老五面露犹豫之色，原来白天的时候他这个孝子是迫于母亲的面子不好讲，才口头上答应了，其实心里面却是十二分的不愿意。见此情景，向来仗义不愿强人所难的胡雪岩并没有买了米就走。他诚恳地问对方是不是有什么难处，并请魏老五直说，否则他就不买这批米了。照理说胡雪岩是商人，只要达到了买米的目的就行，干嘛管那么多的闲事。但厉害人物和普通商人的区别就在这里，胡雪岩在做生意上和做人一样，都重视的是个"义"字。在他看来，"义"是比"利"还要重要的东西。

魏老五是江湖中人，自然也不是忸捏之辈。他看见胡雪岩都如此直爽，也就没有什么顾虑，于是就把自己心中的隐忧全盘说出。原来自从政府决定官粮改为海运之后，漕帮处境就一直很艰难，而目前又正是缺银少钱的时候，所以他们急需将这十几万石粮食变现。但是如今却碍于面子要将十几万石米粮垫付给海运局，这里面虽说有些差额可赚，但将来收回的仍旧是米，没有周转的闲钱。这让漕帮头目魏老五很为难。

胡雪岩是个真心实意的人，对于别人的困难他并不只是听听就算了。所以了解到漕帮的这一情况后，他马上找到钱庄的张胖子商量。看钱庄能不能帮忙救下急，不要等到一退米就收回银两，而是等漕帮把退还的米卖掉后再收回现在支付的银两。依张胖子对胡雪岩的信任和言听计从，这事当然很容易就谈妥了。

魏老五的难处解决了，他自然非常高兴，同时也极为欣赏胡雪岩的义气，觉得他不像其他商人那样势利，而对他当然是刮目相看。因此，胡雪岩这一次不仅买到了米，还买到了与魏老五的"情"。魏老五是个江湖人，我们都知道，跑江湖的人最重情重义。自此以后，魏老五便对胡雪岩可谓是"惟命是从"，只要是胡雪岩的货，漕帮绝对是优先运输。所以胡雪岩的货运向来是畅通无阻、往来迅速。不仅如此，江湖朋友广，信息灵的魏老五还把他在漕帮了解到的商业信息，及时向胡雪岩报告，使得胡雪岩在第一时间知道了很多商业情报，在商业活动中抢占了先机。这对胡雪岩无疑是很大的帮助。

胡雪岩和魏老五成为朋友，一开始固然有利用他的成分在内，但当他豪爽重义的性格遇到同样讲江湖道义的魏老五时，便认为他是个可交的人，就立即改变了原来得蚌想法，设身处地来替魏老五着想，终于赢得了魏老五的尊敬，二人也由此成为了至交。

商人重利的本性决定了很多商人在交友的过程中，很难做到胡雪岩这样的"重情重义"。在他们眼中，似乎"利"是所有一切的驱动力，也是一切的目的。但事实告诉我们，讲利很多时候没有讲义气来得实惠。就像胡雪岩，如果当初他只是图一时的痛快，买到米就此罢手，那么就不会和讲道义的魏老五成为朋友。也就不会得到运输方面的安全与便利，更不会得到对商业领域来讲十分宝贵的信息资源。

商道上朋友多了路好走

胡雪岩官道箴言：

> 做生意第一要齐心，第二要人缘。
>
> 自古民间就流行一种说法"朋友多了路好走"。朋友如水，至真至纯，总是能在你最需要的时候给你帮助、关怀和鼓励。当然，这说的是好朋友的类型。如果是一般的朋友，他至少在你行进的过程中，会在边上顺手帮你除掉一些障碍，而不至于像敌人那样给你设置障碍。

聪明的人向来在自己的人生中结交很多的朋友，减少树立敌人的数目。因为他们了解"多个朋友多条路，少个敌人少堵墙"这个道理。在今天的社会中，这种做法早已经被大多数人接受。商场上，更是不例外。

胡雪岩这个在商场上相当圆滑的人，当然更是懂这个道理。不仅懂，他还将它们娴熟地运用。从而获得了生意场上一次又一次的逢凶化吉，一次又一次的获利颇丰。

胡雪岩的阜康钱庄开业，跟他原来的东家信和钱庄当然就成了同行。信和钱庄了解胡雪岩的能力，因此十分担心，害怕胡雪岩会跟他们抢生意。因此可想而知，当阜康钱庄鞭炮齐鸣地剪彩时，来道喜的信和钱庄掌柜和总管心里是什么滋味。况且信和钱庄的张胖子还曾经因为"胡雪岩拿了五百两银子资助王有龄捐官"

而炒了胡雪岩鱿鱼。

然而，胡雪岩并不是个普通掌柜，他除了生意做得好，脑子灵光外，还有很大的肚量。当然这从他当初阻止王有龄大张旗鼓去信和帮他讨回名声就可以看出。当时，原本会撕破脸的张胖子对于胡雪岩已经改变了看法，就算心里没有将他转化为朋友，也已经消除了敌人的嫌疑。所以，这次阜康开业胡雪岩的表现，更进一步拉近了和信和总管张胖子的距离，两人逐渐走向了朋友之路。

阜康开业时，胡雪岩并没有当面一套背后一套，在人家"道喜"时略带狡猾地回"同喜"。相反，他是个耿直的人，真心想与信和成为朋友。当他听说也意识到了信和的担心后，立刻发表声明：阜康钱庄决不会抢信和钱庄的生意。他还说阜康钱庄开辟的是新领域，所以凡是浙江海运局的钱款，仍旧按照原来的规矩由信和钱庄经营。这样一来，不仅打消了信和钱庄的顾虑，还让信和总管张胖子十分高兴，认为自己不是多了一个竞争对手，而是多了一个大肚量的合作伙伴。于是，张胖子也马上表态，愿意跟阜康钱庄合作，并真心实意地支援阜康。这在胡雪岩以后的商业生涯中也可看出，信和钱庄确实真诚地给了他很多帮助。

都说同行是冤家。性质相同的商家，必然会存在诸如抢市场、争利益等状况，更有甚者甚至会大打出手。在现实生活中，同行之间为了争夺更大的利益相互猜疑、彼此倾轧的事情，我们也已经见怪不怪了。所以一般人眼里，只要有了利益的纠葛，同行之间的竞争就在所难免，更别说什么成为合作伙伴和朋友了。

但胡雪岩偏偏向着创新的思维走。他觉得生活中的"多个朋友多条路，少个敌人少堵墙"完全可以应用到商业领域。因为在商业中的这种纷争，结果也许是双方力量相当，难分胜负但损失财力；也许是其中一方一败涂地，无回天之力；也许两败俱伤，让别的"渔翁"得利。总之有争斗就一定存在着损失。但如果换个思路，将敌人转化为朋友，情况就完全相反。

从中，我们可以悟到一些商业技巧：同行业之间的关系除了竞争之外，还有合作、和睦相处。所谓"两虎相斗，必有一伤"就是很实在的警示语。在商场中，不同公司、不同组织集团之间肯定存在着利益上的冲突，如果一味地采取敌对的方式，除了赔了夫人又折兵似乎没有第二个结局。就算在竞争、敌对、打斗中，一方胜出，但两个公司已经伤了最初的和气，说不定这些怨气还会蔓延到生活中去，造成恶性循环。

而如果选择合作这种方式就不一样，就像集团公司，在对待同一个疑难问题的时候，困难被分摊到了多个组织头上，那么每个组织承担的问题已经明显减弱，这对公司造成的压力和伤害也会大大降低。

商场也讲仁义道德，五纲六常

胡雪岩官道箴言：

> 广泛地施恩于人会使自己的事业兴旺发达，而与人积怨则导致灭亡。
>
> 这就说明了商人做事一定要能把握住那个度，让事情永远处于不绊自己脚的范围内。为了把握日常生活的规律性，哲学家们发明了一个词"度"来评估。"过犹不及"因此成为了日常生活中一切行事做人的标准。

俗语常说"是药三分毒"，因此中医在给病人开药的时候把握的就是一个度。既不至于毒死病人，又能驱除病患。人与人之间的关系也是这样。每个人都应该有适当的亲疏远近之分，既能保证个人空间不被完全剥夺侵占，又可与亲近的人保持亲密。做事更是这样。如果没有度量的把握，有可能好事成了坏事，坏事成了大坏事。所以，人们常说"做事有度是一门艺术"。

而胡雪岩这个深谙人心事理的大商人，对这门做事的艺术却把握得很有分寸。他耿直，却只限于对同样耿直的人；他奸诈，却只运用于商场运作之上；他仗义，却只仅限于对自认为值得深交的朋友；他投机，却并不对贫苦百姓滥用……

在胡雪岩经商的那个时代，要想依赖于官场的保护必然要经营官人，而要经营官场势力，就离不开银子的作用，因为大多数官员都是眼盯钱袋的。胡雪岩从做学徒开始就深谙此道，自然对他们也从不吝惜银子，甚至到了有索必给、有"求"必应的地步，比如对麟桂。当时的浙江藩司麟桂调署江宁藩司，临走时需要两万多两银子来填补浙江的亏空，但又一时筹不到这笔款项，便找到胡雪岩请他帮助代垫。胡雪岩分析当时的情形后二话没说就爽快地应承下来，以至于麟桂派去和胡雪岩相商的亲信也"激动"不已，称胡雪岩实在是"有肝胆"、"够朋友"。当然称赞之后暗示他一定不要客气，乘麟桂此时还没有卸任，有什么要求尽管提出来。本来这对于麟桂来说就是惠而不费的事情，他只需举举手就能帮忙。

但胡雪岩做得也实在"漂亮"。他了解万事有度的原则，因此并没有提出任何索取回报的具体要求，只是说希望麟桂到任之后，如果江宁方面有与浙江方面的公款往来，他能帮忙指定由阜康钱庄做代理。这一点点要求，对于掌管一方财政的藩司来说，自然是不费吹灰之力。以后的事实证明，胡雪岩的投资是有眼光的，这项小要求最终得到了意想不到的收益。

试想一下，如果当时胡雪岩提出了某项具体的要求，麟桂肯定是帮忙处理掉，但他心里肯定就以此作为了对胡雪岩出资的回报。如果以后还有什么往来，胡雪岩还得再求助于他。但胡雪岩这样做，却变被动为主动。对于麟桂来说，他这样就不需要费心费力就能替胡雪岩办事，因此，他在心理上肯定始终觉得欠胡雪岩一个人情，而不会对以后胡雪岩提出的请求推诿。对于胡雪岩来讲，这等同于给了他源源不断的业务，并且还是官家这个大客户。始终，他都是赚到了。

再以胡雪岩当初为替被困杭州的王有龄筹米为例。在王有龄自杀身亡后胡雪岩才回到杭州。当时他带到杭州去的有1万石大米和 10 万两银子。本来这 1 万石大米有一个名目，那就是当初杭州被围时，胡雪岩与王有龄商量，由胡雪岩冒死出城到上海采购大米以救杭州粮绝之急。当时胡雪岩购得的大米数量就是一万石，但是运往杭州却无法进城，只得将米转道宁波。等到杭州收复，胡雪岩将这一万石和好友王有龄共商用来救济杭州的大米又运至杭州，且将当初购米的米款两万两银子面交给左宗棠。这其实有两层意思，一方面表示他回复了公事，以此证明自己并非携款逃命，另一方面相当于又另外无偿捐献给左宗棠一万石大米。

当然，捐出一万石大米和那 10 万两银子则是胡雪岩为了敦促攻下杭州的官军自我约束，不要扰民而自愿捐赠的犒军饷银。当时腐败的清政府打仗，为鼓励士气，有一个不成文的规矩，攻城部队只要攻下一座城池，三日之内可以不遵守禁止抢劫奸淫的军规。胡雪岩向来是个善人的角色，他献出 10 万两银子，是要换个秋毫无犯。

从中，我们可以看出：胡雪岩做事非常注意把握度。好友王有龄已经故去，但他仍然履行着他们之前的诺言运回大米；另外，战争需要粮饷，胡雪岩不多不少只给一万石，既表现了支持代表政府的左宗棠，又暗示了不愿过多支持战争；最后，他居然夸张地献出 10 万两银子，但目的说了"为了防止清军扰民"。这样的度，明眼人一眼就分析出来：胡雪岩最关心的是百姓疾苦；其次，是义气；最后，才是钱财。

如果当时，他不运回粮，不捐献粮，不献出 10 万两银子，结局应该是另外一个。但，就是这样的度，让他作为商人有的赚，作为百姓对朝廷忠，作为朋友重情重义。由此，才名声在外，以致生意场和官场上都如鱼得水。

获利的商人，最能明白赞美的好处

胡雪岩官道箴言：

> 出自真心的赞美，捧人捧得非常真诚，不露痕迹，使被捧的人特别高兴。
>
> 我们都知道小小的亲切可以温暖世界，轻轻的掌声可以鼓励人生，这个世界，每个人都喜欢别人的夸奖，都喜欢听好听的赞美。这是人趋好的本性。赞美可以调剂活跃气氛，可以扭转尴尬，可以给人愉悦，可以鼓舞人的勇气和斗志，可以帮人找到自信……可以带来很多好处。

人的共性注定了人们都喜欢被人赞美，因为在别人的赞美中，人们能收获到别人对自己的肯定，能感受到自己存在的价值，能有"自豪"的自我肯定意识。

当然，赞美并不是虚伪的奉承，不是夸大其词的吹捧，不是不切实际的乱说，也不是没有底线的纵容。它需要真诚。只有真诚的赞美才能让人觉得愉悦，获得动力，带来自信。而胡雪岩那样懂得人情世故的大商人，怎么可能会在商场中忽视使用这种手段。

同治元年正月，也就是 1862 年阳历 2 月，胡雪岩认识了新一任的浙江巡抚左宗棠。而在这位朝廷重臣身上，胡雪岩完完全全、彻彻底底地演绎了如何"赞美得利"。

当时，左宗棠正率领湘军在浙江对抗太平军。在交战之初，左宗棠因为战事而整天忧心忡忡。因为杭州当时连年战争，兵荒马乱，饿殍遍野，库存的粮食已经没有了，而朝廷的数万人马又不是机器人，没有饭吃怎么行？打仗之时，充足的粮草供给是巨大的后备支撑，尤其是要跟太平军决一死战，需要补充的能量就会更多。

正在这一重要的时刻，胡雪岩恰当地出现在左宗棠面前。因为他信息灵通，懂得结交贵人，便趁机把受王有龄委托从上海采办来的军粮(因杭州城被太平军死死围困没能运进去)当作见面礼，送给了左宗棠。并不露痕迹地用他的三寸不烂之舌真诚地把软硬不吃，只爱听好话的左宗棠捧了一番。从此胡雪岩受到左宗棠的器重与信任，两人开始了长达二十多年的密切合作和倾心交往。

照理说左宗棠一筹莫展之时，听手下人说浙江大贾胡雪岩求见应该是件高兴的事，至少证明了粮饷该有所着落了。但偏偏左宗棠也不是个常人，加上他又是个传统的官僚，那种"无商不奸"的思想长期在他脑中萦绕。所以他对商人没有半点好感，况且他又道听途说认为胡雪岩就是一个在王有龄危困之际抛弃好友，假冒去上海买粮之名而侵吞巨款潜逃的背信弃义之人。所以，他懒洋洋地召见了胡雪岩。

胡雪岩久在官场上穿梭早听说过左宗棠的为人，知道他一向桀骜不驯，而且对商人异常反感，但他为了找个以后生意上的靠山还是来了。

当时一进门，敏感的胡雪岩就觉察到了气氛不对，但他的应变能力是很强的。于是振作一下精神，撩起衣襟跪倒："浙江候补道胡雪岩参见大人！"（胡雪岩为了方便也捐了一个官——候补道，也就是等候选用的道台，一般无缺可补，只能得到差遣）

胡雪岩说话声音虽然不太大，但足以让十米之外的人听到。而左宗棠当时仍对他视而不见，一句话也不说，眼睛也不看他。甚至当胡雪岩献上见面礼的时候，左宗棠还觉得胡雪岩这个商人肯定有所企图才巴结自己。没想到胡雪岩不紧不慢又言简意赅、字字中的地说"毫无企图。第一，为了王中丞（中丞是清朝巡抚的别称，这里指前任浙江巡抚王有龄）;第二，为了杭州百姓;第三，为了大人。"

左宗棠有点惊异，提出要请朝廷褒奖他。没想到胡雪岩却说出了"我只是个生意人，只会做事，不会做官的"这句话。其实，大名鼎鼎的左宗棠大家都知道，他的确是一个正直为民的官。他当时听见了"只会做事,不会做官"这句话,跟他的价值观很一致，所以马上对胡雪岩放下了戒心。

接着，胡雪岩不失时机地又利用左宗棠和李鸿章之间的矛盾来捧左宗棠。他既说:"大人也是只晓得做事，从不把功名富贵放在心上的人。"又贬斥李鸿章:"大人跟江苏李中丞正好相反。李中丞会做官，大人会做事。"然而，这还没有完，胡雪岩又在赞美上还要再进一筹说，"大人也不是不会做官，只不过不屑于做官而已。"

一席话说得左宗棠连叫"痛快! 痛快! "仿佛解了他对李鸿章由鄙夷生出的恨。胡雪岩琢磨一下，又继续说道，"李中丞克复苏州，当然是一大功，不过，因人成事，比不上大人孤军奋战来得难能可贵。"这不正是从实际出发说到左宗棠的心窝里面了吗？难怪第一次见面左宗棠就已经完全把胡雪岩当成知己，大声吩咐手下:"留胡大人吃便饭! "

就这样，原来对商人厌恶的左宗棠居然一步步和胡雪岩加深了关系，甚至成为了知己。

这其中不乏有胡雪岩做事的圆滑在里面，但真诚赞美别人能增加别人的愉悦感和自信心，从而拉近彼此的距离也是显而易见的。园艺家路瑟·柏班克说过，如果以热忱的口吻对花卉和盆栽说话，那些受到赞美的植物，比它的同伴长得要更快、更好。

植物尚且如此，何况是有情感、有智力的人呢。

第四章·心高志远，敢想、敢干才能赢

红顶商人胡雪岩，是清末政商界的一个传奇。他以贫贱的钱庄学徒出身，在短时间中事业崛起、形成近代中国金融事业中的一个异数。

胡雪岩说："生意场上的胜败在于你'敢'与'不敢'。"平时人们鄙视那些没有宏图大志的人是"鼠目寸光"。之所以这么说，就在于这些人不仅心志不高，目光没有多远，而且行事上也是畏畏缩缩、顾忌这个、担心那个，而这样的结果只会导致思想束缚住了手脚，永远达不到成功的边缘，最终只能像老鼠那样卑微地活着。相反，那些心高志远的人，有高远的志向作为驱动，一路上不仅敢想还敢干，他们的结局也就会得到成功。

不想当大商的商人不是好商人

胡雪岩官道箴言：

> 办大事最要紧的是拿主意！主意一拿定，要说出个道理来并不难。
>
> 在这里，这个所谓的"拿主意"就是立志，或者说做计划的含义。墨翟曾说"志不强者智不达"。诸葛亮也说"志当存高远"。大意都是要求人必须要有一个远大的志向。

都说志是心之所向，力之所因，神之所聚。人们从小就被老师、家长教育"人生设计，立志最重要"。然后大讲特讲，大说特说高远志向的好处：它能把光明的希望洒满心田，能唤起所有积极的精神力量，能驱动人爆发出青春蓬勃之气……的确，古今中外大凡大成就者，都是从小就有一个远大的志向。

一个人有了远大的志向，才会有目标，有了目标，才会有实现它的冲动。继而，在此基础上，才会有动力，才会为了实现计划和目的而努力，才会有成绩、成就，然后一步步它、一点点地向志向靠近，最终实现它。

胡雪岩小时候只是一个贫苦人家的放牛娃，但是他能一步步走向成功，最后成为著名的红顶商人，财产富足，家庭殷实，这和他有远大的志向是分不开的。

胡雪岩 10 岁的时候，父亲就过世了。因为胡雪岩是老大，所以父亲临终的时候，把他叫到床边，嘱咐他说："欲兴吾家，其惟顺儿乎！"他这也就是告诉胡雪岩：你要好好做人，好好做事，我们胡家以后就靠你了。正是这句话，奠定了胡雪岩最初的梦想。

作为家里的老大，胡雪岩深知自己必须承担起养家的重任。作为安徽人，他想到的唯一担当家里重任的方法就是成为一名出色的商人。因此，他才会在当学徒的时候能吃苦，什么杂活都干。每天早早起床后他就替师傅师兄们倒夜壶、倒洗脚水，然后扫地、买早点，接着就到店面帮着擦桌抹凳。而且其他各项工作合格率也都是100%。

他为什么能这么用心，吃苦？原因只是在于他的梦想是成为一名出色的商人。所以，在他看来，他这个什么都不会也没有念过几天书的学徒，任何一名商场中的人，任何一件生意场上做的事，他都需要虚心地学习、借鉴。

因此，除了吃苦，胡雪岩还会动脑子。为他深知那句话：伙计不动脑，永远是伙计！而他的目标是掌柜、是东家。所以每天开店后，如果有客户来办理事务，胡雪岩就立于一旁，见机做事，慢慢锻炼自己与客人接洽的能力。

在这过程中，他自己尽可能地给那些客人提供便利。这种做法自然会博得客人们的认可，碰到客户心情好，还可以得几个小费。这些小费胡雪岩却没有像其他懵懂孩子一样乱买糖果，他除了把大部分交给母亲外，自己留下一小部分存着。这个时候他还没有学会理财的本事，只是在钱存到了一定的数目之后，就时不时上街去买些瓜子糖果之类的小吃孝敬那些年长的伙计。甚至逢年过节，他送给老板娘的东西更不会少。虽然都是些针头线脑或者头饰之类便宜的东西，但胡雪岩已经开始在当学徒的过程中累积商人必备的为人圆滑之道了。

有了梦想的支撑，胡雪岩不仅进步很快，还有了步步高升的念头。于是一次偶然的机会，胡雪岩打听到杭州的信和钱庄要招伙计，就兴奋难抑，毅然辞掉火腿行的工作，去杭州投考。那个时候刚刚开始成长的胡雪岩觉得：能够在杭州这个大都市的钱庄里做学徒，看着熙熙攘攘皆为利往的长衫豪客，自己学到的东西肯定会很多，成长也必然会很快。事实证明，他的职业规划太正确了。

　　之后，胡雪岩一步步向着自己的人生方向大踏步前进，并最终达到了成为一名大商人的愿望。

　　这充分说明了人的高远志向对人的巨大推动作用。如果不是那个"成为大商人担当家庭责任"的念头刺激他，胡雪岩就不会在如同黑砖窑一般的地方任劳任怨地辛苦当学徒，也不会一步步学习、学会、学懂那些经商的秘诀，成长为一代大商。

知己知彼，百试百胜

胡雪岩官道箴言:

> 一个人最大的本事是能用人，用人首先要识人，眼光、手腕，两俱到家，才智之士，乐于为己所用，此人的成就便不得了了。
>
> 这本是教人用人的智慧，但是也蕴含了作为商人的自我剖析。我们经常说的"最了解自己的其实是自己"这句话一点不假。那些总是说不了解自己的人，其实是一种冠冕堂皇的借口。他们所谓的不了解，不过是懒得剖析自己的结果，并非真的对自己一无所知。毕竟，一个人最真实的感受只有自己的感官能感觉得出来。

剖析，并不只是对自己喜欢什么，讨厌什么作一个划分。而是实实在在地将自己赤裸裸地呈现在自己的面前，然后客观地来看自己究竟擅长什么，喜欢什么，畏惧什么，弱点是什么。只有这样，才能找到自己做事的一套方式方法，充分发挥自己的长处，避开自己的不足，进而对自己整体上作一个提升。

大凡事业上能取得成功的人士，他们对于自己的剖析都比较深刻。因此，他们才了解到自己究竟应该在哪方面比别人具有优势，在哪方面需要加强，才能达到人们常说的"趋利避害"。而那些所谓成功定律所排列的公式：成功 =99% 的汗水 +1% 的机遇。汗水中肯定是将剖析自己包含在内的。

胡雪岩是个成功的商人，他的成功就在于他善于剖析自己，发现自己的长处，避开自己的短处，然后做自己人生的主人。在胡雪岩一步一步的成长过程中，他首先发现只要是自己经手的银钱账目，总是一清二楚，丝毫不会出错，所以他发现自己有做事脉络清晰、对数字敏感的优势，那以后开钱庄肯定是没有问题的。其次，他发现自己善于机变应酬。凡是他接待过的客户，对于其当时的着装和言谈，都会达到过目不忘的程度，所以他觉得自己与人交际绝对有优势，从而在以后大力发展官场势力；再次，他还发现自己擅长引导话题，掌握主动。每次在愉快的交谈中，都可将主顾的嗜好、性情无不摸得熟透，下一次遇见他还会很自然地体贴关照着对方的性情，满足他的嗜好。这种优势证明自己熟谙人的心理，那可以大加发挥，从而在生意上可以极大地满足顾客要求。

因此，胡雪岩就在这些剖析的基础上大力发展自己的优势。这造就了他熟谙人情、官场交际、投顾客所好等能力，从而从一名贫寒子弟成长为一代大商。

当初，在信和钱庄的时候，胡雪岩因为非常能干而得到于老板的赏识。他不仅不断地提升胡雪岩，让他有更多锻炼的机会，还在他犯了"将500两银子借给王有龄"这个错误后接他回信和。更是在看到胡雪岩的业绩后开门见山地要升胡雪岩为信和钱庄的经理，也就是仅次于老板的二把手。

这原本是一件很好的事情。如果放在现在，公司的职员谁不巴望老板不断地重用自己、提升自己呢？可是胡雪岩是个怪才，他偏偏不吃这一套。在他看来，于老板对自己犹如生身父亲，又对自己恩重如山，这恩情无以为报。按照胡雪岩的原话就是"我唯一能够报答您的恩情的方法，就是要努力振兴信和，让它不仅成为全杭州最大的钱庄，而且还要成为全浙江乃至全国最大的钱庄！"

而当时的胡雪岩，在剖析自己之后，发现那个时候他暂时还不具备当经理的条件。他的理由是这样的："我不愿意早早地担任经理。因为当经理就需要打理全盘业务，也就会隔断了和外界的联系。经理虽然地位高，收入也多，但是以统筹为主，不再负责具体业务。为了以后的发展（前面说的做大信和钱庄）着想，我宁愿继续现在的工作，以便积累经验和才干，精通各项业务。"

无疑，胡雪岩的这番话让于老板目瞪口呆，他实在没想到这个年轻人会想得如此深远而透彻！于是，于老板为了方便胡雪岩较快全面掌握钱庄业务，升他当了协理，也就是经理的助手。胡雪岩于是在这个职位上开始了自己能力的飞升。

三年之后，于老板的病情已经恶化到了极点。他为了放心离去，把胡雪岩叫到病榻前，仔细询问胡雪岩关于钱庄的事情，经过自我高要求锻炼的胡雪岩对答如流。于老板再无遗憾，便召集所有的伙计到场，当众宣布胡雪岩为信和的继承人。

这就是为什么胡雪岩能成为一代大商的其中一个秘诀——做任何事情之前，该多多剖析一下自己，看自己究竟有哪方面的欠缺，需要哪些提升。只有这样，才能将事情做好、做精，对自己的能力也才有一个实质性的锻炼。

试想一下，如果当时胡雪岩贪图名利，在于老板委任经理的时候欣然接受，那么在他以后的工作和生意中一定或多或少地会遇到一些困难。所以，我们常讲一句话叫"人呢，要有自知之明"。这个自知之明，说白了，就是要求人们能够比较客观、公正地分析自我、剖析自己，知道自己的长处与不足。

为了成功，该忍就得忍

留得青山在，不怕没柴烧。忍一时之气，可以成就一世，未尝不是一件幸事。

俗话也说"小不忍则乱大谋"，但这里的忍其实指的是隐忍，是"退一步海阔天空"的大度。这也是教人要学会把别人的过失和过错都看得淡一些，并且别放在心上。而我们所提倡的忍，除了这层隐忍的意思外，还包括了对一切的包容和辛苦做事的坚持。

人们常说：忍字头上有把刀。可见，要达到"忍"这个修为还是需要付出很多的。所以很多时候说"忍"是一种功夫。纵观古今中外，成大事的人往往是那些忍耐力非凡的人。当然，这个"忍"并不是一味地让，而是要有韧性、有理智的能屈能伸。懂得以退为进，以守为攻，以不变应万变。

纵观胡雪岩的一生，我们可以发现，无论是在官场，还是在商场，他为人处世总是能做到忍一时之气，照顾到大局的利益。这也是他之所以成功的一个很重要的原因。

首先，从他小时候当学徒的经历来看，我们就可以看出胡雪岩绝不是一个等闲之辈。

所谓"三岁看老"。胡雪岩在当初做学徒的时候，不管学徒的生活有多么辛苦，多么劳累，他都毫无怨言地坚持做下去，并且完成得很漂亮。如果没有忍的精神，他可能早就对贫寒绝望的生活妥协，如其他贫苦之人一样做着小事情，过着一辈子拮据的小生活。

但是，面对着生活中处处充满的诱惑，他选择了忍受、克制。他踏踏实实地窝在自己打算从事的专业行当中一步一个脚印地走着。这没有非凡的克制力是不可能做到的。

其次，胡雪岩的忍让还表现在对人的宽宏大量和包容上。

当初有个张秀才在杭州城中很有名，其实也就是个有文化的小角色。只是平时自我感觉良好，自以为是衣冠中人（就是进入候补官僚行列的人），可以跟官僚们交往，包揽诉讼之类的事情。所以经常能给人说合是非，便处处觉得自己比常人高出一头，动辄欺软怕硬，十分无赖。因为某次误会，他和胡雪岩结下误会，从此暗中为难胡雪岩。

原来，在王有龄坐镇杭州时，曾推行制度，准备改革积弊。当时有一项税，是对新开店铺征收规费。王有龄在分析后认为这项税不应该收，于是便贴出告示，永远禁止有人再收。

钱塘、仁和两个县的差役，鉴于王有龄执法如山的官威不敢惹他，怕撞到枪口上，所以，虽然不情愿，但也不敢乱来。但有怕的，就有不怕的。巡抚和藩司两个部门就不怕，他们自认为自己靠山很硬，不买王有龄的账，对这项税还是照收不误。但是官场上处世还是有一定的规矩，所以他们碍于官场规矩，不方便自己亲自出面，就指使他们的帮手张秀才去做这件事情，并讲明将收税得来的钱跟他三七分。

谁知，咋咋呼呼的张秀才就在他吵吵嚷嚷开始收税时，正好知府大人王有龄乘坐轿子路过此地。王有龄向来对政事十分认真，见有人争吵，就下轿了解情况，并准备帮着解决问题。但他没想到，在布告张贴出去的当天，张秀才就敢如此明目张胆地违反，这不是触犯自己和法律的威严吗！王有龄勃然大怒，决定对张秀才进行严惩，也算是杀一儆百。

于是，王有龄不仅将张秀才狠狠地教训了一顿，还一定要革除他的功名。这下向来自我感觉良好，目中无人的张秀才真害怕了。他就是一个辛辛苦苦考中的秀才，如果功名没有了，他只能沦为平头百姓，这对当时的读书人来说是十分严重的惩罚。

王有龄走后，张秀才冥思苦想自救的方法，觉得只有去求王有龄的好朋友胡雪岩才管用，因为大家都知道王有龄对胡雪岩言听计从。于是，张秀才拖家带口去胡雪岩家里哭着喊着求他帮助自己。胡雪岩也是一时大意，只当这是一件小事，便痛快地答应了。

但是，到了王有龄那里，胡雪岩才知道事情的严重性。王有龄是一方父母官，张秀才偏偏又在他贴出告示的当天犯事，这不是明显挑战他做官的威严吗？因此，王有龄执意要按自己的决定办。虽然胡雪岩也明白，王有龄正处于树立威信的时期，但是他已经答应了张秀才。于是再三给张秀才求情，王有龄总算松动了一点，将本来是要对他革除功名，杖打两百板子，枷号（明朝时期创设的一种耻辱刑，清朝还在用，就是强制罪犯戴上枷锁在监狱外或官府衙门前示众，以示羞辱）三个月的惩罚改为"免除皮肉之苦只革功名"。

谁知，张秀才不知道内情，对被革除功名一事耿耿于怀，也就对胡雪岩怀恨在心。他总觉得是胡雪岩两面三刀，答应自己又不帮自己。所以，处处看胡雪岩不顺眼，给他制造不便。但面对这些胡雪岩都忍了，他向来宽宏大量，觉得没必要为这一件事情纠缠不休，更没必要对张秀才以牙还牙。

当时正是要收复杭州的时候，而胡雪岩首要的目标就是收服视自己为眼中钉的张秀才，让他做攻城时的内应。张秀才在当地百姓中是个天不怕地不怕的主儿，据说世上只有两种人能降住他，第一是当官的，第二是他儿子。他儿子是个败家子，吃喝嫖赌，无所不为。把张秀才一辈子辛辛苦苦弄来的几个钱，都给挥霍了。

胡雪岩是个公私分明，又有肚量的好人。他为了大局着想，撇开张秀才恩将仇报对自己的误会不谈，反倒准备对张秀才大加帮助来达到收服他的目的。于是，他先派了刘不才这个赌场高手上场。刘不才于是经常在赌场关照张秀才的儿子，获得了他的好感。打开了接触张秀才的通道。

后来，胡雪岩又托刘不才给张秀才带去消息，让他为自己的前途做好准备，并且送去了一封保举张秀才的保举书，答应杭州收复之后保举他一官半职，接着当然也要顺便把那个误会解释一遍。自此，张秀才这才明白是自己误会了胡雪岩，和胡雪岩开始了合作。结果事情办得很顺利，官军攻城的时候，因为张秀才父子开城门迎接有功，根据胡雪岩当初的约定，张秀才的儿子获得了一个七品官衔，并被派为善后局委员。

当初张秀才误会胡雪岩，并跟他做对，胡雪岩在这件事情的处理上，并没有像一般人的思路那样直接找到张秀才辩理（因为他知道当时去肯定没用，张秀才不会相信），而是委曲求全，忍住了一时之气。这个忍在当时是非常必要的。如果他也冲动地想：你这个恩将仇报的家伙。那以后胡雪岩和张秀才就一辈子没有说清误会，冰释前嫌的一天，也就不会在收复杭州的时候得到张秀才父子的鼎力相助。

这一连串的因果关系显示出：小不忍则乱大谋。这个深刻的道理，可以说既以大局为重，晓之以理，动之以情，又达到了事情的圆满，"曲径通幽"。

可见，忍让并不是怯懦的表现，而是一种做人的智慧。忍一时之气，以退为进，其实也是一种深远的谋划。古话有"冤家宜解不宜结"这种说法。所以，为了大局，为了自己将来的事业，暂时忍一下又算得了什么呢？或许，这个忍字它所带来的还不只一点小小的回报。

没有一本正经精神，怎能修成商场正果

胡雪岩官道箴言：

> 我做事是要"抢"的，可以十天半个月没事，有起事来，说做就做。世界上很多事，本来就用不着有才干的人去做，平常人也能做，只看你是不是肯做，是不是一本正经地去做。能够这样，就是个了不起的人。
>
> 平常我们经常能听见有人抱怨"工作好枯燥，实在做不下去了"，或者不断艳羡别人"你看人家谁谁谁，命就是好。在外企工作不仅工资高，待遇也好"。其实，他们都在犯同一个毛病，那就是都只是将眼光停留在了别人的光环上，而没有看见他们背后的努力，也不去分析自己的不足并加以改正。那些真正拥有好工作的人，被誉为"命好"的那类人，几乎都有一个共性——做事认真。

纵观历史，任何做成了大事的人物，他们都有一个共同的特点：本着一本正经的精神去做自己从事的事情。正是因为有了一本正经精神，他们才能集中精力，将所有的注意力都关注到正在做的事情上，认真地做事。

做事认真并不是简单的四个字，它需要一本正经精神作支撑。而一本正经，就是要态度严肃庄重，百分之百对所做的事情重视，不草率。这种重视与不草率表现在对细小的事情也不放过上。俗语说"一树一菩提，一沙一世界"。生活本来就是由各个小细节构成的。如果能将这些小细节也重视、归为有序，那么离成功也就不远了。

老子曾说："天下难事，必作于易；天下大事，必作于细。"这个"必"字强调的就是一种一本正经精神。如果对于难事、大事，只是采取敷衍了事的行事风格，那么难事不会变易，大事也不会成就。所以，一本正经还强调的一层含义就是重视细节，从小事做起。

中国古时就有"一屋不扫何以扫天下"的名言警句，它讲的也就是一本正经精神：既然要做，就不该挑肥拣瘦，严加挑剔，而应该从小细节一点一滴做起，步步为营。海尔总裁张瑞敏先生就曾经说过：把每一件简单的事做好就是不简单；把每一件平凡的事做好就是不平凡。这其实就是"一本正经"精神的实在化，所以海尔集团始终秉持"严、细、实、恒"的管理风格。

因此，海尔才把细和实提到了重要的层次上，以追求工作的零缺陷、高灵敏度为目标，他们当然也将这种企业文化理念贯彻到了管理问题上，使得问题在最短时间、最小范围内得到解决，将经济损失降到最低，逐步实现了管理的精细化，也因此消除了企业管理的所有死角。再看近些年不少公司的大起大落。它们制定的规章制度不可谓不细、不严、不实，但往往说在口上，定在纸上，钉在墙上，就是落实不到行动上。也就是我们常说的"纸上谈兵"，缺乏一本正经精神。可谓成也细节，败也细节。虽然一心渴望伟大、追求伟大，却因为没有秉持一本正经精神而让伟大了无踪影。

胡雪岩作为一个能力卓绝，深谙做生意之道的商人，向来让现代企业家艳羡不已，望尘莫及，巴不得从他身上挖掘出"宝贵生意经"。而纵观他的一生，能用四个字形容他的做事风格，那就是"一本正经"。胡雪岩之所以能取得那样大的成就，这和他向来做事不敷衍了事，而是兢兢业业、勤勤恳恳是有关的。

当然，一本正经精神对于胡雪岩来讲，并不只是表现在做生意上，在平常的日常生活中，他做任何事情都这样，即使是在小的时候也是这样。

我们都知道胡雪岩很小的时候，因为父亲去世他为了维持生活就给人家放牛挣小钱。一天下午，13岁的胡雪岩像往常一样把牛赶到郊外去放。在牛儿自己在草地上吃草时，他想到附近的凉亭休息一下。结果，走过去发现凉亭里面没有人，却有一个蓝布大包袱。他往四处看了看，也没发现任何人。出于小孩子的好奇，他走过去伸手摸了摸，硬梆梆的，拿起来又掂了掂，分量很重。结果打开一看——里面全是金银财宝，闪闪发光。

亏得胡雪岩一直记得母亲的谆谆教诲，既然这些东西不是自己的，就坚决不能拿，况且失主此时一定非常着急，肯定在四处寻找，于是他决定在凉亭等失主。但这个等又展示了胡雪岩除了"拾金不昧"之外的一个行事风格——做事一本正经。

胡雪岩当时并没有像个傻孩子一样抱着包袱傻傻地坐在那里等，当然这是很危险的毋庸置疑。他向来做事都会为了达到目的而一本正经，思虑再三，哪怕只是在这么一件等失主的小事情上。

首先，胡雪岩把包袱藏到了草丛里确保包袱的安全。然后，他像没事儿人一样，回到亭子里等失主。哪怕是在太阳下山自己肚子咕咕叫的时候，他还是觉得这件事情应该好好履行完成才行。终于，快到黄昏时分有一个人神色慌张、气喘吁吁地跑了过来，一见到他就忙问："小哥小哥，你有没有看到我丢的东西？"

本着对失主负责的态度，胡雪岩并没有直接回答他，只是反问："你丢了什么？"

那人说："丢了一个蓝色的包袱。"

胡雪岩听他这么说心里有了点底，但还是继续问："里面都有些什么东西？"

那人于是急切地把蓝包袱里面包裹的东西说了一遍。胡雪岩听他说得一点也不差，这才将包袱从草丛中取出还给了他。

小小的一件拾金不昧的事情，却被小小年纪的胡雪岩如此认真地对待，但他却未曾想到就因为这件鸡毛蒜皮的事，竟然为他以后的人生腾飞创造了第一个机会：那个丢包袱的人将他收为徒弟。从此，他开始了人生的转折。

另外，在做生意上，胡雪岩更是一丝不苟，一本正经。这从他给胡庆余堂牌匾的题词就可看出"凡是贸易均着不得欺字，药业关系性命，尤为万不可欺。余存心济世，誓不以劣品巧取厚利，惟愿诸君心余之心，采办务真，修制务精，不致欺余以欺世人。是则造福冥冥，谓诸君之善为余谋也可，谓诸君之善自为谋亦可。"

他创办药店，一方面是做生意，另一方面目的是济世救人。所以，这种一本正经的态度既是对做生意的认真，又是对世人的负责。

在当今社会，很多人成功不了，不为别的原因，只是欠缺"一本正经"做事的精神。任何人，只有拥有了这种精神，才会对自己所做的事情百分之百的专注，也才会想方设法地将一件事情做好。做人是这样，做事是这样，做生意更是这样。

优柔寡断商场大忌，勇敢决断才是真理

胡雪岩官道箴言：

> 我当然不会闯到死路上去。我说的闯，是遇到难关壮起胆子来闯……我遇到太平军，实在有点怕，现在我不怕了。越怕越误事，索性大胆去闯，反倒没事。
>
> 我们都知道，向来"优柔寡断"同"缓心而无成，无所定立"、"办事缺少魄力"联系在一起。虽然优柔也是优点，证明人内心善良，情感丰富，但在办事情上，就太过于权衡各方面的利益，从而导致事情拖拖拉拉，慢慢悠悠，始终难成气候。

对于一般人而言，做事优柔寡断，缺少魄力，最容易导致的结果就是拖拉。一件事情原本可以很快地搞定，偏偏思东想西，瞻前顾后，下不了决心，最后只能是永远停留在想的阶段耗费时间，而没有实质性的进展。对于商人而言，商场中处处充满了激烈的竞争，时时充溢着商机，如果没有相当的魄力，在众多商机中理不出头绪，那最后真正认栽的只能是自己。

胡雪岩向来就是个积极主动的人，不仅面对出现的机会善于把握，就是没有机会的时候他也会主动创造，因此，他这种当机立断的魄力应用在生意场上，就帮助他走向了成功。

当时为了镇压太平军，清政府为方便筹措军费粮饷，户部发行纸钞，这在那个时候叫官票。大清国是银本位制，也就是说全

国流通的几乎都是白花花的银子。可是等到起义的太平军占据了江南的富庶地区后，大清国的财政已经变得非常拮据，不得不通过发行这种纸钞来弥补赤字。而这种官票不只是为了拿着方便，更是一种可以上市流通的银票，和如今的支票概念差不多。既可以兑换现银，也可以代替制钱"行用"——用它抵交应按成缴纳的地丁钱粮和一切苛捐杂税。

而政府规定：发行的官票要先由钱庄或者票号来认购。但钱庄或者票号认购官票是有风险的，因为户部发行的这种官票根本就没有保证金。虽然上面明文写有"愿将官票兑换现银者，与银一律"的字样，但如果官票在发行的时候发行太多太滥而导致现银不足，那么"以票兑银"就将是一句空话。特别是在清政府和太平天国对抗的战乱时代，官票的价值更难得到保证。所以，阜康钱庄新经理刘庆生在看到这种形势后，认为将来官票一定不值钱，并不赞同认购官票。

但作为老板的胡雪岩却不这样看。胡雪岩是个有超凡魄力又有敏锐眼光的人，在他看来，生意能做与否，成功与否，关键是生意人自己的眼光和能力，这和外界的关系非常小。所以，他认为即使普遍认为的乱世之中生意难做，但越是难做，越有机会。也正是他的这种市场嗅觉加上他的勇决的魄力，成就了他在这桩生意上的成功。

其实，胡雪岩性格果断干脆，还和他反应灵敏，目光锐利有相当大的关系。在认购官票这件事情上，他早就看准了优势：钱庄买官票，说白了这是在帮朝廷的忙。帮朝廷忙挣朝廷的回报，虽然风险大，回收时间长，但利润相当大。这个道理他在之前的从商过程中就已经熟悉。所以他认为从长远利益出发，只要是帮朝廷打胜仗的生意，哪怕亏本，都要做。

幸而他胆子大、心细，敢于决断。所以生意场上每每都先人一步，率先吃到可口的螃蟹。

在对待该投资官场的问题上，胡雪岩也不含糊。他是出了名的红顶商人，生意上大多靠的也是官员的"保护罩"。而很多这种"保护罩"的获得并不是靠他的大力贿赂（虽然这是一个方面），更多是他在恰当时候表现出的"豪爽"。

曾经有一次，王有龄海运局的旧同事周委员来找胡雪岩。原来，王有龄调任湖州时，他的顶头上司布政使麟桂也接到调职令，由浙江藩司调为江苏省江宁藩司。这对于麟桂来讲，本来是件好事，却让他十分发愁。原因是他在任的时候，浙江公库亏空了25000两白银。眼看交接在即，下任布政使就要上任，亏空要是不补上，自己官场路上就是穷途末路了。于是，麟桂委托周委员找到胡雪岩，希望胡雪岩能挪借些阜康钱庄的银两，助他渡过难关，并承诺将来到江苏江宁上任之后，一定奉还胡雪岩这笔钱款。

当忐忑不安的周委员告诉胡雪岩十天之内需要现银时，胡雪岩居然眼睛都不眨一下地就说没问题。并且，让周委员及他的领导激动的还在后面。周委员问："那么，利息怎么算呢？"胡雪岩却笑着说："重利盘剥是犯王法的。"周委员一听，激动之余，觉得胡雪岩非常讲义气，说道："雪岩兄，像你这样够朋友的，说实话，我是第一次遇见。彼此以心换心，你也不必客气，麟藩司的印把子此刻还在手上，有什么可以帮你忙的，你不必客气，尽管说。"

实际上，当时胡雪岩的阜康钱庄大笔资金都已经投在生丝生意上了，库存的现银并不多，按今天的话说叫周转不灵，但他还能这么爽快地拿出来这么多银子帮助麟桂。这就是胡雪岩当机立断的魄力了。

胡雪岩向来对他看准的事情，都是果断做出决定，从不拖泥带水。这也是为何官员都能给他留面子的原因。他在别人需要的时候表现得慷慨好义，果断决绝，那么在需要别人帮助的时候别人也不可能拖拖拉拉，憋屈忸捏。

所以，面对胡雪岩这么慷慨豪爽，麟桂自然又是满意又非常领情，他临行的时候对胡雪岩许诺：以后江宁和浙江方面的所有公款往来，都将指定交阜康汇兑。而且，加上胡雪岩当时决定的让阜康踊跃认购官票，麟桂便做个顺水人情，向户部奏请褒扬阜康，这等于是浙江省政府请中央财政部发个"全国优质企业"的奖牌给阜康钱庄。

对于阜康来说这不但很有面子，而且也起到了广告效应：因为京师的钱庄票号都知道"阜康"的招牌了。那么，将来京师户部和浙江省之间的公款往来，都可能会让阜康钱庄办理汇兑。这就给阜康带来了巨大业务。

当初，如果胡雪岩面对麟桂的要求不当机立断，而是磨磨蹭蹭，瞻前顾后地算仅存的现银，算生丝的投资，算周转的资金，那么银两不一定会那么痛快地借给麟桂，也就不一定能帮麟桂解了燃眉之急，那么后面一大串的盈利也就不可能出现了。

纵观胡雪岩的一生，这样当机立断的事例真的很多。例如在当初办钱庄的时候，开药店的时候，以及做生丝生意和军火生意的时候。而这些当机立断，不拖泥带水，明显给胡雪岩带来很大好处。他总是能抢先占得商机，赢得市场从而盈利。

第五章·善于把握机遇，人间处处充满商机

红顶商人胡雪岩，是清末政商界的一个传奇。

他以贫贱的钱庄学徒出身，在短时间中事业崛起、形成近代中国金融事业中的一个异数。

　　胡雪岩说:"一个人如果要有所成就,一半靠本事,一半靠机会。"很多刚刚初涉商海的人,或者是那些在商海中被大浪卷走的人们,总是在抱怨着商场的残酷,商机的难觅。其实,仔细分析一下他们之所以迷茫或者是失败的案例,就会发现他们的失误是必然的。因为他们失败的原因几乎都是在于经验的缺乏、稚嫩等,而造成的不善于把握商场中难得一见的机遇的结果。

机遇爱流浪，仔细找找将它截住

胡雪岩官道箴言：

> 做生意跟带兵打仗的道理差不多，除随机应变之外，还要从变化中找出机缘来，那才是一等一的本事。
>
> "众里寻他千百度，蓦然回首，那人却在灯火阑珊处。"这段千古佳句最能形容商场中商人对于机遇的寻找。在商场中，机遇并不是如天上的星星那般明亮地挂在那里等着人们来采摘的，相反，它总是四处躲闪着。因此，那些专心致志、一直不放弃，忙于寻找机遇的商人，总会得到意想不到的收获。

中国有句古话叫"天上不会掉馅儿饼"。按照实际情况，这天上并不会真的掉馅儿饼，这句话的意思只是指代机遇的到来。而机遇，也就是出现在各个领域中的良机。它具有很多人们熟知的特性：一、意外性，它不可确定。二、瞬时性，它稍纵即逝。三、广泛性，它并非失去就没有。根据这些特性，我们可以看出，机遇需要人们仔仔细细，耐耐心心地寻找。人们不能因为它的不明显，快速易逝就放弃寻找，也不能因为它广泛存在就不去寻找。机遇之所以被大家争抢、寻觅、珍惜，原因就在于它能给人们生产、生活带来意想不到的好处，创造意想不到的成就，带来多条走向成功的捷径。

所以，胡雪岩说，会做生意的人，除了精通取势用势外，还要特别善于发现机会，要能够很好地把握和利用机会，要学会把机会变成实实在在的银子。因为，对于胡雪岩来讲，他是实实在在品尝到机会给自己带来丰硕果实的人，也深深了解发现机遇对自己人生的重要性。

如果说取势靠的是巧劲儿的话，那么乘势则需要实质性的力量。因为这要靠眼光及时发现捕捉机会，再靠手腕手段牢牢抓住机会，最后靠精神和行动把一个个被发现或遇到的机会，改变成一道道通往财源滚滚大道的小径。

胡雪岩刚开始做生丝生意的时候，刚好是西方资本主义工业生产，特别是纺织工业生产大发展的时期。当时西方因为大力生产丝绸纺织需要大幅增加原料。于是，洋人就需要从中国大量进口蚕丝。因此，对那时候的市场来讲无论是做内贸，还是销"洋庄"，都能赚大钱。而胡雪岩做上这生丝生意，还确实有些偶然的因素，换句话说，他是偶然发现这个机会的。

大家都知道，胡雪岩的患难朋友王有龄得到海运局坐办的官缺时，上任伊始就遇到了解运漕米的麻烦。当时还是王有龄请胡雪岩帮助自己渡过的难关，但通过这件事却使胡雪岩有了一个奔走于杭州与上海之间的机会。那个时候胡雪岩为了解决押运漕米的问题奔走于杭州上海之间，雇请的是"阿珠姑娘"她们家的船。巧合的是，阿珠娘恰好懂一些蚕丝生意，这无意中让胡雪岩有了一个非常方便的请教机会。众所周知，在解决漕粮解运问题的过程中，胡雪岩又逮到了与漕帮建立良好关系的机会，并且还结识了十分熟悉洋场生意门道的古应春。这些因素纠结在一起，给胡雪岩从事生丝生意提供了背景。

但是对胡雪岩来说，最大的机会是好友加靠山王有龄调任湖州知府。湖州是蚕丝的主要产地，因此，前面因素的铺垫加上这个巨大的有利条件，使胡雪岩这个完全不懂蚕丝生意的门外汉发现了"做生丝生意"这个门道，稍加运作也就顺利地做起了蚕丝生意，进而之后又销起"洋庄"，做起了蚕丝"外贸"。这表面上看起来是一个个"巧合"，但如果不是胡雪岩有一双善于发现机遇的眼睛，一般人很难将它们串联起来变成一个大的机遇。

这可以用一个明显的反证予以证明。信和钱庄的张胖子，那个时候也刚好与胡雪岩同行于杭州、上海之间，他甚至比胡雪岩还要熟悉江浙一带的蚕丝经营营生。并且当时的信和钱庄是杭州城里最大的钱庄之一。论资本他比胡雪岩要雄厚得多，论财力后盾，胡雪岩肯定比不过，但张胖子就没有发现这个机会，没有想到去做这一注定能发大财的生意。

再由经营上来看，胡雪岩学习经营蚕丝生意，无论是从历史的长短、经验的丰富，还是实力的雄厚上，他都不如早已经作为丝商巨头的庞二。但胡雪岩一上手这项生意，就能马上发现机会想到联合同业从而控制市场，操纵价格，在销"洋庄"的生意中迫使洋人就范，而庞二枉做了那么长时间的生丝"洋庄"，却没有想到这样做大生丝生意。

所以，胡雪岩成功了，张胖子、庞二顶多只能算作小打小闹的商人。

这个小故事告诉我们，任何事情，任何情况下，都要求人们必须要具备一双慧眼——善于发现机遇的眼睛。只有在这双眼睛的捕捉下，才能发现机遇，看到潜藏的商机，从而取得成功，甚至做出一番不朽的业绩。

还有一次，胡雪岩把从湖州收来的新丝运到上海，奇怪的是他并没有急着出手。虽然当时的情况很不乐观：他的钱庄才开业不久，没有多少资金用来周转，急需资金。但是在对现况分析和对市场了解后，他发现了一个机会，便顶住压力，把这批货囤积了起来。

其实，胡雪岩没有立即将这批生丝脱手求得现金救急的原因有两个：一个是当时洋商开出的价位让他觉得不理想；而另一个，也是更重要的一个，他认为自己要联合同行控制生丝市场的条件还没有成熟。因为那时胡雪岩运到上海的生丝数量还很少，根本不具备与洋商讨价还价的实力，要获得同洋商抗衡的机会，他必须联合同行，垄断生丝收购。

用胡雪岩自己的话说"事缓则圆，不必急在一时"。在囤积生丝的那段时间里，他一方面请刚结识的上海朋友古应春加紧和洋商谈判，另一方面派他姨太太的叔叔拉拢上海的丝商大户，以便联络更多的同行形成垄断。同时，善于做生意，灵活运用商机的他则利用空闲时间，帮漕帮调解了纠纷，还撮合了古应春与七姑奶奶的婚事，更乘机做了一桩军火生意。

到第二年年初，奔走了一年时间的胡雪岩已经与上海丝商大户几乎达成了一致，散户控制也已见成效，洋商开价已经开始有所松动。这表明胡雪岩发现的那个机会已经在起初步作用了，但是他还是不急于将自己的生丝出手。这里倒是有些商人做生意的技巧在里面，但更多的是胡雪岩希望在等待中寻找更加合适的机会，一举扭转洋商控制开价的垄断局面。

就这样，胡雪岩为了那个他看好的最佳机会等了一年，直到第二年新丝快要上市的时候终于给他逮到了那个寻觅了很久的机会。朝廷因为制度改革，决定设立内地海关，增加茧捐。洋人因为情势所迫不得不低头，于是终于开出了买卖双方都可以接受的价格。胡雪岩终于等到了他苦苦寻觅的机会，除了净赚十八万两银子外，还扭转了价格上的被动局势。

商道 胡雪岩

经商之道 学胡雪岩

第五章

104

可见，很多时候，机会虽然要善于发现，却也要有寻觅的耐心。俗话说"慢工出细活"，机遇是可遇不可求的稀奇玩意儿，在寻觅它的过程中就要求我们要耐心，要仔细，切忌半途而废。只有这样，更好的机遇才会被我们把握。

没有？那就将它创造出来

胡雪岩官道箴言:

> 机遇是靠双手捧、脑子想出来的。
>
> 曾经，有人说过"弱者坐失良机，强者制造时机"。仔细分析观察各个领域的优秀人物，我们就能发现：他们之所以能成为顶尖的角色，大多是因为他们勇于面对风险，敢于创造机遇。然后借着创造出的机遇，他们奋力向前，终于获得了成功。

鲁迅先生曾经说过的一句话，它最能体现创造机遇的必然性，"路上本没有路，走的人多了也便成了路。"如果把这句话换个词就可以变为"世上本没有机遇，创造它的人多了也便有了"。路是靠着人们一步步走出来的，机遇也是。它原本不是实实在在的东西，只是抽象的事物，但由于它创造出的实际太美好、太让人向往了，于是它才成为了实际的东西而被人们追逐。

客观地讲，机遇并不是什么难求的东西，创造起来也不如人们想象中那么难。只是在创造它的时候，人们需要有一对眼观四方的眼睛，一双耳听八方的耳朵，还有一个清醒能客观理智分析问题的大脑而已。

胡雪岩之所以能不断地给自己人生、生意创造机遇，关键就在于他十分重视对商机的把握。他在明白机遇重要性的同时，也知道信息、理智对于创造机遇必不可少。所以平时他对于信息就很关注，看问题也常常要经过大脑的分析、思考。因此，他才会一次次创造机遇、把握机遇，并最终与成功拥抱在一起。

经过胡雪岩数年的苦心经营，阜康钱庄已经慢慢跻身于同行之首，银钱业务往来更是超过了任何一家钱庄。某年冬天，杭州城天寒地冻，北风凛冽，阜康钱庄和往常一样呈现出一片热闹的景象。东家胡雪岩闲来无事，坐在太师椅上看着店里的营生。这时，一位顾客走进来递给伙计一张银票，声言要支取现银。伙计接过银票，刚开始愣了一刻，随即满脸堆笑，将顾客请进了厅堂里落座，并沏了一杯上等毛峰。耳聪眼明的胡雪岩见状，知道这个顾客要办的事情肯定非同寻常，于是关切地上前询问伙计。原来顾客要支取5万两现银。

胡雪岩是久跑江湖的人，他看到那名顾客行色匆匆又风尘仆仆，料想必定是远道而来。而又一次性提取这么多的现银肯定有什么特别之处。于是他有心试探一下这位客人的底细。就右手端着茶碗，三指并拢，大拇指翘起，做出青帮询问的暗号。来客见状，知道是自家兄弟，就敏捷地回了暗号。

之后，胡雪岩了解到这个人叫高老三，是苏南青帮"同福会"的管家，专司钱财往来。这次到杭州取这么多银子，是为了一桩"给弟兄们做安家费"的急事。胡雪岩了解青帮的规矩：只有在青帮弟兄需要流血拼命的时候，才给弟兄的眷属发放安家费，以使他们解除后顾之忧，甘心赴死。于是打探缘由。高老三告诉他："安福会将替太平军护送一批军火从上海到金陵，途中官军重重设防，难免有冲突，所以会里选了百多位敢死的弟兄，去完成任务。"

所谓说者无意，听者有心。高老三走后，胡雪岩就开始在心里反复掂量着这条有价值的信息。他分析当时的情况：太平军和清军对峙多年，军火早已匮乏，所以才会请青帮替自己护送军火。

而太平军在上海购置军火，必然就会与洋人洽商，因为军火买卖向来利润惊人，回扣不菲。显然，刚从高老三这里听到的消息，对于十分垂涎军火生意，却一直苦于无处着手的胡雪岩来讲，是非常重要的。但是，令胡雪岩苦恼的是自己入这行并没有门道。但只过了不久，他就找到了搭上军火生意这趟车的办法，为自己创造出挤进去的机遇。

首先，他立刻赶到了王有龄府宅商议。没想到巧合的是，王有龄听完他述说后高兴地说："真是踏破铁鞋无觅处，得来全不费功夫。刚才抚台黄大人召见我，商议要海运局拨一笔款子购置500 条毛瑟枪加强浙江绿营军的装备，我正愁差谁去经办，你若有兴趣，可应承下来。"

胡雪岩是商人，本着商人重利的心理，他心算了一下，毛瑟枪每支 50 两银子，500 支需 25000 两银子，回扣一分以上，那么至少也可获得 3000 两银子的收入，这可谓是一笔好买卖。于是当下立刻应允，并请王有龄开了一张预备到上海花费的 3 万两银子的官票。然后火速收拾行装，只雇了一只小火轮，就连夜奔赴上海。

而胡雪岩之所以如此匆忙是有原因的。一方面是他深谙商场如战场，时间的把握是非常重要的道理。另一方面，这是他刚开始起步做军火生意，得抓紧时间给自己挤进这行业创造一个机会。因此，当胡雪岩来到上海的时候，马上想办法求见了上海青帮的首领廖化生，并向他说明了来意。廖化生在听说和胡雪岩合力做生意，还可以得三分利润后，当下就同意和他合作，还接受了胡雪岩索要他帮中一个兄弟相陪同的要求。

之后，胡雪岩见到了那位不中不西，不洋不土却在洋行当通司，外国话说得流利，深谙洋商底细的欧阳尚云，又在他的介绍和带领下见到了麦得利。但刚见到麦得利，就得到一个坏消息，麦得利告诉胡雪岩，这批军火已经同别人签了约，不可失信。然而志在必得的胡雪岩对于和洋人合作做军火生意，获取军火生意暴利的愿望是如此之强烈，他拼了命从国家之间，从利益、利害方面入手给自己制造扭转乾坤，获得签约的机会。

最后，洋商麦得利被他的三寸不烂之舌说的只有苦笑的份儿，耸耸肩膀，两手一摊，表示这些利害关系自己都懂，但无可奈何。因为枪支已经启运，很快就能到达上海，若中途毁约，自己将会蒙受巨大损失。胡雪岩在这句话中仿佛看到了一丝曙光——原来洋商现在顾虑的仅仅是一个钱字。于是胡雪岩告诉他，自己可以代表浙江地方当局买下这批军火，并可提高价格。麦得利本就是见利忘义的商人，听说后双眼一亮，连连点头，表示很有考虑的必要。但好不容易给自己制造了机会的胡雪岩，不会轻易放弃这个来之不易的机遇。于是他采用了威逼利诱并用的手段对麦德利说，不是考虑，而是必须，否则自己将不惜一切代价，破坏麦得利同太平军的交易。

麦得利从欧阳尚云那里听说了胡雪岩与政府的关系后已经动了毁约的心，加上胡雪岩为了确保自己初次的军火生意顺利成交，特地向麦得利允诺把每支枪价格提高一两银子。麦得利彻底接受了胡雪岩的合作。因此，胡雪岩就凭着自己敢为人先、勇于给自己事业、人生创造机遇这个特质，从这笔军火生意中轻松地获利 5000 多两银子。

从这些小事里我们可以看出：机会有时候并不是天上掉下来的，除了寻找以外，我们还必须要有勇于创造的勇气、决心和能力。一个人要想坐着等天上掉下机遇这件几率很小的事情发生，是很不理智的做法。这样既会浪费掉大量宝贵的时间，也会因为丧失掉积极主动的地位而一直处于被动中。

你分析观察，你成功快乐

胡雪岩官道箴言：

> 交结官场，不仅"趁热门"，也"烧冷灶"。
>
> 现代社会流行一句话叫做"股市有风险，投资需谨慎"。表面上看起来讲的是股市涨跌不定，在投资的时候需要擦亮双眼，认真思索。实际上，这句话可以应用到所有的领域中。因为各行各业都是这样，如果没有擦亮双眼，没有经过仔细分析、研究就做出决定，那么最后的结果一定不会很理想。

关于风险投资需要注意的问题，已经渐渐提上了日程。都说商场中沉浮不定，就算是很坚固的船，也说不定什么时候就触礁被戳个洞。因而，小心、谨慎之类的字眼在商场中是铁的需要遵循的规律。而要小心的弦外之音就是要仔细观察、分析、研究。

很多行业和公司现在又都借用一个词来形容这种分析研究，那就是孙悟空的"火眼金睛"。孙悟空的双眼因为能透过表面看到本质，透过伪装看到实质，所以妖精一般都难逃他的法眼。在现实生活中，越来越多的人向往这种能洞察一切的火眼金睛。其实，这并不是什么高深的法术，只要修炼得法，就容易获得，而这个法只是简单六个字——认真分析观察。

胡雪岩的善于观察还表现在人情交际上。在人情交际中，真正的"火眼金睛"者除了能看到对方的内心，读懂他的心思，然后再想方设法地投他所好，使他能成为为我所用的人之外，还必须要有一双能看到投资者未来的"利眼"。

很多人做人情投资，喜欢去追寻那些声名显赫，明显具有帮助自己能力的人，却忘记了还有"烧冷灶"一说。实质上，能烧对冷灶，更是一个人"火眼金睛"的体现。在胡雪岩生活的封建时代，烧冷灶的一种情形就是结交那些一时的下台政客，某些失意文人。宝森当时因为政绩平庸，被四川巡抚丁宝桢以"才堪大用"的奏折形式，假借朝廷之手很体面地把他请出了四川，实质上就是冠冕堂皇地给了他一个辞退的理由。因此，闲来无事的宝森赋居在京，由于每日没有政事烦扰、没有工作所累，就常常呼朋唤友，吟酒品茶泡赌场。这种表面上看起来很是悠闲的日子后面，掩藏了他心中的落寞，官场的失意，抱负无法施展的无奈。胡雪岩在发现这一现象之后，再经过对宝森这个人的考察、研究，觉得他在日后必将有所作为，就特意登门拜访。

原本失意而门前车马稀的宝森，没想到胡雪岩在自己失意的当口会拜访自己，他甚至还劝说自己到上海一游，包揽所有旅游费用。原本宝森因为受到"旗人身份"的限制，在京城玩得也实在不过瘾，就听从胡雪岩的建议，随他去游上海、逛杭州，不仅游山玩水，还一路吃喝玩乐，很是痛快。于是经过了这一遭，宝森便把胡雪岩视为密友，以后每次遇到大事，都会自告奋勇替胡雪岩分担，而事实证明，宝森在官场的能力也非同一般，他因此代胡雪岩在京城里大为通融，打通了很多路子。

当然，智慧的"烧冷灶"并不是逢灶便烧，而是要放出眼光，找准定位，选择出有资望的人，或者是将来必有起用之日，必会为我所用，必能帮上我忙的人，然后对他们献殷勤，勤探望，慰其寂寥，解其困难，让他们在失意的当口看到自己的真诚，心存感动。这样，等到有朝一日，"冷灶"变热，或者政客上台，或者灶膛红旺的时候，那些会烧灶的人就能如愿以偿。而要得到这种好处，就必然要求有识人的智慧，有发现的慧眼，修炼一双"火眼金睛"。

还有一次，胡雪岩因为做生丝生意而在上海停留。某天在住处休息，无意间却听到隔壁房间里有两个人在谈论上海房地产的事情。当时他们谈到洋人与中国人在城市开发上的不同：中国人的套路是先有市后有路。也就是凡是国人一般在聚集起来进行买卖活动的地方，先自然地形成了集市，然后再形成城市。当然这种开发方式有一个极大的弱点，就是太过于束缚城市的发展。往往是城市开始发展起来，需要拓展道路、扩充市面的时候，周围的地段已经被房屋、摊贩挤占满了，于是扩展起来就很困难。而洋人却不这样，他们是先开路后有市，也就是说先把路修建开通之后，才有人来做买卖，这样市场自然随着商业的兴旺而逐渐扩建起来。并举例说当时的上海采用的就是洋人城市的发展模式。

最后，隔壁不知是两人中的谁说："依现在的情形看，大马路、二马路，照此一直发展下去，上海南北方向很快就会繁荣起来。而向西一带看起来，潜力更大。这会儿谁如果眼光长远，趁现在不管是芦苇荡还是水田都尽量买下，等洋人的路开到那里，坐在家里就发财了！"

胡雪岩对于市场向来敏感，对于信息更是关注，在听完这两个人无意之间的闲聊之后，他等伙计陈世龙一回来，不顾休息就立刻拉上他，雇了辆马车去实地考察。在考察中，胡雪岩根据实际提出了两个方案：一是在自己资金允许的情况下，趁地价便宜，先买下这里一片地，等地价上涨后再转手卖掉，类似于今天的炒房团；二是通过他上海有能耐的几个朋友摸清洋人开发城市的计划，然后再抢先买下洋人准备修路地界附近的地皮。

当时正值清朝晚期，上海成了开放通商港口，发展势在必行。虽然"造反派"太平军想向东攻入上海，但帝国主义视这里为一块风水宝地，他们为了自身的利益，与清政府联合起来进行"东南互保"，一起坚守上海。因此，上海是东南地区唯一一块未受太平军战火波及的土地。再加上各地频繁的战乱，逃难到上海租界的人越来越多，由此上海的房地产市场日渐兴旺，迎来了第一个高峰期。毫无疑问，胡雪岩又狠狠地赚了一笔。

我们在感慨胡雪岩眼光准，脑子灵活的同时，更多的应该关注这些好眼光背后的故事。也就是他如何炼就的这双"火眼金睛"。在竞争激烈的商场，炼就这样一双眼对自己生意的帮助之大，从胡雪岩的例子中就可以看出。而仔细分析探索胡雪岩的"成仙之道"，却很简单：善于运用一双灵活的眼睛眼观八方，再综合运用耳朵听见的信息理智分析市场。这可总结为，仔细分析研究是"火眼金睛"的成功之道。

抓在手里，它才是你的

胡雪岩官道箴言:

> 顺势是眼光，取势是目的，做势就是行动。
> 这个世界上，的确有很多人总是抱怨老天的不公，但实际上这个世界永远是平等的。成功的人除了具备天时、地利、人和方面的有利因素外，与他们拥有的善于准备，牢牢把握自己生命中出现的机遇的能力也有很大的关系。

很多人羡慕成功人士，也渴望自己的成功，但往往却与机遇擦肩而过。也许失败的他们也曾看见了那稍纵即逝的机遇，但差别却是：他们仅仅只是做到了看见，并没有努力去抓住它为己所用。而那些随时做好了准备把握机会的人，却随着机遇一起迈向了成功。

所以，张九龄说"机不可失，时不再来"。胡雪岩作为一个从小就有远大理想的人，他的成功很大程度上就在于他善于把握住人生中的机遇，并加以利用。

我们都知道胡雪岩小时候在大阜踏踏实实当学徒。有一年，一位金华的客商来大阜杂粮行谈生意，可是不幸的是，他刚到大阜就病倒了。当时他在大阜举目无亲，不仅无人照顾，更没有能力拖着病体回到金华，急火攻心下病情更是加重。胡雪岩原本就心地善良，在得知此事后，立即就赶到他的病榻前，一连很多天给他端药送饭照顾。这位客商病愈后十分感动，又听杂粮行的蒋老板讲了当初他包袱失而复得的经过，于是决定收胡雪岩到自己店里。

把握住这次机会如愿以偿进钱庄之后，胡雪岩并没有因此洋洋自得。他到了金华也和在大阜一样，什么都听，什么都学。因为金华的规模在当时来讲比较大，所以跟很多杭州的钱庄都有业务上的往来，于是胡雪岩终于有机会亲眼看见了以后影响他一生的东西——银票。

当然，如果当初的时候，胡雪岩鼠目寸光，觉得在大阜有一份稳定的工作就行了，他就不可能进入到金华见到更大的世面，也就不会有以后突出的成就。都说机会就是一次次静悄悄地来临的，这话一点都不假。在胡雪岩的一生中，人们总是能看见他不断地在发现机会、拥有机会、把握机会。

大家都有一个共同的认识：家境越穷的人，对钱的价值就会看得越重。因此，在金华见到银票的胡雪岩当时十分惊异，立即下定了以后要从事这方面经营的决心。并且，当时在金华的环境影响了胡雪岩的一生，使他一生几乎都跟钱庄结下了不解之缘。而胡雪岩也不含糊，一直踏踏实实，一点一滴地积累经验，而且不忘记在能力提升的过程中，牢牢把握着属于自己的机遇。

例如：胡雪岩碰见钱庄前来收账的人，总是喜欢跟人套近乎，进而问长问短：你们钱庄有没有学徒啊？他们都学些什么啊？都做些什么事啊？等等。他想从这些可利用的资源中学习到自己想知道的知识。其实，当时有很多和他一样的学徒，他们也有这样和人交往的机会，只是能把握住的唯有胡雪岩而已。

另外，胡雪岩把握机遇还体现在平时的时时刻刻——当他打听得知钱庄的学徒的要求是：算账算得很快，算盘打得很熟，写字写得很漂亮时，他暗暗地厚积薄发，一个人马上着手对这些能力的培养。于是，别的学徒能经常看见他不是每天暗自练习书法，就是用心练习珠算。并且，他创造性地在日常工作生活中来把握这种机会：在与钱庄的人核对账目的时候，他刻意不用算盘，抓住这个锻炼的机会全靠心算报账。长此以往，他的心算算得又快又准，让钱庄的人很快地注意到他，为自己以后的发展奠定了一条道路。

于是，客商又因为钱庄连掌柜在内的上下都夸胡雪岩好的情况下，将他挖了过去。当然了，有梦想有准备的胡雪岩又不断地抓住了这些机会来向自己的成功之路迈进。

从中，我们能得到一个小贴士：胡雪岩很多次对机遇的把握，都来自于他平时刻意的对那些机会的创造和准备。所以，他才能在和别人同做学徒的时候，从不用担心"鱼头"对着自己；他才能不断地得到更大老板的垂青甚至"挖墙脚"；他才能一步步晋升；他才能慢慢地将生意做好做大，从而获得成功。

第六章·借官护道，商场如鱼得水有保障

红顶商人胡雪岩，是清末政商界的一个传奇。他以贫贱的钱庄学徒出身，在短时间中事业崛起、形成近代中国金融事业中的一个异数。

胡雪岩说："做小生意迁就局势，做大生意要帮公家把局势扭转过来。大局好转，我们的生意自然有办法。"

　　商有商道，官有官路，虽各行其道，却时有交叉。只是每每交叉总被称为"官商勾结"。其实不然，商与官合作得当往往能有双赢的结果。商有了官指引，能洞悉先机，知晓政策变化，掌握市场行情，在获取利益时能更多地争取到利益，在遭遇风险时可以有效地规避。对于官来讲，有了和商的合作，壮大的商往往能带动地区的经济发展，为官的政绩添上斐然一笔。所以在商场行走，要学会结交贵人，要充分利用良好的人际关系发展壮大自己。有了这样的良好关系，便能互为裨益，相得益彰了。

找贵人做靠山，商场行走如鱼得水

商道 胡雪岩 经商之道 学胡雪岩

胡雪岩官道箴言：

> 做生意一定要学会寻找合适的靠山。
>
> 商场的竞争是残酷的，但是因为有了人的因素，才变得充满变数，身为大商人的胡雪岩深谙此道：做生意一定要学会寻找合适的靠山。商业的竞争是残酷的，所以商人往往习惯寻找自己的盟友，在同盟的前提下还不能满足的话，他就会寻找强而有力的靠山。有了靠山的指引和帮助，做起事来就如鱼得水了。

封建社会是农耕社会，经济主体的限制导致了商业活动的局限，在农耕社会，商人的社会地位是非常低下的，统治阶级重农抑商的观念强烈影响了商业和商人的发展。这种社会制度下，商业活动的开展本来就不容易，而作为政策的制定者和执行者还时不时对商业活动进行阻碍，下至守城小吏，上至朝堂大员，商人们往往要面对各种名目的敲诈甚至于是莫须有的驱逐和封锁。

在这种恶劣的商业环境中，商人要想发展就要想尽办法来应对。有的商人选择退避迂回，终日游走于乡村小巷，为的就是减少与官吏打交道，这是一种消极的应对策略。有的商人选择主动出击，积极和各个层面的官吏沟通，争取他们的好感，并让他们成为自己的靠山保护自己。这类型的商人在这种交往中，能结识到更高层面的官员，能带给商人的无疑是更大的活动空间、更大的利益。当然，更有"贾而优则仕"的，诸如：范蠡、子贡、吕不韦等，他们既善于以商经官，又善于以官来经商，这种人无疑是最高明的，可惜凤毛麟角。

胡雪岩号称"官商"，却疏于做官，用他自己的话说就是"不会做官"，他的官衔也大多是"挂名官衔"，所以，他属于结交官吏，寻找官场靠山的那种商人。

封建官僚制度存在的时间很长，形成了一种为求升迁向上级官员行贿的潜规则，权钱交易、索贿行贿已是司空见惯，正所谓"官官相护"、"朝中有人好做官"。胡雪岩长年做钱庄的跑街，对于跑官买官之事所见甚多。这让他明白，在商道上要想走的更远，要想走的更好，一个坚固的官场靠山是必不可少的。有了强势的靠山，带来的不仅仅是更多的机会和利益，还能最大程度地减少商业运营的风险。

在这样的成长环境中，胡雪岩逐渐变得八面玲珑，游刃有余，他结识了各个阶层的朋友。当他遇到虽然捐了官却因为家道中落无钱去"投供"的王有龄，便认定王有龄决非等闲之辈，若助他进京"投供"，日后定有出头之日，成为助己飞黄腾达的靠山！于是他利用收账的便利，为王有龄"借"了500两银子，资助他进京。

正因为有了胡雪岩那雪中送炭的500两银子，王有龄才得机会补了实缺。中国人的传统观念是，滴水之恩当涌泉相报，更何况是别人冒着极大的风险在自己最落魄的时候帮了自己，要知道虽然胡雪岩的硬投资虽然只有五百两银子，软投资则是无可计量的，他在王某身上押上了自己的前程，并且因为王有龄还被赶出了钱庄。这个投资，可谓倾其所有，是一笔极大的赌注。正因为这样王有龄才把胡雪岩视作自己的大恩人。王有龄成功地捐到了官，胡雪岩则利用王有龄的关系，从浙江海运局借支二十万两白银，开办了"阜康钱庄"。由于有了王有龄这个官声很好、升迁顺利，有着光明前途的仕途新秀做靠山，胡雪岩的钱途一片光明。很多官方的商务服务、商务活动全部交由胡雪岩进行经营，比如：朝廷的粮食购办、团练经费与军火费用、地方厘捐、丝业等。白花花的银子源源不断地往胡雪岩的钱庄里流。

有了这一成功的经验，胡雪岩坚定了自己为发展自己的商道从而寻求合适的官场靠山的想法。

寻找靠山的途径很多，最行之有效并且已经有了成功例子的就是寻找帮助那些有望踏上仕途的人。在他为王有龄家里屋外忙前走后的过程中，他更结识了王有龄的故交何桂清。前面有了王有龄的先例，胡雪岩对何桂清更是不惜血本。为了帮助他的升迁，胡雪岩曾经一次便放出 15000 两银子；为了讨他的欢心，也为了自己日后的商业发展，胡雪岩甚至连自己的爱妾都忍痛转赠给了他。

胡雪岩的投资无疑是成功的，随着何桂清和王有龄在官场的水涨船高，他的商业活动也伴随着政治势力开始扩张，逐渐覆盖了东南市场，在全国商界也占据了重要地位。胡雪岩的商业理念在这次的扩张中得到了贯彻，商业经营逐渐冲破了先前的钱庄经营理念。此时的胡雪岩，尝到了在官僚阶层中扩充势力的甜头，他再也不会回到旧有的经营观念中去了。

随着王有龄、何桂清集团的土崩瓦解，胡雪岩开始有意识地为自己寻找新的靠山。其时，刚刚上任的浙江巡抚左宗棠需要"急公慕义，勤干有为"的人来做他的后勤部长，而胡雪岩在通过与左宗棠的短暂接洽后也发现左宗棠是个文武全才，这棵大树肯定好乘凉。于是便有了"以浙江之绅办浙江之事"的左宗棠和胡雪岩的强强联合。

合作之初，胡雪岩就给左宗棠带了一份丰厚的见面礼。左宗棠的军营里忙乱了好一阵，才把这份礼物收下。他给左宗棠送来的是军粮，二十万石大米！左宗棠在任之时，胡雪岩十几年如一日的为左宗棠办了三件大事：一是筹饷，二是购置军火，三是打理洋务。左宗棠每次挂帅征战，都是兵马未动，粮草先行。胡雪岩始终是他的一个经济支柱。他不但自己出钱，还劝别人捐赠。左宗棠手头一紧，立刻就会想到他。这些事虽然耗去了他大部分精力，但胡雪岩依然兢兢业业，丝毫不敢有半点懈怠，这就让左宗棠与胡雪岩的合作取得了巨大的成功。左宗棠为胡雪岩提供了更广阔的舞台，也给他提供了巨额的生意。可以说，在左宗棠投桃报李的帮助下，胡雪岩才得以成为富可敌国的巨商。在政治地位上，左宗棠还极力保存为胡雪岩获得了朝廷赏赐的红顶戴和黄马褂，这不仅意味着胡雪岩受到了皇帝的恩宠，更意味着在封建时代官本位的制度下，官府已经肯定了胡雪岩所从事的商业活动的合法性。胡雪岩的招牌、声望当然随着和朝廷挂钩而渐响，财富也随之增多。

所以，"靠山"靠不靠得住，就看你选的"山"够不够大。

胡雪岩以其睿智的眼光，相继发现了王有龄、左宗棠这两座大山，加上他的苦心经营，让自己一步一步登上了财富的高峰，红极一时，富甲一方。

古人云："登高而招，臂非加长也，而见者多；顺风而呼，声非加疾也，而闻者远。"说的正是这个道理。一个人的力量毕竟是有限的，聪明的人发现只要懂得找到合适的靠山，在"大树"下面"乘凉"，就能省掉自己很多不必要花费的精力，如果再在经营上不遗余力地发挥自己的力量，就可能让自己的事业获得成功。

　　现如今，农耕经济的模式早已打破，商业的地位也越来越高，现代商人只要秉承"诚实守信"、"依理依法"和努力经营就能在商业社会获得一席之地。那个依靠官场靠山的时代一去不复返了，但道理仍然可以借鉴。要想在商场中纵横驰骋，就要学会跟各种人打交道，尤其是比自己强的人，他们身上有很多值得学习的地方，结交他们，对自己的成功将会是很大的帮助。

做生意尤好"你帮我来我帮你"

> 放长线才能钓大鱼,要想取之,必先予之。
>
> 在中国,"人人为我,我为人人"、"与人方便,于己方便"、"帮助别人就等于帮助自己",这些话被现代人们广泛用到商业活动中去,是有它的实在意义和潜在能量的。不管是雪中送炭,还是锦上添花,能帮的就尽你所能地去帮吧,因为这是一种感情投资。且不说这种投资今后是否有回报,但请坚信,适时的帮助他人,日后总能给你一份惊喜。

古人云"施比受更快乐",也就是说施舍比自己得到还让人感觉开心、幸福。这其实是古人提倡的"乐于助人"的高贵品德。

天有不测风云,人有旦夕祸福。每个人的一生中都不可能是一帆风顺地走下去,期间肯定会有波折,肯定会有起伏。当人们遭遇不幸与困难的时候,你善意的一个眼神,及时地搭一把手,就算不能帮助人渡过难关,也会让人在困难面前提起面对的勇气,找到一份越过难关的力量。而你在看见他们因为自己的帮助得到力量与安慰的时候,你的内心深处肯定充满了幸福与满足。

所谓"送人玫瑰,手留余香"也是这层意思。每个人在帮助别人的过程中,或多或少肯定能够得到很多的实惠。这种实惠不仅仅是别人的一句感谢,或是别人感恩的眼神,或是自己获得的一种成就感与满足感，很有可能还是为自己以后的发展铺上了一条道。在自己困难的时候，在自己经受苦难的时候，曾经帮助过的人很有可能就站出来帮助自己。

胡雪岩是个出名的胡大善人，他的善体现在他乐善好施上。虽然，他对别人的帮助有一部分是出于商人功利的目的，但很多确是发自内心的给人援手。例如，他广设慈善施粥，创办利民药店等。

小到生活中的琐事，胡雪岩也并不吝于帮助别人。

我们都知道，胡雪岩曾经帮助了金华的客商。那个来杂粮行谈生意，却刚到大阜就病倒的金华掌柜。他在大阜举目无亲，生病又无人照顾，甚至病情愈加严重的境况，让小小年纪的胡雪岩动了恻隐之心，他不仅赶到他的病榻前给他端药送饭，还为他忙前跑后，照顾得十分周到。当然，这件小事情对于胡雪岩来讲是举手之劳，它只不过就是在学徒工作完成之外，还要辛苦一点伺候人罢了。但对于生病的客商来讲，就完全不是同种意义的普通。他让客商无论是生理上还是心理上都得到了安慰，有温暖的感受，从而没有导致恶劣情况的发生。难怪，客商最后因为感动非要将胡雪岩带到自己的店里当学徒，这却无意间改变了胡雪岩的命运。

其实，人最需要帮助的，就是在落魄的时候。所以，胡雪岩在王有龄急需 500 两银子买官的情况下，冒着名声毁掉，被炒鱿鱼的危险给了王有龄那些银两，而后在生意场上才得到了王有龄的"照顾"，从而大力施展自己的商业抱负，终于大获成功。

当时的胡雪岩并没有图王有龄的什么回报。他只是在一番推心置腹的交谈之后，觉得王有龄并非一个等闲之辈，加上自己向来慷慨大方、善良的本性和为人处世秉持的圆滑重义原则，做出了帮助落魄之人王有龄的决定。

后来，在政府决定改漕运为海运的当口，胡雪岩又做了一件

商道
胡雪岩

经商之道 学胡雪岩

第六章

126

对双方都有帮助的好事。当然，这为他以后的商业发展更是奠定了很好的基础。

　　胡雪岩代表王有龄来同漕帮头目魏老爷子谈判，他不仅陈述了友人王有龄的观点，还客观地为漕帮分析了他们所处的境况。连原本处于对手位置的老江湖魏老爷子，在听了胡雪岩的分析后，都觉得他替自己帮会考虑的很有道理，于是便叫来了他最信任的大弟子尤五，并介绍说："胡老弟虽是'门槛'外人物，但对我们漕帮事务倒也是十分关心，这个朋友我们应该交，你们谈谈吧。"尤五碍于魏老爷子看重胡雪岩的面子，同时又得知胡雪岩代表的海运局要买漕帮的囤米，一时间不好意思推托只能勉强接待。但善于察言观色的胡雪岩看出尤五似有难处，却豪爽地开口说："帮兄弟我的忙不可勉强，我们宁可另想办法，也决不能使好朋友为难。"

　　重情重义的尤五哪里见过这么讲义气的商人，于是也毫无虚言地说了实话。他说："不是不肯卖掉这批米，只是目前战乱当头，米价将来一定看涨……"知道这个情况之后，胡雪岩不仅没有责怪的意思，还替他考虑，说："只要漕帮将这批米先借给海运局作'海运'之用，阜康钱庄一定不仅给漕帮贷款，而且米价可以按最高价计算，总之一句话决不让漕帮吃亏。"尤五听了，当然高兴得没话说。因为这样一来，本是帮助胡雪岩的尤五反倒让胡雪岩帮了漕帮一个大忙。

　　胡雪岩不仅帮助王有龄解决了漕米的问题，还帮漕帮解决了钱的问题。所以，尤五事后很感激胡雪岩，他觉得头目魏老爷子说得很对，胡雪岩是个值得交往的朋友。在以后的生活中，向来"投桃报李"，重情重义的尤五就经常把江湖上得到的许多信息提供给了胡雪岩，使得胡雪岩在浙江一带的生意做得顺风顺水。

这其实都是一桩桩的小事，但在那危急的时候，胡雪岩搭了一把援手，不仅让别人的境况发生了改变，就是自己也得到了很大的便利。所以，人们常说"救人如救己"。

当初，王有龄自杀殉国，李秀成因为佩服他的忠烈，所以并没有为难他的家属，让他们全都回了上海。虽然当初胡雪岩在王有龄死后，也说过"有我胡雪岩一口吃的，就不会饿着王有龄家里的那些孤儿寡母。"但那毕竟只是生活中仗义的一句话。一旦牵扯到金钱利益关系的时候，朋友，就是亲人之间都有很多因此反目的。历史上、生活中可不乏这样的例子。胡雪岩经营的阜康钱庄中有大约十万两银子，是王有龄这几年在为官时候所得的"收入"。等到王有龄一死，胡雪岩觉得这些款项有必要进行交接，将它们还给王有龄的家人，避免因此伤害了王胡两家多年的交情。

如果是在平时，十万两银子对胡雪岩来讲是个小数目，眼睛都不眨一下就可以解决。但此时的他，要做到这件事是非常困难的。因为杭州的钱庄生意在那个时候已经中断，而且钱庄又经历了资助李元度、筹粮、运粮等风波，胡雪岩上下四处打点，钱庄因此所剩的现银也不过只有三四万两，离十万两有好大一段距离。

依照王有龄跟胡雪岩的交情，王有龄如果在天有灵，也一定会谅解胡雪岩当时的处境。不过王太太是个妇道人家，或许不一定能晓得胡雪岩的心，王有龄家的亲友对胡雪岩就更加隔膜了。对于王有龄的家里人来讲，他们唯一知道的只有一件事情，那就是自己家有钱在胡雪岩这里存着，而且不知道这笔钱究竟能不能收得回来。刚好，王有龄死去的那段时间，外头已经有了胡雪岩的闲话。如果此时，胡雪岩不能拿出白花花的银子给王家家人，那不正应了外面的传言，别人甚至还会说胡雪岩欺负孤儿寡母。这对于重情重义、视名声为第一位的胡雪岩来讲，是一件非常痛苦的事情。

戏剧性的是，好不容易筹措到的十万多两银子，在给王太太送去之后没几天，就被原封不动地送回了钱庄。虽说王太太遭受了丧夫之痛，伤心万分，但她也算是个见过世面，明事理的官太太。在伤心之余她很理智地觉得，自己家人这段时间以来多亏了胡雪岩的细心照料，才不至于让他们受到别人的欺负。而胡雪岩当前正是用银子的重要当口，给自己家送来这十万两银子，他的资金肯定周转不过来。

于是，充满了感激之情的王太太经过了这件事情，对胡雪岩已经是百分百的信赖了。所以，她很明事理地将这十万两银子给胡雪岩退了回去，在很大程度上解决了胡雪岩当时资金周转不灵的难题。

所以，由此观之，帮助别人的同时自己也会得到很多的实惠。做人是这样，做商人更应该这样。在商场当中，沉浮无定，没人可知，你今天对同行的一个帮助很有可能就换来了你明天困难时候他的援手。毕竟，商场之路不可能总是一帆风顺的。

生意成功，菩萨要保佑

胡雪岩官道箴言：

> 做生意就如行船，有了东风就能更好行船。
>
> 每个人的一生都不可能是一帆风顺的，每个人的能力也不一定是面面俱到的。世间总有一些事情，是自己无论如何也办不到、办不好的。这个时候，我们需要的就是借助别人的力量，而如何借助别人的力量？这当中有很深的学问。

按照中国的文化传统，人们习惯性地在遇到问题、困难、挫折的时候，双手合十，向老天爷、观音菩萨祈祷，期望他们帮助自己渡过难关。

将菩萨供在庙堂里面，是一件虔诚的事情。但这种虔诚是为了让他保佑一家人平平安安，让他保佑事业顺顺利利，让他保佑全家人健健康康……如果没有这些目的作为基础，没有人愿意将他们高高地供在庙堂之上，再顶礼膜拜，还专门为他们花费大量的钱财修建庙宇，请来和尚诵经，上香献贡品。

人性，生来就有一种心理，就是"利我性"。如果一件事情表明了对自己没有什么益处，不能带来什么"好处"，几乎所有人都不会去做这件事。供菩萨是这样，交朋友也是这样。

或许有人会对这种提法提出质疑，但这是毫无漏洞可击的。一个人就算伟大到为了人类牺牲自我，为了国家牺牲自己，为了民族牺牲自身利益，那他还是有所求的。他求的就是人类的繁盛、国家的繁荣、民族的昌盛。所以，任何情况下都要让自己相信一句话"菩萨不是仅仅用来拜的，该求的时候还得求"。

这句话应用到生活中，就是要求我们充分地利用已有的一切资源，应用到生意中，就是要求我们充分利用一切商机来获得生意的盈利。当然，这里所指的利用是建立在道德底线基础上的。你不能因为有菩萨，求菩萨帮你杀人犯法；你不能因为有朋友，就让他帮你做坏事，你也不能因为有生意伙伴，就怂恿他一起昧着良心做生意。

胡雪岩是个公认的"人情精"，更是个能利用一切资源的好手。这从他懂得借官护道，找了王有龄、何桂清、左宗棠这些靠山中可以看出。但胡雪岩利用供的菩萨的实例绝不仅仅在和官人的结交中，可以说，甚至就是在日常的生活中，他也深深地贯彻这一做法。

中国向来有一个说法"在家靠父母，出外靠朋友"，可见智慧的中国人民在很早以前就意识到了借力的重要性。胡雪岩一直秉持着这种精神，所以他把周围的每一个人都当做朋友来看待，因此获得了不错的人缘。而对于这些人缘，胡雪岩并没有浪费，他很机灵地将他们都利用了起来。

在当学徒的时候，胡雪岩并没有把共事的可能会成为竞争对手的伙计当做同事去看，而是将他们当做朋友对待。正是这种以诚相待，他收获了朋友带来的愉悦、亲密，在增加自身很多快乐的同时，也将他们变成了自己能力的见证者和名声传播的推动者。不光如此，他还将这种借用"贵人"帮助的方法应用到了跟老板，跟师傅，或者跟来往的客人上。因为他知道：只要两个人变成了朋友关系，心态马上会发生巨大的转变。而这种转变是向着有利于自身的方向发展的。所以，他总是尽自己所能地结交很多朋友。

也因此，他才从那些往来的可称为朋友的客人口中，得知了一个好学徒需要做的事情、具备的能力，从而很好地锻炼自己；然后，他又从可以成为朋友的老板娘那里，得到了关心与认可，为孤身一人闯江湖的自己带来了很多心灵上的温暖；他甚至还从可称为朋友的老板那里，学习到了很多做人、做事、做生意的方式、方法，还曾经得到了"贵人"于老板将家底托付的支持，也给他奠定了走上大商道路的坚实基础。

当时，胡雪岩的患难朋友王有龄调任到湖州做知府的时候，胡雪岩也抓住了这个对自己来讲绝好的机会。因为按照中国传统的封建结构组织模式：一个政府，必然要设有财政部门。而到了大清朝，它的金融体系已经比较成熟，因此，地方政府税粮的交付、公款的来往、公库的管理等，已经不像原来那样需要直接运往中央，只需要委托一个钱庄或者票号来代理就行了。王有龄这会儿到湖州做了知府，胡雪岩这个铁哥们儿当然期望争取到这个好差事。因为这里面有很多的好处。

首先，一旦钱庄和属于统治地位的官府有了往来，那牌子自然就会硬起来，按照今天我们的话说，就是"知名度得到极大提高"。知名度高了，又和官府有利益关联，那钱庄做什么事情都会比较顺利。因为在那个官本位的时代，政府经常会找商人的麻烦，而商人一旦与官府联系上，官府即使不帮忙至少也不会对他们从中作梗；再者，一旦钱庄代理官府的公库，那所有的公款都会存到钱庄里面。虽然大部分公款都只是短期存款，但这对于钱庄加强资金流通，充实钱庄存款，增大放款实力等都有相当有益的作用。

所以，胡雪岩抓住这个机会，在王有龄面前提了这个小要求，很自然地王有龄就把这个肥差给了自己的好朋友。

其实，在现实生活中，有很多的人觉得这种做法有点"索要"

的味道。但是，冷静下来好好想想：一个人，如果做任何事情都是被动地接受，而不主动地争取，那机会能眷顾他吗？特别是在生意场上。你忸忸捏捏地不好意思，不提要求，不去谈判，别人怎能知道你的想法，主动送上门给你生意做？当然不可能。胡雪岩不向朋友借用他的佛手，王有龄不可能天天巴着他问他要不要这个肥差？

就像后来帮麟桂"擦屁股"一样，胡雪岩并不是白白给他那么多银两去填亏空的，他看中的是麟桂即将改任，那以后江宁和浙江方面的所有公款往来，都要将指定交阜康汇兑。这对于麟桂来讲，只是举手之劳，所以，他帮助了胡雪岩这个朋友。甚至，又因为阜康踊跃认购官票，麟桂又尽了一次"举手之劳"。他向户部奏请褒扬阜康，也等于让政府给阜康挂个类似于今天"中国优质名牌企业"之类响当当的牌子。这不但让阜康名声在外，还很有面子，继而提升了业务。

试想一下，如果胡雪岩是一个狂妄自大的商人，总觉得自己一个人的力量非常的强，那么他就不会得到那么多贵人的帮助，做成那么大的生意。当然，如果仅仅是仗义，结交了很多的朋友，而不加以合理利用"有限的资源"，那那些好事也不会主动跑到他那里。

所以，我们说"菩萨不是用来供的，而是用来求的"。有了资源不会用，这就好比古人来到了现代，看见什么都便利却不会使用，只会木讷地低效率生活、学习、工作。而这对于强调高效率利用的今天来说，浪费就意味着最大的犯罪。

本质上来讲，求人帮忙，就等于是在借力。虽然有句话这么说"自己的事情自己干"，但现实中，每个人都有能力上的极限，就算是全才也不可能每个方面、每个领域都做得很棒。在很多时候，我们需要的就是借助于外力来让自己成为赢家。

第七章·巧动脑袋瓜，无本也能开出盈利花

红顶商人胡雪岩，是清末政商界的一个传奇。他以贫贱的钱庄学徒出身，在短时间中事业崛起、形成近代中国金融事业中的一个异数。

胡雪岩说："凡事总要动脑筋。说到理财,到处都是财源。""只要心定神闲,想得广、想得透,蹈暇乘隙,避重就轻,大事化小、小事化无,亦并不难。"

借鸡生蛋,一本万利,甚至无本万利。这些看上去荒诞,但是却可以实现。

但是如何去借"鸡",再成功地获得"鸡"下的"蛋"呢?这就需要开动脑筋,只要脑袋转得快,无本万利不是没有可能。

只要借对会生蛋的鸡，商人无本也可生利

胡雪岩官道箴言：

> 巧妙地利用各种条件来发展自己、壮大自己，才有可能达到自己的目的。
>
> 在商场上借用别人的钱，替自己带来利润。这听起来似乎有点荒诞不经，好像世间没有如此便宜的事情。但事实上，已经有很多成功的商人创造了"借鸡生蛋"的成功商业案例。商界曾经有这样一句话：用自己的钱赚钱的商人只是二等商人，而那些用别人的钱为自己赚钱的商人才是一等商人。这突出说明了借鸡生蛋是需要很多智慧的。

在现代社会，越来越多的人已经意识到了借鸡生蛋的重要性，所以这些人总是尽力去寻找并获得那只会生蛋的鸡。按照今天的专业说法，这叫"融资"。也就是各个公司根据自身的生产经营状况、资金拥有状况、公司未来发展蓝图等，对自身做一个科学预测和决策，然后采用一定渠道向公司投资者和债权人筹集资金的过程。

众所周知，任何商人做生意，第一个先决条件就是必须要有足够的资金做后盾，这就如同打仗需要粮饷做后盾一样。作为一名企业经营者，无论你有多么强的运营能力，还是有多么了不起的商业构想，如果没有足够的资金作为支撑，那一切只是一个幻想。对于那些初涉商场、想创业和发展中的企业来说，资金永远

是一个困扰他们的重大问题。可以说，任何一个商人，或者是致力于商场的人士，要想在商场中闯出一番天地，就需要不断地筹集资金，为自己做前期投资或者是为以后的更大收益做好充分的投入准备。

事实证明了：不论是在公司刚开始创立的时候，还是它发展的时候，永远都需要资金作为动力来支撑公司的前进。

那么对于那些没有资金做后盾的人，他们就只能苦守着一脑子的美好想法，付诸不了行动吗？对于正在发展壮大的公司，就因为资金周转不灵的窘迫而放弃了很好的公司发展机会吗？当然不是。这个社会如此现实，商场竞争如此残酷，如果每个人都这么束手就擒，那商场就不会像现在这样人头攒动。那么那些刚开始束手无策的人是怎样在本身没有足够资金的情况下做成事情的呢？答案很简单："拿别人的钱，做自己的事。"

这个世界这么丰富多彩，人的脑子那么灵活多样，当然不会让资金的来源只有"自有"这么单一，世间肯定还有其他途径可以获得它。"借鸡生蛋"就是其中的一种。顾名思义，借鸡，就是利用别人有的资源；生蛋，就是将它转变成能为我所用的资源。说白了也就是通过借钱的方式来为自己赚钱，也可以说是"借资生财"。

在没有充足资金支持的情况下，如何找到资金让自己的商业活动运转起来，最先决定的条件就是你需要有充足的理由让别人心甘情愿地借"鸡"给你。而这个理由，在商业上来说，就需要我们有一份详细的项目策划，一份可以打动别人放心借"鸡"给你的可以盈利的策划。这样，当然就需要具备很多相关的能力。例如：我们需要有敏锐的市场嗅觉，能充分了解市场的动态和走向，并根据市场的需求制定出详细的、盈利点明显的可行性报告，佐之以宽泛的人脉关系和优秀的谈判能力，有了这些条件，顺利地借到"鸡"也不是异想天开。

胡雪岩就是一个具备了"借鸡生蛋"能力的人。大凡对他有点了解的人都知道，他从小出身贫苦，根本就没有让他拥有充足资金的条件。但是，他却凭借自己锐意进取的精神、积极向上的态度、能言善辩的交际手腕，在创业之初就抱到了一只合适的"鸡"。

胡雪岩之所以能够从一个贫苦孩子变为清朝末年出名的红顶商人，关键的因素就是他能够在没有资本的情况下将生意做好、做大、做火，所以，他借资生财的本事向来被商界传为佳话，是后世商人学习的榜样。而诀窍却似乎很简单，他这样总结，"八个坛子七个盖，盖来盖去不穿帮，就是会做生意。"

当然，胡雪岩善于"以财生利"，借用别人的钱，为自己盈利是他从贫苦孩子到做大生意老板的诀窍，所以这种事情他干过远不止一次。在当初收到小费存起来给老板娘买礼物的时候，在当初从于老板那里"继承家业"的时候……

当初，胡雪岩看着民生疾苦，筹划开办一家药店为社会做点微薄的贡献，可是没有钱。所以他在和他小老婆的叔叔刘不才商量药店事宜的时候，居然狮子大张口，他一开口就说"初步我想凑十万两银子的本钱"。这句话在当时听了有点让人头大，因为这可不是一笔小数目，更何况还是他自己根本就没有钱的情况下。虽然有个叫郁四的人曾经说愿意入股，但他之前已经给胡雪岩帮了很大的忙了，这一次如果再让他拿钱出来投资，他也就只能是卖房子拆砖拆瓦。按照胡雪岩不给朋友找麻烦的为人原则，他绝对不会让郁四这么干。况且，那个时候正是兵荒马乱的年代，房地产业可不像我们今天这样繁荣发达，房子之类的不动产根本就不可能变出现钱。所以，鬼精灵的胡雪岩灵机一动，就找到了两个筹集药店资本的好主意。

其中第一个主意，他瞄准了杭州那些为官不廉、中饱私囊，已经被"喂"得肥头大耳的官员们。他们整天搜刮民脂民膏，积累的金银何止一点，所以找他们筹集资金，绝对可靠。于是，胡雪岩准备回到杭州，将第一个要攻下的目标定为抚台黄宗汉。他之所以敢这么做，是有现实分析做依据的：在兵荒马乱的战乱年代，人们对药的需求比平时要大好几倍，并且开药店本来就是很稳妥的生意，还有济世救人的好名目。所以，爱慕虚荣的黄宗汉说不定听了这些就肯从他鼓鼓的口袋里拿出一部分来投资给胡雪岩。而一旦能得到抚台大人的支援，再找其他有钱的官员来凑数，也就容易得多了。

第一个主意成功后，第二个也就好办多了。胡雪岩只需要在接下来让官府出钱，自己的药店就开起来了。而聪明如他，是不需要直接伸着手去向官府要钱的，他有更妙的办法。

他的亲戚刘不才有一个"诸葛行军散"的祖传秘方，据说配料与众不同，药效也很神奇，对于军队行军打仗时容易发生的瘟疫有很好的治疗效果。胡雪岩因此从这里下手，开始做文章。他准备先与专管军队后勤保障的"粮台"打交道。然后，采取只收成本的方式给军营送去这个"诸葛行军散"的药物，或者在政府组织捐饷的时候，让他们以"诸葛行军散"作为饷来代捐，但一定要注明数量是多少，特别是折合成现银是多少。

粮台虽然属于后勤头领，不用上前线打仗，但事实上打仗的一切事务他都需要管。当时，对于粮台来讲，最麻烦的事情，就是一场仗打下来的后事处理。也就是要料理伤亡士兵。这项活动对药物的需求量很大。如果胡雪岩让军营的兵将们都觉得这药确实好，那就可以顺利地打通粮台的关系，争取到承接供药的业务。

当然，胡雪岩开药店并不能只靠着"诸葛行军散"这一剂药撑着，药店还必须再弄到几张能够一服见效，与众不同的好方子。有了这些好方子，然后让后勤部来向自己药店订购。而一旦领到订购药品的定金，药店就可以慢慢作为资本发展起来。这一步如果能走通，那资金不就可以像滚雪球一样越来越大，药店不也就发展起来了吗？想法很好，胡雪岩做的也好，事实证明，胡雪岩的集资成功了。

实际上，真正会做生意的人都是懂得这个集资的方法的。例如世界上的许多巨富，他们在创业之初也都是靠着别人的钱发展起来的。美国亿万富翁马克·哈罗德森就是一例。所以他才说："别人的钱是我成功的钥匙。把别人的钱和别人的努力结合起来，再加上你自己的梦想和一套奇特而行之有效的方法，然后，你再走上舞台，尽情地指挥你那奇妙的经济管弦乐队。""人们根本没有想到，竟能用别人的钱为自己做买卖赚钱。"

这足以证明一个问题：成功的人 80% 都是相似的，因为他们采取了同样或者是同类型的方法。在这个世界上，没有什么事情是动了脑筋还难以做到的，除非是没有充分地动脑。胡雪岩不是傻瓜，他很会开动脑筋，所以，他总是能够凭借自己的聪明才智和敢于冒险的精神，想方设法地让别人心甘情愿地借"鸡"给他，让他"生蛋"。虽然这等于就是把别人的钱"拿"过来，做自己的生意，但胡雪岩对这种方法的使用却屡试不爽，因此他一直都在"铜钱眼儿里翻跟头"。

拿在手里运作的才是活生生的钱

> 做什么事都要敢于"赌",敢于出钱。我有了钱,不是拿银票糊墙壁,看看过瘾就完事。我有了钱要用出去!
>
> 从商业角度出发来说,钱是所有商业运作的基础,所以它还有另外一个名字——资本。虽然对于大多数钱币的持有者来讲,钱就是能购买一切商品的支付物,是一切实体财富的购得品。但是对于商场中的少数大商家来讲,他们将钱更多地视为非一般等价物的角色,即具有流通功能的资本。

众所周知,资金充足是商业运作中最为重要的基础,如果没有资金作为前提保证,商业活动将会产生停滞,甚至是终止。而所谓的资金在这些商业活动领域中有一个专门的名称,叫做"资本",也就是可以生出更多利润的那部分钱。

一般从商的人,都应学习,至少也得了解一下马克思写的资本论,明白资本流通的原理。在整个商业过程中,最重要的,也是最前提的保证就是要把货币变为资本。因为,货币只有变成了资本,才能进行商品的生产,从而产生商品的流通来获得利润。

当然,学习资本论,我们还可以了解到,货币有很多的功能:价值尺度、流通手段、储藏手段、支付手段和世界货币。虽然大家都明白"货币就是充当一般等价物的特殊商品"这句定义,但是对于货币和资本的区别却是很多人忽视的。很多人就以为"货币就是资本"。其实这种说法是很肤浅的，从货币的功能上面可知道是那五种，但是资本的功能却只有一种，那就是：带来利润。所以，货币，只有在将它转化成资本的情况下，它才能够获利，通俗一点说，也就是，货币得来之后不能只是将它作为财富存起来，相反，应该再一次将它作为资本抛出去，以期获得更大的利润。纵观商界，大凡是有着卓越能力，非凡实力的老板，都是将货币转化成资本的高手。

胡雪岩也是这些高手中的一个。他从无本起家，逐渐做大，所以深深懂得货币转化成资本带来的巨大好处。因此，他从来都不让钱存起来放在那里，而是不断将它们抛出去。

当时，他从钱庄当学徒出师之后逐步当上了钱庄老板，照理说，一般的商人也就在本人熟知的行业上钻研一辈子就行了。偏偏胡雪岩不是一个固步自封的人，相反还具有极大的勇气和魄力，所以除了开钱庄外，他将资金作为资本再投资到蚕丝生意上去销"洋庄"。而做着蚕丝生意的时候竟然又想到了投资开药店。总之，那些钱几乎还没有进入他的腰包，更没有存到他的户头上，就被他一次次当做资本投了出去。而这也是他为何能成为一名红极一时、富可敌国的大商人的原因。

胡雪岩那种四面出击、不断为自己广开财源的"活络"，确实令后世人叹服。而这种做法也深深被当今的生意人所借鉴，现如今的人们已经越来越懂得"钱能生钱"这个道理，所以，成功的商人并不会选择将钱存在银行不"花"出去。事实上，做生意最没出息的，最忌讳的就是死守着一方天地不挪窝，专等着挣到钱再将它存起来或者是花掉。这完全是小生意人的做法，因为一笔生意就算再大，它也只能有一次的赚头，如果赚到那些就觉得足够了，那公司不会壮大，不会发展。

在商业经营中有一个铁定的规律就是"钱能生钱"。一个商人，如果有了一定数量的钱，再加上他合理有效地运用、规划和调配，那自然就能获取更多的钱。当然了，这需要很大的智慧，并不是只要将钱都从银行取出来，然后看见一个投资项目就全部抛出去就能盈利。如何合理地运用、规划、调配，进而投资已有的金钱，这对于一个想发展壮大实力的商人来讲，是对他才干和智慧的综合考验。

中国传统商人向来都有以"一文钱创天下"的志向和能力，而他们之所以能有这样的志向和能力，关键就在于他们深深懂得：创立钱的王国，不是靠自己一文钱一文钱地积累就来的，而是需要智慧地将钱转化成资本才行。虽然中国也有"积少成多"的说法，但是这个观念仅限于应用在诸如知识、经验等方面，对于钱财来讲，积累起来的不一定有翻转起来的多。胡雪岩就是懂得了这个道理，所以才成为了经营的高手，找到了成功的捷径。

胡雪岩曾经说过"铜钱眼儿里翻跟斗"这句话。而从他的迅速成功和后期的发家致富过程来看，他的确是一个善于在"钱眼儿里翻跟斗"的高手。在他事业的初创阶段，他几乎是身无分文，带着仅有的一点机灵、天赋和勤奋，他开始在"钱眼儿里翻跟斗"。从最初开办阜康钱庄开始，他一点点将钱投资到自己的生意上，到胡庆余堂创办时也秉持着这种经商哲学，再到胡记典当行的每一项事业，都有他将货币转化成生利润的资本的历史轨迹。

胡雪岩创业之初所动用的资金，基本都是靠他的智慧和交际能力借来的。在用那些借来的资金产生出本钱之后，他开始了犹如滚雪球的商场运作，最终将钱生出了白花花的许多银两。第一笔生丝生意交割完，外人一看以为他净赚 18 万两银子，但胡雪岩并不是这么认为的。在他看来，钱只有投资到生意中，才算是安全的去处，这有点类似于今天我们很多炒房团的作风。在他们看来，房子买到了，放在那里才是实在的，因为它会一直再升值，而钱如果存在银行，先不说利息少点，就是通货膨胀了那它也得贬值，所以还是固定财产比较稳妥。当然，这有点扯远了。但多多少少这些人肯定也受到了"钱生钱"观念的影响。

当初，胡雪岩在生丝生意上获得成功后，有着自己的打算。他一方面为了达到自己济世救人、为社会做贡献的梦想，一方面为了扩大自己的业务，壮大自己的实力，所以打算开药店和典当行。

在苏州认识了富家公子潘叔雅、吴季重和陆芝香等人，并帮他们将二十多万两银子存到自家钱庄后，胡雪岩并没有因此洋洋自得，觉得又多了一项业务在钱庄。他反倒将那些钱拿出去，做起了典当行的生意。

其实，按照当时的情况算一下，就不难发现胡雪岩高明的地方。如果那二十多万两银子存在自己的钱庄，他只是作为周转资金使用，也就是后备力量，自己还要给那些公子哥儿付上相当的利息。而如果将这笔钱投资到典当行的生意中去，相当于典当行开张用的不是自己的钱，自己钱庄的钱财没有减少，流动资金没有消耗，况且典当行挣到的钱扣除掉需要付出的利息外，还有一部分的利润，这部分利润完全就是自己净赚的。并且这样做，还打出了典当行的名气，为以后的发展奠定了基础。怎么算，自己都是盈利的一方。

或许是因为在钱庄做学徒的原因，钱庄特有的运作模式教会了他灵活地将钱财变换成资本,从而达到"一本万利"或者是"无本万利"的目的。也让他将这个商业运作模式发展到了自己一生的生意中，从而取得了很大的成就。

实际上，不论是古今，做生意都既是一种资金和实力的较量又是一种智力的比拼。有足够的资金和实力，可以PK下去那些弱小的竞争对手；有高度的智力，则足够让一个生意人从一做到一百，甚至是达到一千一万。做生意要有本钱，这是生意人必须要放在脑海中的一句话。因为，这暗示着那些企图做大生意，成为大商人的人们：钱，只有在转化成资本的时候，才能获得利润的增加，才能让人迅速地在商海中崛起，并最终实现傲视商海的构想。所以，如何将钱转化成资本，需要多动脑筋，再加上多依靠智力，靠精明的头脑和灵活变通的手腕，才能做好生意。

自货币产生以来，尤其是随着社会的进步，人们生活水平的提高，人的消费观念、投资意识的增强，资产的货币化过程也在逐渐地加快，人们已经从经济生活中取得和使用越来越多的货币，将它们用作资本来产生出更多的货币资本。

对于那些懂得将货币资本化的人来说，他们手中的货币已经不只是一种普遍的财富符号的象征了，而是一种人生奋斗、创业、成功的手段和本钱。如果合理地将这些钱币转化成资本，和其他的一些资产如土地、房屋、机器设备等一起融入创造新的财富的过程中，那么就会变成另一种标准的资本。

资金周转不灵？学会移花接木本领

胡雪岩官道箴言：

> 八个坛子七个盖，盖来盖去不穿帮，就是会做生意。
>
> 在生意场上，经常会出现这样的情况，那就是资金周转出现问题。当然，这种情况并不一定是在小公司才会出现，甚至可以说越是大公司越容易出现这样的问题。那么怎样解决这个容易将公司置于死地的问题呢？这就得学会移花接木。

前面讲到了在商业经营中钱能生钱，也就是解决资金转化成资本的问题。那是对一个经营者的才干和智慧的考验。然而，商业活动不像是商品买卖那么简单，它是一个复杂的过程。其中不仅涉及到资本的筹集，还涉及到资金的周转、利润的获得等。所以，一个有经验的商人是绝对需要具有多重智慧与能力的，他们在找到了资金筹集的渠道，将资金转化成资本之后，还担心着公司的资金周转情况。

中国还有句俗话，叫做"巧妇难为无米之炊"，作为一名经营者，无论你有多么强的经营能力，如果在公司运作、发展的当头，没有足够周转的钱供你运用、支配，那么，公司就容易被架空，变成一座空中楼阁。

所以，要想成为一名成功的经营者，应该学会走好商业活动的每一步，当然资金周转这看似简单的一个步骤，也不能落下。

只有踏踏实实地走好了这一步，才能为将来的事业打下良好的基础，才能为公司的运作添砖加瓦，才能为公司的发展提供一条更宽阔的大道。这也正应验了中国的一句诗词"问渠哪得清如许？为有源头活水来"。

这就如同是正在运行的车子，如果路上没有充足的油源源灌进油箱，在车的油箱空了的那一刻，也就是车子停下无用的一刻。公司更是这样，一个大的公司，一个有发展前景的公司，如果总是在关键的时候因为资金链出现了断裂，那带来的后果是异常严重的。

现代的经济发展迅速，所以出现了很多解决资金周转不灵问题的公司。但是如果这种情况出现在古代，在没有银行抵押、借贷等服务的时候，商人必须掌握的一项应对技巧应该是什么？答案就是移花接木。

照理说，"移花接木"的本义本是有点贬义。它是指将一种花木的枝条或者是嫩芽转接到别的花木上去，喻指利用不光彩的手段更换人或者事物来蒙骗别人。但是，使用到商业上来，它就有中性的涵义。商业活动中，这句话真正的道德底线是不偷、不抢、不使用不光明正大的手段耍花招。所以，只要是有利于公司、不损害公司形象，不造成别的公司利益损失的解决资金周转不灵的手段，都可以称为移花接木。

其实，说白了，这种移花接木就是我们土话常说的"拆东墙补西墙"。也就是胡雪岩所说的锅盖效应：如果八口锅只有七个盖，那总可以这个拿过来救急，那个拿过来先用下，总之只要保证了八口锅都不受到重大影响就行。

胡雪岩在开始销"洋庄"的时候，也就是我们所说的将商品卖给洋人。当时他为了求得被派往苏州任督学的何桂清的帮助，自己亲自去了一趟苏州。根据胡雪岩善交际的个性我们可以知道他这次苏州之行，肯定收获不少。事实的确如此，胡雪岩利用这一机会结识了苏州的富家公子潘叔雅、吴季重、陆芝香等人。

当时正值太平军大举进攻江浙一带的时期，位于这个地段的苏州当然就极不平静。一方面，清政府领导的官军跟太平军打仗，目的并不是政府宣扬的"为民做主"、"清除乱党，还我太平"。他们的战争只是两个阶级之间的争斗，所以官军不但没有对百姓起到应有的保护作用，反而还经常借助战乱骚扰百姓；另一方面，起义的太平军自身难保，目标过分集中在报复政府、推倒政府上，所以步步逼近，使得百姓不得安生。因此，胡雪岩结识的这帮富家公子哥都有心搬到上海去避难。当然，既然是公子哥，那他们在苏州肯定有很多的房屋、田产，而这些属于固定资产，自然是带不到上海去的。另一方面，他们当然也有大量的现银，但是在那个混乱的年代带现银太多上路，不仅非常不安全而且也不方便。因而，当他们知道胡雪岩是钱庄老板后，就有了把这些现银存到胡雪岩的钱庄，再在胡雪岩设在上海分行里支取使用的想法。因为这样不仅解决了他们带太多银两不方便的难堪，还可以坐收利息，两全其美的事他们是非常乐意做的。

刚好，这几个人都是有钱人，现银加起来差不多有二十多万两。胡雪岩很豪爽，不仅当场就以专业人员的身份为这些公子哥盘算，还帮助他们对于如何使用这二十多万现银做了周密的筹划，他这种做法有点类似于今天兴起的投资理财师。

首先，从商人的立场考虑，他建议他们将这些现银存入自己钱庄，但是存入的时候分为两部分。一半银两用作长期存款，来获得利息；另一半银两则作为活期存款，因为这样他们可以用这些银两来经商，或者是作为日常的生活开支。当然，在生意的筹划等这些琐事上，是胡雪岩帮他们一手操办，但告诉他们自己会秉持着对他们的银两"动息不动本"的原则，以达到细水长流的目的。这样一来，这些公子哥儿的问题不仅被胡雪岩轻松解决，解除了他们的后顾之忧，而且胡雪岩自己也等于又给自己钱庄吸纳了一笔可以长期周转的资金。可谓实现了"双赢"。

胡雪岩之所以当时要花费那么多的时间和精力来帮这帮公子哥做这样的筹划，是因为他"发觉自己又遇到一个绝好的机会"。这帮公子哥儿，在那个战乱的年代，属于是"不知人情冷暖"的富家子弟，他们不愁吃喝，一心只知道享受生活。所以，如果有赚钱的买卖他们肯定愿意出资，而那些资金对于他们来讲也不会希望短期之内就收回去。胡雪岩因此刚好可以"用"这筹集起来的二十多万现银来实施自己开办典当行的计划。

按照当时实际的情况，只需要有五万两银子作为本钱，就已经可以开一家店面不大不小的当铺了。那么，有了这绰绰有余的二十多万两，胡雪岩还不完全可以让当铺顺着自己的计划方向发展下去吗？况且，另外一个好处就是不需动用自己钱庄的钱来做投资。这既节省了流动资金，又找到了资金投资完成自己的生意策划。于是，他就巧借着这些"东挪西凑"的资本办起了自己的典当行。

分析起来，他的这种智慧很巧妙：拿着别人的钱，救自己的急，然后还让别人感激涕零。这就是胡雪岩移花接木本事的运用。从中，我们应该也可以学习一下他运用的精华之处。

首先，要移花接木，就得先找到合适的花。当然，这不仅需要眼光，还需要智慧。你看到了这朵可能为你所用的花，然后需要动脑筋分析它是否适合你，再考虑这朵花怎么嫁接到你的木头上去。到底花是不是适合自己，这是非常重要的。所谓的移花接木，目的既然是为了蒙混过关，那就不能是随便一朵从木上发现的花都可以作为选择的对象这么简单。因此，在选择之前，就需要花很多的时间和精力对花做一番考察，然后再决定是否使用。俗话说"一步踏错终身错"，如果第一步选花就出现了问题，那就犯了方向性的错误，之后的每一步都将是错误。

其次，选择花儿之后，就要考虑嫁接的问题。你不能因为害怕它嫁接之后不成功就放弃，也就是说在资金来源确定之后，你不能因为有可能自己争取不过来这部分资金就垂头丧气，决定另辟捷径。因为对于我们来讲，做任何事情都是一个未知，都需要承担一定的风险，特别是在商海中。因此，在你确定了资金来源以后，就要大胆地进行嫁接手术。

再次，手术做完了并不就意味着结束。你需要看看手术是否成功？之后要考虑怎么让这个花和嫁接的这棵树融为一体，而不至于给自己带来后顾之忧。运用到商业活动中，也就是暗示移花接木找到资金来源作为周转的商人们，在进行从资金来源处提取资金的过程中，要让他们的利益和自身公司发生挂钩，让他们心甘情愿地献出那朵花帮助自己渡过难关。

总之，在资金链出现断裂或者将发生资金短缺问题的情况下，胡雪岩的经商经验告诉我们：找对合适的对象，然后将他们的资金为我所用，并且要将他们的利益和自身利益考虑到一起，以得到他们的认同和支持，是移花接木解决资金周转问题的精髓。

做生意，最怕一条道儿走黑

胡雪岩官道箴言：

> 有时候道理不通，大家习焉不察，也就过去了，而看来不可思议之事，细想一想竟是道理极通，无可驳诘。
>
> 做生意如同读书、学习一样，有一套固定的方式方法。通过那些规则、方式方法，生意人才能将生意做好、做大。既然有方法，就一定会有所忌讳。那么忌讳究竟都有哪些呢？最主要的怕就是"吊死在一棵树上"了。

生活中，很多人都有这样的经验，鸡蛋如果是放在了一个篮子里面，那么等到摔一跤，或者是不小心撞到篮子的时候，几乎是碎得一塌糊涂。这个道理运用到商业上同样成立，也就是要求生意人不能一根筋，将所有的投资都倾注于一条道路上。

胡雪岩提倡做生意不能这样，而应该活络一些。他说："做生意要做得活络，这里的活络，自然包括很多方面，但不死守一方，灵活出击，而且想到就做，决不犹豫拖延，应该是这'活络'二字的精义所在。"也就是说，在胡雪岩看来，做生意是需要讲究灵活性的。不把鸡蛋放在一个篮子里，就是要求我们将投资看作是篮子，而资金的投放是鸡蛋。只有学会了分散投资，进行多元化经营，才有可能多条腿走路，增加投资成功的几率。因为投资正确与否，直接关系到的是个人或者企业的经济效益。

毫无疑问，对于投资而言，任何投资的最终目的都是为了实现收益的最大化。那么，在投资的时候就必须找对地方，将资金用在"刀刃"上，让它发挥出最大的经济效益。鸡蛋，是易碎的物品，这就如同风险很大的投资，所以生活中鸡蛋放在一个篮子里一荣俱荣，一损俱损的例子告诉我们，要进行分散投资，那才是好的投资技巧。

　　因为易碎的鸡蛋没有放在同一个篮子里，磕坏碰坏也就是一个两个的问题，所以它不会带来"全军覆没"的危险。到了投资的时候商人进行分散风险也是这个道理。当出现意外的时候，投资一个领域的资金有可能收不回来，赔进去了。但还有下个、下下个领域里面完好无损的鸡蛋，从而不会有资金都被吞噬掉，无法翻本的危险。同时，这样做还有一个好处，就是可以用获利篮子里的鸡蛋，来弥补损失的鸡蛋。

　　众所周知，商业投资是利益与风险并存的活动，利益越大，风险也就越大。现代的经济学家总结了祖辈们商业活动的所有经验，得出一个投资方面有效的规律：为了降低投资风险，商人投资的时候最好进行分散投资，多元化经营。也就是说，不盲目地将资金集中投资在一个项目上，以为重金就可求得成功。这个想法对于商人来讲是很幼稚的。因为所谓"希望越大，失望就越大"就是讲的这层意思。一旦你重金投资的这个项目失败，那么投资就会血本无归，更有甚者可能还会负债累累。

　　而如果转换一下角度，把用于投资一个方面的资金分散放在不同的项目上。当然这其中肯定会有风险小和风险大的差别。这样，就算是风险大的项目投资失败，那遭受的损失也比全军覆没好得多，况且还有可能由获利的投资项目来对失败资金进行弥补。何况是投资小的项目，它们就算是失败，造成的损失对于盈利来说就只是毛毛雨。然而，如果是从正面的方向分析：如果风险大的投资项目一旦成功，那获得的利益只能用高额来形容；而投资小的项目成功，也至少可以起到锦上添花的作用。关于这个投资组合的问题，我们可以学习一下"红顶商人"胡雪岩的投资方式。

当时，为了做蚕丝生意，胡雪岩几次下湖州，凭着他高超的交际手腕也就结识了湖州颇有势力的民间把头（把头就是旧社会里把持某种行业，从中垄断剥削的人）郁四。郁四当时任湖州"户房"书办（明、清时期，府、州、县署各房书吏的通称，他们主要掌管文书，职责是核拟稿件）。胡雪岩由于胆识和仗义，也因为曾经大力帮助郁四妥善处理了家事，所以深受郁四的敬佩叹服。为了报答胡雪岩，郁四做主，为胡雪岩招了寡居的芙蓉姑娘做他的"偏房"。而刚好这就为胡雪岩开创一项新的事业做好了铺垫。

芙蓉姑娘家本来也是做生意的，她家祖上开了一家很大牌号为"刘敬德堂"的药店。当时，"刘敬德堂"传到芙蓉姑娘的父亲那一辈的时候还是有些规模的，只是世事难料，在十年前她父亲到四川采办药材，却因为途中遇险而船毁人亡，药店也就失去了主心骨。

按照封建社会的传统，芙蓉姑娘的父亲死后，家业就需要传给她的叔叔。但是可悲的是她的叔叔是个不务正业的纨绔子弟，外号叫"刘不才"。他不仅好赌成性，而且整天就知道挥霍，所以偌大的一份家业，到了他手里不到一年就被他搞得乌烟瘴气，甚至最后把药店连带房子、存货一起都典给了别人，一家人只能靠借贷为生。

即使是到了落魄的时候，刘不才仍然还是很要面子。他觉得自己的侄女怎么说也是大户人家的女儿，怎么能给胡雪岩做偏房呢。所以，他一直阻止这门婚事，就是后来芙蓉姑娘固执地嫁给了胡雪岩，他仍然不认这门亲。

胡雪岩当时本来做的是钱庄的生意，而且生意还非常的红火。但是他一直有着投资别的行业的想法，只是一直没有找到合适的契机。因为，在他看来，钱庄虽然能够谋取暴利，但主动权掌握在客户手中，如果哪天资金周转不灵，那钱庄就会发生大问题，严重时甚至倒闭（这在后来的受挤兑倾家荡产的事实中证明了他的这种担忧是有道理的）。因此，他想将资金分散开，做一些别的生意，一方面使钱庄的资金得到充分的利用，能获得更多的利润，另一方面也能减少钱庄的风险。

当时，芙蓉姑娘的叔叔刘不才虽然真的很不才，但他却仍然是一个有很强家族观念的人。因为觉得自己败光了家产对不起祖宗，所以，他还一直留着祖宗传下来的祖传药方，希望有一天能重开药店，振兴刘家。

胡雪岩当时娶了芙蓉姑娘，也觉得那个不想认他这门亲戚的叔叔刘不才是个大麻烦。自己认他也不对，不认也不是，正在中间左右为难的时候，芙蓉讲到了自己家祖传药方的事情。胡雪岩正愁没有投资的新方向，这么一听，有了一些计划。

刚开始，按照芙蓉的想法，是由自己出面劝说自己的叔叔刘不才拿出那几张祖传秘方，然后由胡雪岩出面帮他卖个好价钱，卖到的钱当然都给刘不才，让他自己生活去。但胡雪岩却不这样想，他的目标并不是甩掉刘不才这个人人认为的"大麻烦"，而是将事业扩展到新的领域去。而要这么做，首先，就一定要让刘不才心甘情愿地认了这门亲，然后，胡雪岩再借刘不才开一家自己的药店，涉足药店行业。

胡雪岩在商场上已经摸爬滚打了很多年，凭经验他一下子就看出了开药店在当时是一个相当不错的财源。因为那会儿乱世当头，政府军队与太平军之间不停地行军打仗，转战奔波。而按照常规，战争过后一定会有大疫，原因就是战争会造成很多无辜人员的伤亡，而有伤亡就有感染，有感染就有细菌，有细菌就有了疫情。因此逃难的人生病之后肯定需要救命药。这种情况下，他的药只要货真价实，不仅能创下牌子，为以后做好生意打下坚实基础。而且开药店本身就是为活人济世，行善积德的一件善事，有这个名目自然容易得到官府的支持。在自己赚钱的同时，还能为自己积德行善，挣得好名声，何乐而不为呢？

理智一点来分析，这种做法的确是明智的。首先，正如胡雪岩分析的，在当时开药店是稳赚不赔。其次，开了药店，自己就多了一个资金来源。那样万一其他方面的事业遭到挫折，药店的收入也可以弥补回来，不至于让自己的资金周转出现紧张的局面。

实质上，胡雪岩打定了要让刘不才认他这门亲也有扩大自己生意领域这个原因。因为他自己是钱庄学徒出身，并不懂药店生意，但他知道刘不才出生在药店世家，怎么着也可以派上用场。所以，为了扩展自己的商业领域，走上分散化经营的道路，他宁愿投资一定的人力和物力来对刘不才进行收服，再加以改造。也因此，胡雪岩在那桌"认亲"宴上，就同刘不才谈妥了药店开办的地点、规模、资金等事项。

随后，胡雪岩"胡庆余堂"的牌子就逐渐建立了起来。在以后的几十年里，"胡庆余堂"甚至成为了名闻天下的药店。而它给胡家所带来的利润那也是不能用微薄来形容的，它甚至成了胡氏除钱庄之外的另一个生意大手笔。

胡雪岩最开始作为钱庄老板，不仅仅在旧中国的很多地方都红红火火地开了钱庄分号（人家很早就知道连锁经营的重要性了），而且在本业（从钱庄当学徒出师，经营钱庄就是他的专业）

经营得不错的基础之上，还尝试着去做蚕丝生意销"洋庄"，结果取得了不错的经营业绩。然后，在做着蚕丝生意的同时他居然又想到了开药店。

总之，胡雪岩的一生，可以用"折腾"二字来形容。他一辈子都在研究着经商的哲学，并将这些哲学融会贯通到他的实际操作中去。在投资方面，他更是给后世的商人们留下了丰富的经商财富：多找一条路，多寻一处机会，看准了，将集中的钱分散出去，如果失败了，毁掉的只是一处战地，而一旦盈利了，那么收集到一起的时候，将是一笔巨大的财富。

试想一下，如果胡雪岩常常满足于自己所从事的专业，例如，做钱庄就做一辈子的钱庄生意，那么就不会有后来的和洋人打交道，再得到"红顶商人"的殊荣这一系列事件的发生，也就不会有生意遍布大江南北这一局面。把所有的投资当做鸡蛋都放在一个篮子里，那么等到受到冲击的时候，鸡蛋很容易一起碎掉，那意味着投资也就会一起遭到覆没。而如果把钱进行多方面的投资，那就降低了其中每项生意的风险，加大了增加利润的机会，这也是为什么他会成为清末的第一富商，留名至今，成为商人们学习的典范的原因。

可见，财富的快速增加往往都是通过寻找新的经济增长点来实现的，它并不是光靠积累得到。打个比方，如果财富的增加相当于是细胞，那么各个细胞的分裂就是财富的分散投资，细胞组合在一起原本没有多少总数，但经过了各个细胞大规模的分裂之后却能拥有更多的细胞。所以说，财富需要不断投资才能快速增长。当然，投资就会有风险，但那些风险可以通过新的经济增长点来减弱甚至抵消。所以，多投资对于商人来讲，是一项不错的选择。但市场风云向来变幻莫测，我们在创造财富的过程中总是面临着机遇与挑战。因此，只有学会把握市场信息，准确地定位市场导向，然后把自己的事业做宽，不将投资的鸡蛋都放在一个篮子里面，多进行分散投资或多元化经营，才能让自己获得更多的财富和机会。并且，这样做除了财富和机会增加的几率增大外，自己还不容易被突如其来的挑战或危机打垮。

第八章·时局走你也走，成功永远和眼光做朋友

红顶商人胡雪岩，是清末政商界的一个传奇。他以贫贱的钱庄学徒出身，在短时间中事业崛起、形成近代中国金融事业中的一个异数。

胡雪岩说:"做大生意的眼光,一定要看大局,你的眼光看得到一省,就能做一省的生意;看得到天下,就能做天下的生意;看得到外国,就能做外国的生意。"所谓"时局"可以从字面上拆解:"时"指的是时效性,"局"指的是局势。那么时局联系在一起说的就是在一定时间内局势的变化。在商场当中,市场瞬息万变,时局也在不断发生着变化,这就要求商人要有很强的把握市场变化的能力。除此之外,还需要商人有果敢决断的魄力,敏锐透彻的眼光和完善迅捷的行动力。只有跟随着市场而动,跟随着局势而动,生意人才可能在生意场上成功。

眼光灵活敏锐，才能把握市场动向

胡雪岩官道箴言：

> 一个生意人缺乏敏锐之性，将难有大作为。
>
> 现代社会，越来越多的人已经意识到了眼光的重要性。但生意场上所指的眼光，又远非平常意义上提倡的"要高远、要准确"这样简单，它还要求这些眼光一定要跟上市场的发展动向，这样才能敏锐地捕捉到市场信息。

市场瞬息万变，眼光也要随着一起发生敏锐的变化才能把握住市场的动向。而所谓的眼光敏锐，不就是我们提倡的要发现机会的另外一种表述吗？生意场上，商人只有在具备了敏锐的眼光的基础上，他才能把握住商场上稍纵即逝的商机，也才能从众多的机遇中找到适合自己的那一个。而机会对于商家的意义，那是不言而喻的。胡雪岩就曾经说过，"一个人如果要有所成就，一半靠本事，一半靠机会。"既然机不可失，时不再来，那我们就必须要在机会没有消失、刚出现的时候想尽办法发现它，然后将它利用起来。而要做到这点，最基本的要求就是一个人的眼光必须敏锐。

纵观红顶商人胡雪岩显赫的一生，几乎都是靠敏锐眼光发现了机会，进而把握住机会的结果。而那些所谓的敏锐眼光，依赖的是他长期以来对市场动向的了解和把握。并且这种了解和把握也不是轻易就能做到的，它需要靠手腕、靠方法，胡雪岩靠的方法就是扩充自己信息来源的渠道；它还需要靠行动，胡雪岩的行动就是舍得投入自己的心力，然后才在那些复杂多变的市场中找准它们变化的动向。

胡雪岩出生于那个战乱频发的年代，处在商人们认为最难做生意的乱世，却在生意场上驰骋，获得了巨大成功。这在他自己看来，关键的因素是因为自己做生意都随着时局、随着市场而动。而后人客观的评价也是这样：他的生意成也好，败也罢，确实都与时局、与市场有关。比如他开设的钱庄就曾经向太平军那些逃亡兵将吸纳存款，这是和他把握住了太平天国注定走向败局的大势有关的；再比如他从办钱庄到转为做生丝生意销"洋庄"，也是与太平军杀向浙江阻断上海生丝来源有关……正是因为他对这些时局的把握，胡雪岩才能把握住政治动向导致的市场动向，从而才取得了成功。

胡雪岩原本出身于钱庄，所以他对于钱庄的一切都非常的熟悉，做起这方面的生意来也是得心应手，但奇怪的是他在别的领域的生意也获得了良好的发展并取得了成功。探根究底，他成功的原因就在于他善于把握住时局，眼光敏锐地跟随时局而动。当然，这种眼光的敏锐并不能肤浅地将它归为"运气好"之类，而是他胡雪岩实实在在能力的表现，也是他长期在商场中摸爬滚打锻炼出来的。试想：就算他能找到得力的干将，就算他能管理有方，就算他学业很精，但如果没有非凡的综合能力，没有商场中积累的经验，他不可能有敏锐的眼光，不可能把握住市场动向，不可能取得一系列生意的成功。例如，决定要做生丝生意的时候，胡雪岩根本对生丝就没有多少的了解，唯一了解的只是自己手下的一对夫妇。但是，胡雪岩凭着自己敏锐的眼光，看到了市场的真实走向：那个时候刚好是西方资本主义工业生产，特别是纺织工业大发展的时期。而丝绸要发展就需要纺织，一纺织就一定需要大量的原料，而中国是蚕丝生产的大国，所以，洋人就需要从中国大量进口蚕丝。那么，在这个时候做这方面生意，无论是做内贸，还是销"洋庄"，都肯定能赚大钱。

于是，说干就干，胡雪岩雇佣了老周夫妇替自己打前锋，终于在生丝领域获得了第一次成功。有了第一次，相应地就会出现第二次，直到后来他对生丝行业已经非常娴熟，甚至成为了业界的龙头。而这种跨越不熟悉的行业做生意获得的成功，不能不说是因为胡雪岩眼光敏锐，看准了市场走向的结果。

当然，胡雪岩做生意之所以能呼风唤雨、所向披靡，除了他能很好地把握市场动向外，还和他与官场交往紧密、熟知政事、了解政局有关。比如在关于杭州战后的善后赈济这件事情上就可见一斑。

那个时候，杭州城被围，城内的百姓已经到了只要是能吃的东西都将它们进腹的地步。而面对如此紧急的境况，胡雪岩说过一句："这时候做事，不能说碰运气，要想停当了再动手。"他这里说的"这时候"以及"做事"，自然已经不是指商事的运作，但是他所说的"不能说碰运气，要想停当了再动手"这句话所包含的道理，用于商事运作是非常恰当的。在当时，官本位的社会性质决定了生意人做生意主要是要跟随政治的步伐，所以这里所讲的眼光敏锐、需要跟随市场而动，也有跟随政局而动的隐形涵义。

当时的情形是：因为杭州城被太平军围得铁桶一般密不透气，而外面政府军队又没有足够的兵力打开一条让后备物资入城的通道，所以，胡雪岩带来的运粮船只能停在杭州城外的钱塘江望城兴叹。但是，胡雪岩绝不是那种迂腐，一根筋的人。他纵观了政治局势之后，并没有选择苦守等杭州城被收复的那一天，而是在绝望之中冒着生命危险，将筹集来准备用来救杭州老百姓的米运往当时也刚刚经过大战劫难的宁波。这一方面固然与胡雪岩菩萨心肠，心系百姓有关。另一方面，也是他的一种特殊局势下的应对策略：大米放在自己这里，进不去城也就发挥不了作用。可如果将这批大米给了宁波，不仅解了宁波的急，还给杭州老百姓留了储备。这个局势下，这应该是最好的应对策略了：杭州未解围，粮食给宁波救急；杭州解围，粮食再给杭州老百姓。

此外，胡雪岩这个胸怀天下的人，还是一个对政治有十分眼光的人。当时官军和太平军作战，他根据当时形势的实际发展情况判断出"长毛"（太平军）是不会持久的，并认定了官军早晚要将他们打败。所以，他认为：既然天下大势是这样，那么就不能学某些不法商人浑水摸鱼，两面三刀，趁机投机取巧。因为在他的眼里，凡是不地道的行为、投机的生意是不会长久的。而善于借势的他，当然会想到营势造势，继而做大生意。所以，那个时候他尽自己所能地帮官军打胜仗，眼光敏锐地看到了帮助官军将给自己带来巨大的好处。

按照胡雪岩自己的话说就是："只要能帮官军打胜仗的生意，我都做，哪怕亏本也要做。要知道这不是亏本生意，是一种投资。只要官军打了胜仗，时势一太平，什么生意不好做？到那时候，你是为朝廷打败太平军出过力的，公家自会报答你，做生意处处给你以方便。你想想看，这还能不发达？"

所以，我们讲：眼光的敏锐，除了对于市场动向的把握，还需要对政事有一个了解和把握。毕竟现代社会，人人都处于一定组织的统治之下，政治永远是国家机器的核心。所以，要想从商，就必须要对国家时局有一定的了解。只有了解了天下大势，才能够顺势取势，也才能够把握市场动向，预测到市场发展方向。

返回到太平军和官军冲突的这件事情上来，当时情况下，政治上来讲势是在官军这边，所以，胡雪岩自然要帮官军。而那些昏头黑脑、不会分析形势的人，才会仅为眼前可图的几笔蝇头小利而断送了大好前程。在胡雪岩看来，洋人那一面就是这样，他说："洋人虽刁，刁在道理上。只要占住了理，跟洋人打交道也并不难办。"

胡雪岩的这种看法在当时很是与众不同，因为那个时候清朝经历了很长时间的闭关自守，等到晚清海禁开放之初，人们便都普遍对洋人缺乏一个正确认识。他们或者觉得洋人就是茹毛饮血的野人，或者就因为洋人有先进的科技而认为他们是不可侵犯的神人。结果当时有不少的商人就因为不能认清真正的形势而无法与洋人平等往来，更别说进行生意上的交往。而胡雪岩虽然读书不多，但洞悉天下大势．所以，他才能和洋人做好生意，并为他商业上的发达奠定了基础。

胡雪岩那会儿刚把从湖州收来的新丝运到上海，但是他并没有急着出手。原因是他敏锐的眼光又一次探到了市场的发展动向。首先，他觉得洋商那个时候做的生意是垄断性质，所以开价不理想；其次，他觉得他要联合同行控制生丝市场的条件还没有成熟。而一旦等到控制生丝市场的这个条件成熟了，那么市场现在的主动被动关系就会被扭转过来。洋人不仅会被迫给自己出高价，中国商人在与洋人进行生意往来的过程中也会提高不少地位。

所谓知己知彼，百战百胜。胡雪岩虽然苦等着这个机会，但是当时的情况是：胡雪岩运到上海的生丝数量很少，他根本就还不具备与洋商讨价还价的实力。所以，他必须要联合同行，垄断生丝收购，才能与洋商抗衡。为此，他一方面请刚结识的上海朋友古应春加紧和洋商进行谈判，另一方面私底下让他姨太太的叔叔去拉拢上海的丝商大户，以便将生丝方面的同行联络更多，大家众志一心共同创造这个反扑的机会。

可喜的是到后来，朝廷忽然决定设立内地海关，增加茧捐，洋人当时为情势所迫不得不低头，终于开出了双方都可以接受的价格，于是胡雪岩当初预测到的市场动向终于来临。他不仅自己净赚 18 万两银子，也让大家"大获其利"。

也许，许多事情就是这样，只有让你自己拥有了一双精明的眼睛，能快速敏锐地看到市场的走势、政治的动向，你才能获得生意上的成功。而眼光敏锐的锻炼，不是一朝一日的结果，应该是长期的积累，长期对自己能力的充实。

准确定位市场，成功之路由此蔓伸

胡雪岩官道箴言：

> 人要识潮流，不识潮流，落在人家后面，等你想到要赶上去，已经来不及。
>
> 商场向来被认为是变幻莫测的一个小战场。而我们大家都知道，要想在一场战争中取得胜利，那非得有统帅准确的眼光，制定出了合适的军事策略，安排好了周密的部署不可。商场中也是这样。商人如果要想获得商场上的成功，把握方向的人必须要有非常准的眼光。

现代人们常说：思路决定出路，眼光决定未来。可见，越来越多的人已经意识到了眼光对于事业、对于人生的重要性。当然了，既然是眼光，根据字面意思那一定是眼睛看到的东西。可眼睛看到的东西有虚实两种，这就侧面反映出眼光还有正确和失误之分。

正确的眼光，可以让人看到事物发展的方向，从而把握事物的本质。聪明的人如果再在那些方向和本质上对它们大加利用，一定会换来成功。生活上是这样，生意上也是这样。当一个生意人拥有正确的眼光时，他就能看见稍纵即逝的商机，就能制定出合乎市场发展的规划、就能走对发展的道路，从而达到自己的目的。

而要有正确的眼光，基础的要求就是这个人非得能把握住市场运行的规律不可。并且这个要求也就意味着已经步入商海或者是即将步入商海的人们，需要提高自身的市场观察、分析能力，不断给自己充电。任何人只有在长期大量经验的积累之后，这种拥有准确眼光的能力才能有所提升。那些光想依靠现成是不可能的。

在大商胡雪岩看来，眼光的准确还表现在应该能跟随世事而动上，也就是他的名言所说："天变了，人应变。"意思就是指在世势时局发生改变的情况下，人不能一味地按照原来的思维和眼光看问题，分析事情，而应该也相应地做出变化，调整思维等来顺应时局。

客观地说，眼光绝对不可能一开始就准得不行，这就如同孙悟空的火眼金睛也是经过在太上老君的八卦炉里炼了很久一样。任何事情"欲速则不达"，我们要想获得这种非凡的能力，拥有准确的市场定位眼光，就需要慢慢地一步步地锻炼。当然，面对别人的经验，非常有借鉴的必要，特别是那些大商们的经验，尤其值得学习，这样会加快你蜕变的速度。

胡雪岩做事总是随时而变，再见机行事，所以他任何时候都急缓相宜，应对自如，这就是眼光的作用。生意场上，因为四处充满了搏杀，也就充满了凶险，结果往往是一招不慎，就可能导致满盘皆输。在商场行走，真的很像是在沼泽地里面行军，任何的一步前进都需要你眼睛准确的观察，脑子准确地判断。而且，很多时候是这样的：生意越大面临的危险就越多，从而风险也就越大，因而越让人难以照应，也就越容易出现疏忽。

因此，任何已经驰骋或即将驰骋于生意场上的人，都不能恃强斗狠，认为自己的公司已经有足够的实力，自己有力挽狂澜的能力而忽视一些小细节去大胆行事。任何人做事必须要谋定后动，做到未雨绸缪，而这种未雨绸缪的获得就需要生意人具备准确的眼光。有了准确的眼光，就能看到事物发展的必然趋势，再顺势而行，必然取得事半功倍的效果。这点对于刚刚起步的小公司来讲，是非常有必要的。刚开始的时候，任何公司要想在商海中鼎足而立，就必须要能适应市场的需要，否则，那些已经存在的公司凭借着它们长期的经验，一定能吃掉后起之秀。当然，这样说并不意味着对于已经发展壮大的公司，准确的眼光就不重要。应该说，要想在商海中拥有立足之地，任何公司，在任何情况下，都必须要能准确定位市场。

向来人们过多地强调独特的眼光，而忽略了眼光的准确。诚然，在这个日新月异的社会，创新已经作为一项重要的发展策略被提上了日程，但准确这个"老生常淡"是绝对不能被忘记的。

那么，市场的眼光如何做到准确呢？这方面，我们可以学下大商人胡雪岩。

当时，太平天国运动失败之后，清廷对太平军进行严打，因此许多太平军将士都在私底下盘算着自己以后的出路，自然而然就想到了把手中的私财存放到钱庄里这条出路。胡雪岩是个"久经商场"的老将，他明白事态的走向，知道太平军必然走向灭亡，那么那些太平军将士为了养老问题，就一定会将自己的财物存进钱庄，如果自己这时候在钱庄开通这项服务，那么绝对刚好赶在时候上。因此，他和张胖子细细盘算后，开通了这项业务，从而获得了大笔的收入。

这就是胡雪岩眼光准确的一个例子，从中我们可以学习到：准确的眼光有的时候是非要和政治局势联系到一起的，因为只有明白了商场发展和政治的必然联系，然后进一步制定出合适的政策和应对策略，才能先人一步抢得商机。

曾经，对于商人而言，做商人就必定要与官场打交道。因为只有获得了官场作为保护，才能行事顺利，并且有了官场的人员，商人能探知很多政治消息、经济消息等，而这些消息当然给商人经商提供了方便。因此，聪明的胡雪岩将他的眼光伸到了政治生活中去。他觉得要获得生意的成功，除了找对方法做好事之外，在官本位的封建时代，还必须要找到合适的官场靠山。而事实证明了胡雪岩的眼光不仅是在商场，就是在官场定位上，也非常准确。

有一天晌午，当了跑街的胡雪岩收回了一笔差点成为烂账的款子——500两银子，心情十分高兴，就去茶楼喝茶听说书庆祝一下。这时，对面有人冲他作揖，很客气地问是否可以共用一桌。胡雪岩不是一个拘束的人，所以当即点头，顺便用他老练的识人眼光打量了这个人。当然，来人不左不右，不偏不倚正是后来成为了胡雪岩第一贵人的王有龄。只是那时候的王有龄看起来虽然年龄和胡雪岩相仿，却一脸憔悴之色，但即使憔悴，也掩盖不了他的气宇轩昂。胡雪岩是个看人的高手，所以他主动和那人攀谈起来并成为了朋友。

几句简单的交谈之后，胡雪岩知道了原来王有龄他是福建侯官人，还是个秀才。有意思的是，听完书后，王有龄准备起身告辞，却嘱咐店小二说胡雪岩的茶钱由他来付。胡雪岩原本对他是个读书人又气度不凡很有好感，这会儿他来这么一招君子之为，让胡雪岩更是觉得此人虽然落魄，但是一言一行不失为名士风范，而且礼数规矩也是做得漂亮。于是，善于交际的胡雪岩展开他的交际手腕和王有龄攀谈起来。当了解到王有龄是因为捐官未果而郁闷时，不禁问道："王兄，恕我鲁莽，敢问是个什么缺？"王有龄看胡雪岩也很耿直，就直言道："浙江盐运使，不过恐怕不属于我了。"

盐运使？胡雪岩的眼睛亮了起来。因为他是商人，而且是个对一切都很关注的商人，所以他知道盐运使不但是个实缺，而且是个大大的肥缺！这里需要简单介绍一下背景知识：中国处于封建社会的时候，历朝历代都实行的是盐铁官营制度，也就是说，关系到国家经济命脉的重要行业盐它是国家所有，并且实行"专卖"。胡雪岩他知道这些封建官场上的事情，所以对王有龄已经感兴趣，加上他片刻的交谈之后觉得王有龄是个有魄力、有能力的人，最后，胡雪岩二话没说，就拿出仅有的公款 500 两银子资助王有龄捐官。

而事后的事实证明，胡雪岩的眼光非常的准。王有龄不仅捐官成功，还感恩图报，对自己生意的发展、壮大，可以说帮了很大的忙。

正是长期在官场中与官员打交道的经历，胡雪岩逐渐变得为人四海。也正是因为他深深地懂得商人生意的好坏很大程度上和官员的协助与否，官员是否有能力帮自己忙有关系，所以，他一而再，再而三地在官场中找着自己的靠山。而让人佩服的是，不论是哪个靠山，只要是胡雪岩找到的，那个靠山都对他的生意产生了推波助澜的作用，因而胡雪岩借助于这些人的鼎力相助，一步步地走上了红顶商人的位置。

当时，胡雪岩的好友王有龄还没有因为杭州失守自杀殉国的时候，胡雪岩就盯上了王有龄的老上司何桂清，并对他一阵巴结讨好。当时何桂清在苏浙的时候，为朝廷出了不少的力，所以他在那一带的影响非常大。所以，当何桂清成为胡雪岩的靠山之后，不仅让胡雪岩的好点子有了市场，何桂清的"商业"也有了依托。

等到何王集团土崩瓦解之后，胡雪岩因为已经积累了丰富的识人经验和生意上的需要，他开始为自己寻找一个新的商业保护人。而这一次他的寻找又再一次证明了他眼光的准确，他找的这个靠山正是清朝大名鼎鼎的重臣左宗棠。事实也不辜负胡雪岩，它证明了正是凭借着左宗棠，胡雪岩才得到了红顶商人的殊荣，让自己的事业走上了高峰。

左宗棠在位的时候，胡雪岩为了讨好巴结他成为自己的靠山，曾经费力地为他筹粮筹饷、购置枪枝弹药，购买西式大炮，购运机器，兴办船厂，筹借洋款等。虽然这些事耗去了他大部分精力，但是胡雪岩却乐此不疲。因为做这些对于他来讲是非常有赚头的。首先，他帮忙办的那些事本身就是商事，他可以从中盈利；其次，只要左宗棠有了这些东西，他才能安心平捻西征，兴办洋务，成就功名大业。而左宗棠这个英才一旦成就了功名大业，依靠他的胡雪岩能不得到商业上的好处吗？

幸运的是，左宗棠又恰恰是晚清一位正直仗义的官员，所以胡雪岩才有了朝廷赏赐的红顶戴，赏穿的黄马褂，才有了和洋人做生意的机会，才有了将自己的生意做到普天之下，将自己的招牌让国人尽知的成功。

商场气候复杂多变，除了目光长远还得眼界开阔

胡雪岩官道箴言:

> 做生意要有长远的眼光，要吃一个，挟一个，看一个。
>
> 在生意场上，很多人经常会有的一种感觉就是"某某人，某某公司眼光怎么如此长远，居然能在复杂多变的商海中，杀出一条血路，将公司发展得如此之大"。其实，这些并不是什么了不起不可学的本事，他们能获得成功只是他们在考虑问题的时候，除了看到当下，还看到了未来，并且在未来的蓝景中他们的眼光不仅仅是狭隘的，而是宽阔无边。

商场是没有硝烟的战场，人们总是这么说。所以如果鼠目寸光，那就如同只看见局部，看不见整体的糊涂将军一样，一定会打败仗。胡雪岩的经商事迹告诉我们一个道理：在商场上，任何时候都要将眼光放得长远一些，只有这样，才能得到更大的收获。

当初，清朝政府为了对付太平军，正忙着筹措军费粮饷；而刚好那时候太平军又占领了江南的富庶地区，大清国的财政本就非常拮据，这会儿就不得不通过发行纸钞来弥补赤字。而这种官票它只是一种可以上市流通的银票，它可以兑换现银，也可以代替制钱"行用"——用它抵交应按成缴纳的地丁钱粮和一切苛捐杂税。所以，很多的钱庄看到这种现实后就认为：如果他们接受了"认购官票"这一措施，那肯定对自己的生意会有阻碍作用。

商道 胡雪岩

经商之道 学胡雪岩

第八章

171

原因是：一方面因为太平军和官军打仗，不知道赢家是谁。另一方面，很多钱庄老板都觉得如果认购了"官票"，自己的流动资金不仅会出问题，而且一旦那些官票卖不出去，那自己就得赔个底儿朝天。

但眼光开阔的胡雪岩却不这样看。原因是：首先，由于他频繁地和官场中的人在交流，他已经了解政治局势，认定了太平军必然被官军镇压这个结局。其次，他有这样的思想：一桩生意能不能做，关键是生意人自己的眼光，和外在的很多客观条件并没有很多很直观的联系。而且他还认为乱世之中生意越难做，就意味着有越来越多的机会。于是，他看准了这点，就指示掌柜大量买进官票。当然，结果是他还真的因为自己眼光的准确而赚到了。

那个时候，太平军不仅被官军镇压掉，而且政事已经开始向着有利于官军的方向发展。政府在镇压太平军这个当口上，自然要对为朝廷出了力，分了忧的胡雪岩有所表示，以此来激励民众向政府靠拢。所以，不论是在名声上，还是生意业务上政府都大力地支持他，给他提供方便。

所以说，生意人要精明，就必须要有一定的商业眼光，而且这种眼光不仅要看得准，还得看得远。也就是说，生意人在为自己发现财路或商机的时候，一定不要被眼前的形势外表迷乱了双眼，而看不到事情发展的趋势，因为这样的代价是预测不到未来的发展。就像胡雪岩说的："做生意怎样算精明，十三档算盘，盘进盘出，丝毫不漏，这算不得什么！顶要紧的是眼光。一个生意人的眼光，看得到一省，就能做一省的生意，看得到天下，就能做天下的生意，看得到外国，就能做外国的生意。"从这句话中，我们可以学习的地方真的很多。

胡雪岩这里谈到将眼光放宽。他的意思也就是做生意不要仅限于一个行业，一个部门，一个省份，而应该本着将生意做好、做大的目标做下去。联系实际，时下就有很多做生意的人抱着"够吃、够喝、能挣钱就行"的心态做生意。这种态度已经预示着他的生意要么就不会一帆风顺，要么顶多也就能换得满足他日常简单的吃喝而已。拿破仑就曾经说过"不想当将军的士兵不是好士兵"，应用到生意场上也是这个道理"不想做大生意的商人不算是商人"。

在做生意的过程中，只有一个人将眼光放宽、放远，他才能制定出一系列强有力的计划和措施，从而也才能够将生意做大、做精，将公司发展壮大。胡雪岩正是深谙这个道理，所以在办钱庄的时候，前卫地用到了办分号的形式，将自己的钱庄从一个地方发展到一个省，再从一个省发展到另一个省，继而发展到了很多的地方。并且他除了开分号来扩大自己的生意外，还将触角伸到别的领域，这表现为他不仅做自己熟悉的钱庄生意，还涉足到生丝、军火、药店、典当等领域的生意，从而终于成为了一代大商。

那时，胡雪岩送王有龄到湖州上任，刚好雇请的是他熟识的老张家的客船。湖州又恰好是江浙一带有名的蚕丝产地，产出的蚕丝号称"天下第一"，连洋人也十分看好。这两点有利的条件当然挑动了商人胡雪岩的心思。他虽然不懂丝业，但想把生意做大，所以想到了利用故乡是湖州的老张夫妇来涉足生丝行业，扩展自己的生意。

于是，在船上和老张的老婆聊了一路之后，胡雪岩决定，由他出资，请老张出面做"丝主人"，然后在湖州开一家丝行，自己做"丝客人"。这件事情表面上看起来是胡雪岩将做生意的好处让给了老张家夫妇，但实质上远没有这么肤浅。胡雪岩之所以这么做，是因为他的眼光很长远，他有很长远的打算。第一，自己的好友王有龄已经被派任湖州知府，而他和王有龄的特殊关系差不多已经是众所周知，所以涉足生丝行业他要悄悄进行，尽量避嫌；第二，他之所以要当"丝客人"，一个好处就是可以用阜康钱庄代理的湖州公库的资金来买丝，然后再在杭州将生丝"变现"后再解往"藩库"，这样做，就等于是移花接木，做无本生意。何乐而不为呢？

由此案例，就将胡雪岩敏锐的商业眼光、聪明的商业定位、娴熟的商业信息利用技巧、精准的商业机会把握能力完全展现在人们的面前。从中，我们能看到他在做事情上、谋略上总是能以高远的眼光看到更远的未来，想到更远的事情。而自然地这种长远又准确的眼光，让他获得了很多商业机会。

他当初想做生丝生意，就是将眼光定位在高远位置上的结果，因为他看到了销"洋庄"谋取的暴利。也就是说，胡雪岩真正的目标是从王有龄要上任的湖州看到了生丝，再从老张的故里就是湖州想到了做生丝生意，而他做生丝生意的目的就是销"洋庄"谋暴利。再往长远了说，就是和洋人做生意，组织生丝出口。

当然了，生意场上获得成功光是眼光远还不行，眼光必须还要宽。只有这样才能做到应对自如，运筹帷幄。当初胡雪岩销"洋庄"时囤积生丝就是一个例子。

在胡雪岩囤积生丝的那个阶段，他本来已经资金周转不灵，况且囤积生丝又需要很多本钱，但为什么还这么做呢？就是因为他从长远又宽广的眼光中，看到了"独乐乐，不如众乐乐"——大家一起挣钱的机会。当时的情形是：如果只是单独的一个个商人和洋人做生意，那么洋人不仅很嚣张，尽量压低价格，而且中国商人在交易中的社会地位也是处于被动的位置。所以，为了"打压洋人的生意优势"这个长远的目标，胡雪岩往宽处着手，决定联合同行业的人一起团结起来和洋人对抗。

这种想法是有一定道理的。因为在销生丝的过程中，洋人不是傻瓜，他也知道要货比三家，所以如果你一家的价格很高，他表面上不会跟你砍价，但总是磨磨唧唧地跟你绕来绕去，不说买也不说不买，暗地里却再去寻找其他的门路。而这个时候，总会有一些因为吃本太重而急于变现的人，他们就会降价出售自己的货物。所以，要扭转洋人和自己做生意的主被动关系，还需要找到同行联合起来，大家一起团结一致，才可能实现"都赢"。

所以，胡雪岩才会想到：如果与洋人做生丝生意的"洋庄"能像老张老婆的茧行收茧一样，同行公议，都是一个价，愿意就做，不愿意就拉倒，那多好。洋人在大家的团结一致下不得不服服帖帖的。于是，说干就干。胡雪岩先将自己的生丝囤积起来，然后对同行采取了合适的寻求大家合作的措施。

因此，对于那些本钱不足，因周转不灵而急于脱货求现的商行，胡雪岩想出了给他们解围的办法：第一，和他们协商，让他们以准备卖给洋商的同样的价格将货物卖给国内的丝商。反正这样做对这些人来讲没有利益上的亏损，只是变换了主顾。第二，即使对方不接受收购这个提议，也可以和他们约定大家团结一致，先不要将货物卖给洋人。如果实在有缺钱不变现不行的，胡雪岩刚好有个钱庄，他采取你只要用你的货物做抵押，就可以贷款救急的办法。

胡雪岩的这一构想真可谓既含深远又很广阔，所以他后来的生丝生意才会进行的如火如荼。这就证明了长远、广阔眼光的可行性。所以说，眼光真的是很奇怪的东西，只有将它看得远的时候，你获得的利益才会很多，而如果你还懂得更进一步地变通，从细长的眼光中再将它变广阔时，那么眼看到哪里，哪里就会散发出万丈的光芒。因此，要想有大作为，这"眼"就得准，这"光"就要射的远，射的宽。

商海无涯，学习是舟

胡雪岩官道箴言：

> 一个人不能光靠运气，运气一时，总要自己上进。
>
> 眼光，向来被认为是一个人成功的关键之一。而对于眼光，又有很多关于它具体特点的划分：开阔、长远、敏锐、坚定、取舍、自信、发展、精准等。那么，对于眼光具有的如此多的要求与特点，人们该怎么样对它进行提升呢？

在这个世界上，已经有越来越多的人注意到这样一个事实：大凡成功的人，都是不仅仅经验丰富，还善于积累经验的人。他们在以前的学习、工作、生活中已经吃过的苦头，走过的弯路，在下一次遇见的时候就会汲取前车之鉴的经验，巧妙地避开。这样久而久之，他（她）们就已经学会并掌握了很多便捷的学习、工作、生活方式，从而在再一次遇到同样的事情、同样的情形、同样的状况的时候，能较快地高效处理问题。

当然，经验固然重要，但是如果一个人总是固步自封，总是生活在过去，总是没有前进的思路，没有先进的想法，没有与世界发展的脚步产生共鸣，那么，纵使有丰富的经验，也有用完的一天。如果真的到了那一天，没有现成的经验可循，他（她）怎么办？是束手就擒呢？还是再想想办法？

学习过哲学，我们已经知道：这个世界是发展的世界，它无

商道 胡雪岩

经商之道 学胡雪岩

第八章

176

时无刻不在发生着翻天覆地的变化。如果一个人总是拒绝接受外来的新事物，总是拒绝给自己充电，那么他（她）逐渐地，就会比本是和自己同一节拍的人慢上半拍甚至是一拍的节奏。所以，古人云"学而时习之，不亦说乎。"

因此，我们就可以得出这样一个结论：一个人，如果能不断地从自身的工作、学习、生活中总结经验，再加上自己的勤奋好学，然后善于将别人的经验和方法借来为我所用，那么他（她）不论做什么事情都一定会取得成功的。

胡雪岩向来被作为是中国商人学习的模范，很多经商之人都因为佩服他的才智、眼光、魄力而不断地对他进行研究，并渴望从他身上能学到一些做人、做事、做生意的道理。其实，胡雪岩他也是凡人一个，他之所以能拥有别人羡慕不已的眼光，关键就在于他是一个很懂得积累经验又善于学习的人。

胡雪岩的老家是在安徽农村，所以那里的人们都以务农为主。有一年，一位老农想种稻米，就挖掘荒地，造好一片水田，并种下了水稻，甚至，为了铁心种水稻，他连灌溉用的水渠也都挖好了。然而，谁也没有想到的是，老天爷那年发了怒，竟然在那里闹起了水灾。所以，虽说老农挖有灌溉的水渠，但水灾一来，那些水渠反倒成了累赘（因为田里的水排不出去）。水稻虽然需要水，但是长期被水泡着，也不符合它的生长规律，因此，减产不少。

这位老农付出的努力白费了，自然非常苦恼，万般无奈他就向大家都十分敬佩的胡雪岩请教。胡雪岩在听完老农的述说后，心平气和地对他说："你不用着急，再连续种上三年水稻，你就可以发财。"当时，老农并不理解胡雪岩的说法，但是古时农村里的人一般对有点学问或者有点成功的人都有一种敬佩的心理，觉得那个人所说的一定是真理，否则他不会成功。所以，老农只是听从了胡雪岩的建议，第二年依然种下了水稻，不巧那一年又碰上水灾，水稻又歉收了。

老农是个固执的人，虽然歉收，他依然觉得胡雪岩说的肯定有道理，就连续第三年种上了水稻，没想到，老天爷发水灾发上了瘾。到第三年，水灾又来了。很多人都觉得这是老天的捉弄，也开始对胡雪岩的建议感到不可靠了。于是，许多人都劝这位老农："别再干傻事了，还是把水田改成旱地，种旱地作物吧。"但是，固执的老农依然相信胡雪岩的建议，还继续种他的水稻。

到第四年的时候，老天爷突然玩起了新把戏。当时全国大旱，旱地的作物几乎颗粒无收，而水产植物水稻却获得了出人意料的大丰收。老农终于在前几年亏损的情况下扭转乾坤，获得了水稻的丰收，并且奇怪的是在以后的两年，全国仍然大旱，旱地作物也就依旧颗粒无收，而水稻还是大丰收，这就导致了稻谷的价格大涨。这位以前被人认为"固执"的老农终于苦尽甘来，享受到了连续几年丰收的喜悦。后来的大丰收和稻米涨价，减去他前三年的亏损，他还真是大赚了一笔。

也许很多人都说胡雪岩是个能掐会算的神人，否则他怎么有如此厉害的眼光，并且为什么老农在听了他的劝说之后就获得了丰收？其实，这并不是什么大不了的能力，这种传说中的"神话"只是胡雪岩他善于观察和分析，懂得了大自然的不定期循环规律，从而利用了规律的结果罢了。

曾经，中国商人公认的祖师爷陶朱公范蠡就曾经说过："六年干旱，六年丰收，十二年一大饥。"当时，范蠡他就是总结了自然界的规律才得出的这个经验。意思就是说，自然界有一个规律：在有六年干旱的情况下，后六年就一定会得到丰收。陶朱公的后世传人——商人胡雪岩正是根据这一规律才做出了大胆的推测，也才使老农在执著之后获得了成功。

在老农向胡雪岩请教的时候，胡雪岩说那些话并非是空穴来风，他是在观察、分析、思考的基础上得出的结论。所以，很多人在夸奖某某人聪明绝顶，能知天机，犹如圣人的时候，我们该想想他（她）"背后的故事"。换句话说，这个世界上并没有所谓的圣人、未卜先知者。而那些人们口中能掐会算，有眼光，有预见的人，只是因为他们比常人更善于观察生活，进行思考，套用经验罢了。

胡雪岩当时就是因为深知物极必反的道理，然后再在天气自然的大规律面前进行综合利用这些理论，才换来了老农的成功。在胡雪岩的生活中，这样的例子真的不少，而正是这些方法的总结和运用才使得他能将生意做大、做强。

胡雪岩做人能左右逢源，是因为当初当学徒时候炼就了善于观察别人心理的功夫；他做生意时能成功，也正是利用了市场发展和时局变化两方面的规律，然后通过不断地积累经验来创造发财的机会。这种善于总结经验，在观察基础上进行再分析、思考的技巧，也是胡雪岩在商业上取得巨大成功的一个重要原因。

当然，经验并非是凭空捏造出来的。它的大前提就是熟悉事物本身，以及事物的发展规律；而所谓的小前提，也就是要使用者、积累者善于观察、善于思考、善于总结，然后抓住事物本身的发展规律，让它为自己所用。只有这样，一个人在经历了一些事和一些人之后，才能做到高瞻远瞩，才能锻炼自己的眼光，从而预见到事物的发展方向，再进而获得成功。

当然，胡雪岩比一般人厉害的地方就在于：他除了能运用自己或者是别人总结的经验之外，还有一个善于学习的头脑。在他初当学徒的时候，他拼命地学习学徒应该掌握的技巧；在他成为跑堂的时候，他奋力地掌握跑堂应该具备的能力；在他成为掌柜的时候，他尽力地让自己能掌控全局……

所以，他才会将钱庄的生意做大。然后，在不断的学习中，进军别的行业：生丝、军火、药店、典当行。试想：如果他没有一个善于学习，与时俱进的进步精神，他不可能涉足那么宽的商业区域，不可能仅仅凭着低端的文化水平混上"红顶商人"的殊荣，不可能在每个致力于从事的商业领域都获得成功。

由此，我们可以得出这样的结论：一个人要想获得一副非凡的眼光，就需要有足够的丰富经验，外加不断进取、学习，给自己充电的机会。

大家都知道大自然中的动物，总是在上演着一幕一幕"弱肉强食，适者生存"的画面。任何一个物种，只有在它有足够的眼光的情况下，它才能逃脱捕食者的袭击，才能获得维持自己生存所需要的猎物。而这些眼光，不是上天生来就给它的，是它在后天的不断捕食、不断逃亡中学到的经验。动物都具备这种本领，人也该是这样。无论是在生活中，还是生意上，人都该不断地来提升自己的眼光。而说到要提升眼光，不是简单地眨几下眼睛，看一下形势就行的，还需要不断地在之前经验的基础上，一直观察着形势的不断发展。

所以，一个人光有了丰富的经验还不行，还要有积极的思维判断能力，有善于学习的能力，能将那些可作为经验的过去都当做财富积累起来。当然，积累的目的是为了运用。我们不能将积累看做只是一种量的增加，而没有质的突破。所以积累之上再应用这些经验，外加不断的学习、进步，那么一个人在眼光上的提升将是非常之快的。

人生复杂多变，市场也是瞬息万变，这对生活在这种环境中的我们提出了相当大的考验。人生的变幻无穷，让人根本不知道什么时候会发生什么事情。所以，一个人一旦具备了精准、长远、开阔的眼光，他在面对人生问题的时候就不会被弄得手足无措。商场上也是这样，一个商人只有在具备了好眼光的情况下，他才能发现商机、把握市场发展的方向，从而先人一步取得成功。

而这种眼光的获得，非得有经验的积累和与世界、与市场同步的学习为台阶不可。

第九章·争做商场伯乐，求得良将善使用

红顶商人胡雪岩，是清末政商界的一个传奇。他以贫贱的钱庄学徒出身，在短时间中事业崛起、形成近代中国金融事业中的一个异数。

胡雪岩说："做大生意光靠一个人是撑不住的，需要有大批的人。这就需要在做生意的过程中培育人才。"中国古代有"伯乐相千里马"的传说，那千里马在伯乐的发现中，开始了它能力的发挥，生命意义的绽放。而也正是在伯乐的不仅善于发现，还善于喂养、调教、指引中，才构筑了一个千里马的王国，才让楚王赢得了一批"良将"。而这批良将，也不负所托，始终帮助楚王驰骋沙场，立下不少汗马功劳。

拿他们的才气助我成功

> 交往、接触和托付的人，如果选择不当，那么即使拥有万金，也不能称之为有钱；看人要不拘一格，要看准了人再用。
>
> 中国向来有一句古话叫"千军易得，一将难求"。这充分说明了良将的重要性。在这个被誉为人才世纪的 21 世纪，越来越多的人，越来越多的公司已经开始了对人才的重视。因为他们发现：公司的发展、壮大，是一个个优秀员工贡献出的力量堆积的结果。

现代社会，人们将公司与公司之间的竞争，归结为简单的五个字"人才的竞争"。这就说明，任何强大的公司，都是因为积聚了丰富人才的结果。而事实也证明，的确是这么回事。但是，这里还面临着一个问题，那就是人才堆积在一起，怎么将他们筛选出来？

公司挑选人才，不像是菜市场里顾客买菜买鱼，随便看一下，新不新鲜，色泽好不好就了事。它需要的是有慧眼的伯乐从各个角度对他们进行考察，只有能发现他们的闪光点，并不遗余力地对他们大加开发、利用，一个公司的人才库才能永远起着举足轻重的作用。

中国有首唐诗云："燕昭高筑黄金台，四方豪杰乘风来。"描述的是战国时期燕昭王不拘一格用人才，从而使弱小的燕国跻身于战国七雄之列的故事。这对于我们今天的经商之人、管理人员和公司，有很好的借鉴作用。

任何一家公司，都是一个组织，是组织那就都有一个架构。虽然说领导人员是处于高端的人群，掌控着公司发展的方向，但是他下面的员工——人才才是公司的基石。领导人员只是站在了这些人的肩上，所以才显出巨人的样子。而因为人才能创造出极大的价值，所以才有了这样的说法"好的人才是助经营者事业成功的重要因素"。

有一句谚语叫做"是金子总会发光的"，讲的就是人才的作用。虽然用到这里不是特别恰当，但我们这里强调借用的是人才发出的光。一个公司如一栋房子，它是靠着一砖一瓦盖起来的，所以要想公司光辉灿烂，光芒万丈，它只能是借助于一个个人才具有的光的堆积。正是因为这样，现代的管理人员才不断地将人才的挖掘、培养和使用搬上工作日程。甚至还专门开设了一个门类，叫管理学。

而一代大商胡雪岩可以说就是用人之道、管理方面的一个榜样。他不仅有一双识别人才的慧眼，还能做到不拘一格使用人才，无论对方是什么身份、什么地位、什么性格的人，只要他觉得符合自己用人的标准，便会想方设法把他吸引过来，成为自己的帮手。而这种大胆将人才为我所用的做法也就成就了他成功的事业，辉煌的一生，这充分地印证了一句话"一个好汉三个帮，一个篱笆三根桩。"

在人才的不拘一格使用上，还要求管理者、提拔者、伯乐有一个博大的胸怀。胡雪岩虽然自己不具备超人的能力，但是他心胸宽广，并不妒才嫉能，因为他知道人才对于自己的重要性。所以，他总是不断地发现人才，并不拘一格地用人，甚至不惜用高薪来肯定人才的价值。正如他自己说的，"眼光要好，人要靠得住，薪水不妨多送。一分钱一分用人也是一样。"

从胡雪岩的身上充分说明了一个问题：优良的组织需要一个好的管理者，而一个好的管理者必须要善于发现人才，并根据不同人才的特点对他们不拘一格地使用。大汉朝的建立者刘邦就是这样一个经典的例子，他自身本没有西楚霸王项羽那么有实力。但他们两位之所以能出现"成者为王败者为寇"的局面，很大一部分原因就是因为两人用人的标准差异造成的。项羽高傲，恃才傲物，看不惯那些比自己厉害的人，更不要说对他们大加利用。而刘邦不同，他善于使用萧何、韩信、张良等人，从而不仅给自己减少了工作量，减轻了压力和负担，还让那些能力比自己强的人各尽所能，终于取得了大汉朝巍巍天下。

胡雪岩就是像刘邦一样的理智管理者。当初，阜康钱庄开业，胡雪岩急需聘用一个得力的总管。经过各方面的考察，他锁定了大源钱庄的刘庆生，而那个时候的刘庆生，根本不是什么起眼的人物，他只是一名普通的伙计。但是他身上的闪光点已经被胡雪岩这个伯乐相中，所以，胡雪岩开始了对他的考察，经过了考察最终录用了他。

胡雪岩的钱庄那个时候只是开业，还没有正式营业，所以周转资金也还没到位，但即使是在这种情况下，胡雪岩仍决定每年给刘庆生 200 两银子的薪水，而且年终的"花红"还要单算（"花红"就是红利，类似于今天的分红）。让刘庆生感动的是，当时胡雪岩为了彻底解除刘庆生的顾虑，让他实心实意地给自己当总管，曾经约定只要双方达成一致，他就立刻预付给刘庆生一年的薪水。

说到这里，需要提一下当时的情况。当时的杭州，消费水平并不高，也就是说按一个小康之家（衣食无忧）的生活水准，就算是八口之家生活在一起，一个月吃、穿、住的全部花销也不过10两银子，那么一年下来最多不过130两。而胡雪岩却给出了刘庆生200两银子的年薪，而且年终还有"花红"，这样的薪酬对于一个只是小伙计出身的刘庆生来讲，是有点让人不可思议。因为按照现在的标准，没有工作经验，没点学历垫底，从小伙计到大掌柜还疯狂加薪那是不可能的。但后来的事实证明，胡雪岩的这种做法非常的明智。刘庆生这匹胡雪岩自己挖到的千里马后来给他带来的收益，已经远远大于了他给别人开的工资。胡雪岩的厉害之处也正在于此，他不仅给了刘庆生面子，还给以高薪，让刘庆生这匹千里马尽情为自己奔跑。手段实在是高！

因此，关于这点我们可以向胡雪岩前辈学习。一个好的管理人员、一个好的老板，要懂得从不同的方面为自己发现人才，并对自己认准的人才，踏踏实实地委以重任。永远相信：只要是能发光的人才都是可以为我所用，都可以为我创造价值。至于用得好不好，那得看自己这个使用者的使用能力、挖掘水平。

其实，纵观历史古今，我们都能发现人才对于公司，对于组织的重要性。对于公司来讲，只有人才各尽所能地发挥自身的优势，公司各个领域才能得到充足的"能量供应"而运转起来。而对于老板来讲，一个好的人才，就如同自己的左右手，不仅能给自己带来很得力的帮助，还能带来很多比自己亲自动手获得的实惠。所以，对于人才，管理者必须学会修炼自己的眼光，锻炼自己的掌控能力，让自己能洞察他们的闪光点，并进而加以使用。

胡雪岩说："用人，要以财买'才'，以财揽'才'。"因为他是商人，所以他能说出这样的话来。换句话说，他说这句话的意思也就是将发现人才、使用人才作为一种投资。只不过对于他来讲，平常意义上的投资都是实物投资，在这里却换了方式，成了一种人情加实物的组合投资。不管是哪种投资，总之他胡雪岩明白人才的重要性，也有意识地培养自己识别人的本领，再加上他认定是人才就不惜一切代价争取为我所用的这份慷慨，所以老天让他得到了一个个不仅能力极强，而且忠心耿耿的助手。刘长生就是其中的一个例子。刘长生以伙计的身份被胡雪岩当做总管使用起来，阜康钱庄的具体营运居然在这个人才手里被照顾得井井有条，胡雪岩因此几乎可以完全放手，有更多的时间和精力去开辟新的赚钱道路。

实质上，生活中的每个人都有自己各自的特点。但是只要是人才，他们就有一个共同点，那就是"他们能创造出比常人更多的价值"。关于这一点，胡雪岩很清楚，所以，他只要观察到人才的闪光点，就能不拘一格地使用他们。当然，究竟是使用什么方法观察到人才的闪光点，又是使用什么方法来让他们为我所用，这又是一门学问。

从胡雪岩的身上，我们知道，胡雪岩识别人的主要方法，归根到底就是一点"用做人的标准来衡量他们"。例如，如果有人是仗义类型的，那么他就具备了"值得信赖"的闪光点，如胡雪岩结交的漕帮那些江湖中人；如果有人是坚持到底，不始乱终弃的，那么他就具备了"踏踏实实，尽忠职守"的闪光点，如打更的老周；如果有人是"不服气的败家子"，那么他就具备了"不服输，敢打敢拼"的闪光点，如刘不才。总之，胡雪岩正是根据从不同的方面入手观察到别人的闪光点，才在自己门下聚集了很多各方面具有非凡能力的"千里马"，并为他创造了一个商业史上的神话。

当然在将那些人才为我所用的过程中，胡雪岩动用了很多的手段。首先，他利用慷慨、不吝惜钱的做法；其次，他采用给人薄面的手段；再次，他还善于利用人情。而从他那些用人才成功的例子中，我们可以知道：他始终秉承着"各尽所能"的用人原则，在使用人才的时候，想方设法地将他们安排到合适的岗位上，让他们充分发挥自己的能力。这样，不仅人才的优势能得到充分发挥，还让各个岗位都有一名得力干将支撑。

可见，经营者要想成就一番事业，要想将公司发展壮大，除了提升自己的能力外，还需要真正找到自己需要的人才，重要的是还要敢于在用人上不拘一格。只有时刻不忘人才给自己带来的好处，记得在恰当的时候回报他们，记得人才是公司发展的基础，一个公司才能得到不同能力的各种人才，也才能使人才得到充分的发挥，公司也从而才能创造出巨大的价值。

若想用人之长，就得容人之短

胡雪岩官道箴言：

> 用人之长，容人之短，不求完人，但求能人。根据他人的才干，授予他适当的事情，则不会失败。根据他人的能力，让他做力所能及的事情，则能少犯错误。
>
> 俗话也说"尺有所短，寸有所长"这个世界上没有十全十美的事物，也没有十全十美的人。老天爷是公平的，一个人在有强势、优点、特长的同时，必然也具备着劣势、缺点。所以，对于一个管理者来讲，想用人所长，就必须要有容人所短的肚量。

"世有伯乐，然后有千里马，千里马常有，而伯乐不常有。"在这篇唐代韩愈的名篇中，我们可以看见一个社会现象的缩影：这个世界上有很多的千里马，只可惜因为遇不到好的伯乐而错过了展现自己能力的机会。

世界就是由伯乐和千里马组成的，"伯乐"们为了国富民强，为了公司发展壮大，为了创造财富，总是不断地在擦亮眼睛，巴不得尽量用自己的慧眼识出更多的"千里马"；而"千里马"们也是尽自己所能地展现自己的闪光点，希望能得到"伯乐"的赏识，然后不遗余力地拼杀疆场。

然而，现实中却出现了这种情况：千里马常有，而伯乐不常有。这就造成了很多资源的浪费。而造成这种现象的原因是什么呢？其实，很简单。就是很多"准"伯乐修炼不够，不能完全地明白"人无完人，金无赤足"这个道理。他们对于千里马，巴不得使尽浑身的解数，拿着放大镜去照它，将它身上所有的特点都放大开来。自然而然地，一匹匹千里马在这种选择条件下被挤死在"龙门"那里。

现实中，一个好公司、大公司要招的人是何其多，所以每个公司都会设立"面试"这一道坎，也就是相当于"相马"。但是，奇怪的是，现在的人们在相马的过程中，更多看中的是"马"的长相何如？是不是很高大，是不是很威猛，是不是曾获过什么奖，是不是有什么证书，而对于他们是不是真的具有千里马的潜质，考虑的很少。

现代社会在"相马"的时候没有一个统一的标准，也就造成了为什么找工作的人初试就没通过这个现象。因为，在现实社会上，每个人都是有缺陷的，有的人或者没有过人的考试分数，却有一身厉害的动手实践能力；有的人没有很高的学历，却极富创造性；有的人没有很多的工作经验，但是具备较强的工作能力……然而由于相马的条件因招聘人而异，所以，也许在一个人的眼里他是一匹"驽马"，而在另一人眼里他就是一匹"千里马"。

其实，在伯乐辨识"千里马"的过程中，现实与理论存在了偏差。千里马不会在表面上留下我就是千里马的标签，它能跑千里的能力只能是内在的一种潜能。所以现实的偏差在于：本来选择千里马对于伯乐的眼光要求很高，却被现实扭曲成了伯乐对千里马的过分挑剔。也许马毛不正宗，也许马身不健壮，也许马尾巴有点翘，也许马的腿有点太长等，但只要它具备了行千里的潜能，就应该断定它是一匹千里马。关于它的外观，它的品行，这些后天的调教可以改变。总之，现实中的伯乐不能再按找一匹"无瑕马"的标准去行事。

那些只看重表面的行为是"准伯乐"的行为，或者说是名义伯乐的行为。而真正懂得识人才，挑选人才，用人才的"大家"，肯定不会将"马"的缺点无限放大，相反,他眼中看的是马的才华，马的能力，马能创造的价值。

就如同胡雪岩,他就是一个很会"慧眼识英才"的人。在《慎节斋文存》胡光墉篇中说:"又知人善任，所用号友，皆少年明干精于会计者。每得一人，必询其家食指若干，需用几何，先以一岁度支界之，稗无内顾忧。以是人莫不为尽力。"这段话就充分说明了胡雪岩对于人才的重视，他能做到知人并善用，才使得自己的生意在这些人的支撑下越做越大。

当然，胡雪岩对于人才使用的奇特之处主要表现在他的"不拘一格"上。这种不拘一格甚至有时候包含了使用那些"鸡鸣狗盗"，受到社会指责的人。但是我们不能将胡雪岩与做猥琐生意、投机倒把的商人联系起来，因为他与这些人的不同之处在于: 他利用的是人才中人性上面的闪光点，而不是那些让人唾弃的缺点。这点最让人佩服，这证明胡雪岩不仅仅是一个很好的"伯乐"，还是一个会使用人才、会发掘人才，并有宽大肚量的人。

很多后来的事实证明，胡雪岩的这种做法，不仅仅让人才的优势才能得到了充分的发挥，还无意中将那些人的劣根也拔除，或者说至少将劣根减少了很多。当然，他发掘使用人才的方法也很简单，就是将合适的人放在他应该发挥才能的位置上而已。用他自己的话说就是:"用人所长，容人所短，不求完人，但求能人。"这当中最典型的例子就是他对自己姨太太芙蓉的三叔刘不才的任用。

刘不才本名叫刘三才，原本是一个绝顶聪明的人，只可惜他的聪明没有用到正道上。他从小因为受到祖父的溺爱而放任成性，加上他的父亲又老实巴交，管不住他，所以他整个就是一个纨绔子弟。在芙蓉的父亲遇难后，刘家的药房"刘敬德堂"自然就落到了刘三才的手上。又因为他好赌成性，所以，除了刘家的"药方"外，他将刘家所有的家产全部败光了。

照理说按照传统观念，刘不才真是一个"败家子"，一无是处，让人讨厌加鄙夷。然而胡雪岩却在被人认为的一无是处中发现了他的长处，并对这点大加利用，最后竟然让刘不才的才能得到了发挥。

当时，刘三才因为败家被人们赠以"不才"的名字，然而善于发现人才的胡雪岩却从中看到了刘不才"闪光"的一面：第一，他认为刘不才虽然好赌成性，却坚决不把手上的几张祖传制药秘方当做赌注押上，这说明他做人还有一点道德底线；而且他到了败光家产的地步，心里还存着振兴家业的念头，说明他至少还有一些责任感；第二，他虽然吃喝嫖赌样样坏事都做，却决不抽大烟，这说明他脑子还是十分清楚，有一些理智的，知道什么东西可碰，什么东西是坚决不能沾的。只这两点，胡雪岩就决定对刘不才进行任用。

第一次，胡雪岩对于刘不才的任用，是在准备投资"销洋庄"的生意上。而胡雪岩让刘不才发挥的还是别人认为无可救药的一个他的"长处"——赌博。

那个时候，胡雪岩听说销洋庄很赚钱，就决定做生丝销洋庄的生意，然而要想垄断市场、控制价格等，就需要在实际运作过程中联合上海的丝商大户庞二。庞二他们家是祖传的家业，他在生丝生意上是把好手，能将自家的生意做得非常的好。但是美中不足的是庞二有个弱点，他是个一等的玩家，尤其好赌。所以，胡雪岩要想联合他，就只能对"症"下药，利用"赌圣"刘不才来拉拢和庞二的关系。

刚开始刘不才只是小打小闹地陪庞二玩，后来在胡雪岩精心安排的一个赌局上，刘不才使出自己的看家"赌功"，双方所下的赌注既显得惊心动魄，又让他赌得开心尽兴，最后居然将庞二哄得特别高兴，因而成功地将庞二拉拢过来跟胡雪岩联合，实现了胡雪岩控制上海生丝洋庄市场的构想。

刘不才的前半辈子过得太过于无度，但他在胡雪岩利用下的这一"赌"却可谓成就了一些意义。换个方式说：如果他总是频繁地图玩乐赌博，既玩物丧志，又虚度光阴，但胡雪岩这次给他安排的赌局，却让他将自己的兴趣爱好当做了吃饭的本领。

而对于胡雪岩来讲，如果这次缺少了这个刘不才，他和庞二的结交将充满了艰难险阻，说不定还成全不了后来自己牟取暴利的生丝生意。所以说，好的管理者、领导者，在对人才的开发利用上，最基础的前提就是要做到能看见人才的优点，并且将人才为我所用，况且更为重要的是在用人之长的时候，注意容人所短。

那个时候人们习惯称那种"扶不起的阿斗"类型的人叫做"篾片"，然而胡雪岩对篾片却有他自己独特的看法，他曾经说："篾片有篾片的用途……好似竹篓子一样，没有竹篾片，就拧不起篓架子。自己也要几个篾片，帮着交际应酬。"这段话充分显示出了他这个伯乐的大家风范，也显示出了他为人宽容的气度。细细品来，不无道理。

原本刘不才爱赌这是一个缺点，却让胡雪岩这个伯乐看见了他的赌技甚高这个优点。更让人敬佩的是他还知道在合适的场合上充分利用刘不才的这个特点，使其"短处"在合适的场合变成长处。在胡雪岩从商的经历中，结识庞二是因为刘不才，而和洋人做军火生意，当前锋的仍然是那个别人看做是"一无是处的败家子"的刘不才。当然，刘不才在胡雪岩的"相马"中并不是一个特例，后来的另一个赌鬼"陈世龙"也具有和刘不才类似的"变废为宝"经历。所以说，任何情况下，任何一名准备寻千里马的"准"伯乐，都不能一味地只看到千里马的短处，就算看到了，也该牢记"瑕不掩瑜"这四个字。

上海的古应春是怡和洋行在我国从事经营活动的早期代理人。他因为在洋场混的时间比较长，所以对外国的典章制度、工农业等方面都有了很深的了解，当然也就摸透了外国人的经商方式、行为特点。然而，古应春有高傲的"书生"本性，最后还是胡雪岩用"奇计"才将他收服。但收服之后，胡雪岩并不是为了将他踩在脚底进行践踏，而是充分利用了他通晓洋人事务这个特长。之后，胡雪岩正是有了古应春这位"外国通"的帮助，才在与洋人打交道的过程中应对自如。这些成就的取得，不能不说是胡雪岩懂得容人所短，扬人所长的结果。

撇开利用这些人的长处来讲，只是胡雪岩一个人单打独斗，就算他有再高的能力，也不可能样样事情都精通。他肯定在赌场上不如刘不才会交际，肯定不如"科班出身"的古应春对洋场的一切了解，肯定不如老张了解生丝生意，所以不利用这些人帮忙，他的生意不会做的那么大。并且在左宗棠西征，胡雪岩代表政府向洋人借款的时候，如果缺少了古应春的帮助，那么借款的利息是多少，还款时间怎么定，还款方式如何等问题，胡雪岩就算搞明白了也不知道要费多少劲。

难怪，美国的钢铁大王卡内基曾经说过一句名言："将我所有的工厂、设备、市场、资金全部拿去，但只要保留我的组织人员，四年之后，我将又是一个钢铁大王。"这并不是说卡内基有多狂妄，只是他知道一个道理：任何一个庞大的组织，它都是靠员工，靠人才一点点聚集、积累的结果。所以说，卡内基的这句话，与其说是他对自己能力的肯定，不如说是他对自己"知人善用"这项技能的自我肯定。

可见，人才应该是一个企业发展最重要的资源。少了人才，任何的构想，任何的管理，任何的蓝图都是一片空想。胡雪岩也正是深深懂得这个道理，才无时无刻为自己搜罗着合适的人才，并想方设法将他们放在合适的位置上，让他们的才能得到最大程序的开发，为自己所利用。而聪明的经营者，要想把生意做大、做好，就应该学习胡雪岩的这种用人技巧。

商道 胡雪岩

经商之道 学胡雪岩

第九章

198

管理若要得法，奖惩须有标度

胡雪岩官道箴言：

> 治我损我，拆我的烂污，那是行不通的，甚至应该让你没有好下场。但是只要你尚有可用的地方，饭总是大家一起吃的。
>
> 在中国"没有规矩不成方圆"，这是一句一直流传至今的话，也是一句管理上非常有哲理的话。小到个人、一个组织，大到公司、企业、国家，只要是一个有组织机构的地方，都应该有与其相应的奖励处罚机制。因为，社会、组织、个人，只能在这些机制下生存、发展起来。

传统观念中奉行"严师出高徒"的说法，仿佛惩罚就能解决所有的问题，将事情引上计划中的道路。其实不然。古今的大量事实证明，光有惩罚并不能得到构想中的结果，而只有惩罚和奖励并用，才能得到意想不到的收获。

纵观中国历史，秦始皇"焚书坑儒"，对内只用严酷的法制残暴统治，终于激起了陈胜吴广起义。而其他各朝代的圣君因为信奉儒家思想，采取奖惩并用的措施，才造就了"贞观之治"、"康乾盛世"之类的盛世。这说明一个问题：真正的管理应该是同时使用奖励和惩罚这两个手段。因为：光是有奖励，那么坏的行为和风气将受不到遏制，而坏的东西势必带坏原本好的风气和行为；光是有惩罚，那么人们的生活只会小心翼翼，唯唯诺诺，甚至为了避免犯错误受到惩罚，人人都会选择固步不前，只求于能免除惩罚这种方式。这两种方式当然都过于极端，达不到很好的结果。

一个公司、一个企业、一个组织，只有设立了奖惩并行的制度，才能既达到遏制坏行为、坏风气出现的目的，又能促进人们积极向善、勇于贡献，从而给企业、公司和个人带来利益的最大化。

当然，胡雪岩是个经商的好手，这点毋庸置疑。如果是用现代的商业眼光来看，那么他不仅仅是个经商的料，还是一个管理的高手。他那套对于人才的挖掘、使用、奖惩的机制让后世人不得不折服。

当初，他做药材生意的时候，手下一名采购员错把豹骨当虎骨进了货，而且数量不少。照理说，这是一件很大的失误，因为采购是公司运营的前期，采购中出现错误，造成的损失是一连串的。于是那个刚提拔起来的副手就直接向胡雪岩打了个"小报告"，胡雪岩自己亲自查实后，我们看看他是怎么处理的。

首先，他命令将进的货全部销毁。刚好，那个时候负责进货的正手因为觉得自己犯了很大的错误，准备引咎辞职，然而胡雪岩做了两个决定。他先是拍拍这个正手的肩膀，说忙中出错，在所难免，以后小心就是了；之后毫不留情面地将那个告密的人开除了。因为在胡雪岩看来，他觉得一个公司如果要想正常地运营下去，必须是公司各个员工都尽职尽责地本着为公司着想的目的在做事。那个准备引咎辞职的人，他能意识到自己的错误，说明他的确有悔过之心，只是因为疏忽才出了问题；而那个告密者，却有唯恐天下不乱的嫌疑，所以，一定要开除。按照他自己的话就是"出了问题，就应该直接向老板汇报，而不应该从背后打小算盘，否则很容易把生意搞垮"。

从中，我们能看到胡雪岩的奖惩有度，也可以学习他管理上的一些技巧。他对于本该是惩罚的人，给予了改正错误的机会，这一方面起到了收买人心的作用，一方面也给员工们"只要为公司着想，做实事的员工，公司一定会厚待他"这样的心理暗示。

当初，胡雪岩在和洋商磋商生丝价格的时候，出现了一个小插曲。庞氏集团的总经理叫朱福年，外号"猪八戒"。他是一个野心勃勃的家伙，一直想借自己的董事长庞二的势力，自己在上海丝场上做江浙丝帮的头脑，所以，当他得知胡雪岩和洋人谈判的时候，偷偷地从中作梗。

胡雪岩致力于建立上海丝业同盟的目的就是为了统一口径，一致对外，争取到和洋商交易的主动权。当时胡氏集团的谈判长古应春已经不负众望，和洋商谈妥了价格，只差和洋商成交了。可是当时，胡雪岩正好有事不在上海，一时不能签约，而古应春在谈判好价格随后又去了同里。

这就给了那个坏心眼的"猪八戒"可乘之机。他准备为了自身的利益，出卖胡雪岩，出卖别的生丝同行，出卖自己的东家。于是偷偷跟洋商接头，不仅劝洋商以他为交涉对手放弃上海丝业同盟，还表示愿意以低于胡雪岩的价格将生丝卖给洋商。说白了就是当一名汉奸。

更让人生气的是，朱福年的如意算盘打得太过于缺德。他不仅会让以胡雪岩为代表的上海丝业同盟到时候会遭受巨大损失，还会让国人同心协力共斗洋人的努力彻底失败。况且，胡雪岩除了自己遭受损失外，他好不容易交上的朋友庞二由于自己掌柜的出卖也将会蒙受更大的损失。原因是朱福年这个丧心病狂的汉奸，已经从庞二的账户里偷支了几万两甚至十几万两的银子用于支撑自己的生意。

所以胡雪岩在得知朱福年私下和洋人交易这个消息之后，虽然很是气愤，但马上就想到了对策。而且，他秉持着自己一贯奖惩有度的原则，并没有过度地为难朱福年这个叛徒。这也彰显了他为人的大度与宽容。

当时，古应春听从了胡雪岩的建议，在拜访洋商无果后，直接赶到二马路一家同兴钱庄，取出了一张5000两的银票，存入到"福记"这个户头。其实，"福记"这个户头是朱福年所有。古应春是见过大世面，处理过大事情的人，他当然知道存上钱之后，要求伙计开出一张收据，写明："裕记丝栈交存福记名下银五千两整"。朱福年很快也知道了古应春存钱这件事，贪财忘义如他的人看见凭空进账5000两银子，当然心里乐得不行。所以，当古应春求他看在"红包"的份上，高抬贵手，胡氏集团会让他利益均沾的时候，他小人得志的表现表露无疑。

胡雪岩当时为了拉拢朱福年，还曾经亲自劝他说："福年兄，你我相交的日子不是很长，你恐怕还不知道我的为人。我胡某人的行事宗旨一向是有饭大家吃，而且不但吃得饱，还要吃得好。所以，我决不肯轻易敲碎人家的饭碗。不过做生意嘛，跟打仗是一样的，只有齐心协力，人人肯拼命，才会成功。过去的事情咱们都不用说了，以后就看你自己，你只要肯尽心尽力地为我做事，不管心血花在明处还是暗处，我都一定能看得到。当然，我也一定不会抹煞你的功劳，到时候除了给你应有的报酬，在你们二少爷面前也会帮你说话。或者，你若看得起我，将来愿意跟我一起打天下，只要你们二少爷肯放你，我欢迎之至。"

朱福年是个虽然有坏水却没有头脑的人，加上又是个见利忘义的家伙，所以很自然地就被胡雪岩掌控住。但他幸运的是，碰上了胡雪岩这个奖惩有度的贤明之人没有深究他当初的罪过。在后来，他自己也知道理亏，便连忙去和洋人谈丝价，要求恢复原议，而胡雪岩信守承诺对他予以"厚待"。当然，胡雪岩并不是那种放纵小人的人，他虽然对待朱福年采取了不计前嫌的政策，但留了一手，让"坏人"得到利益的时候不忘给他一个下马威。他把朱福年挪用、贪污公款的罪证透露给了庞二，让朱福年得到了"被挤兑，两头不是人"的教训。

此外，还有很多关于胡雪岩奖惩有度的例子，这里并不一一列举。我们需要的只是学习胡雪岩的那种公司组织、管理、经营模式。

任何一个公司，如果要想运营起来的时候顺顺利利，管理者管理起来得心应手，就必须要定立严格的奖惩制度。这个制度其实就如同给公司的员工画了一个活动的圆圈。圆圈的规则告诉员工：圈内的人士该受到奖励，圈外的人员该受到惩罚，如此，员工才会循着这个道，慢慢地集中到圈内去。集中到圈内的员工才让领导者和管理者能更方便、更有效地集中进行管理、管制。否则，如果没有一个合理的制度进行衡量，那和行走在江面上看不见岸上方向的船有什么区别？这样的公司迟早是会迷路、在商场上混不下去的。

所以，一个成功的管理者，应该学会用"奖惩有度"这种最有效的方式来控制员工，既让他们明白什么该做，什么不该做，也充分调动他们的积极性，让他们的能力得到充分的发挥。只有这样，公司一个个的人才才能各尽所能，在激励机制下员工才能将自己的能力毫无保留地发挥出来，从而为公司发展所用。

做生意，其实和做人、做事是一样的。一个国家，一个集体，只有在有了明确的奖惩制度之后，才能形成良好的秩序，从而才能发展国家的政治、经济、文化等领域。做生意也是这样，只有公司建立了明确的奖惩有度制度之后，员工才能按照一定的秩序行使他们的职能。而实践证明，秩序对于一个公司发挥着举足轻重的作用。所以，管理者，如果你想管理有方，千万别忘了建立一套合理的奖惩制度。

以德服人，商场也讲人情化

胡雪岩官道箴言：

> 在家靠父母，出外靠朋友。我是在家亦靠朋友，所以不能不为朋友着想。
>
> 向来，人们总是对于商场充满了误读。很多人认为：商场就是充满战火硝烟的地方，里面凡是人、事，无一不沾上利益的痕迹。因此，世间便有了"无商不奸"这样的说法。但其实，商场也是由人组成的组织，它本质上就是一个人性社会的缩影，所以，这里面，除了利益，还有爱，还有包容，还有人情。

现代社会，人们已经逐渐意识到了管理上的一个重要方面：只有法制和德制相结合的情况下，管理才可能更高效。法制，就是要求管理者将员工看成是一个一个的棋子，员工们的任何行动都应该是在公司规定的范围之内，所以，管理者对于员工的管理是死的、固定的、冰冷的东西。但如果在这里面融之以德制，就会能动地将员工除了看做公司发展的一个个建设者之外，还将他们作为一个一个的"人"在看待。而这层对他们人身的尊重，会让他们有"士为知己者死"的冲动。

胡雪岩之所以被称为是"人情练达"，很大的程度上来自于他很会"以情动人"。这不仅仅表现在他当学徒的时候，当跑堂的时候，和人结交的时候，还表现在他发掘人才并加以使用的时

203

候。他似乎生来就是一个懂得"人情世故"的好手，将修得一身好的修养，连带做人的"德"都运用到了生意上，而实际结果展示出这些的确帮助了他不少。

当初，胡雪岩结交王有龄，就因为自己慷慨替人解公囊。虽然为此他被辞退，但他的仗义、为朋友两肋插刀的品德为他赢得了王有龄这个靠山；之后，胡雪岩又凭借着"善良"、"负责"、"有责任感"的品德折服了越来越多的人，甚至顾客，也因为他的德行而慕名前来。所以我们说，人情化这三个字，即使是在战火硝烟的商场上也同样适用。

当初，胡雪岩为了军队不扰百姓，竟然答应给蒋益澧10万两银子，以便让蒋约束自己的军队，不给当地的人民造成困扰。而面对蒋益澧不知道怎样恢复藩库的问题，胡雪岩还耐心地为他讲解钱庄代理公库的例规与好处。并举例说自己开办的阜康钱庄从前就代理浙江藩库，如今仍愿为朝廷效力，只不过阜康钱庄为了清理以前的烂账，和原来划清界限起见，他想另立一爿钱庄，叫做"阜丰"。

胡雪岩一方面为了拉到生意，一方面为了给蒋益澧解惑，就详细地告诉蒋益澧说："阜丰"其实就是阜康，不过是对外多挂了一块招牌而已。虽然名字上的叫法有区别，但内部运营实质是一样的。而我之所以这样做，目的完全是为了公家。因为到时候阜康收进来的旧欠，都会解交给阜丰，也就是解交给芗翁（蒋益澧）。至于以前藩库欠人家的，看情形该付的付，该缓的缓，急公缓私，岂非大有伸缩的余地？

除了讲解之外，胡雪岩还答应蒋益澧：在粮台的银票不够的情况下，胡雪岩可以尽自己所能地先替藩库代垫。当然，他讲的时候说"目的是为了顾全浙江藩库的面子"。蒋益澧一听这话大为感动。早先，胡雪岩为了老百姓不受骚扰自行垫付银两的做法就已经够让人折服于他忧天下的美德了，这会儿他还如此大公无私，为国家考虑，能不让人为他的品行折服吗？于是，蒋益澧不但倾倒，简直有些感激涕零，他甚至拱手对胡雪岩说"一切仰仗雪翁"，并暗示胡雪岩以后有公事上面的事情，在他能力范围之内的尽管开口。

于是，胡雪岩凭借着自己的德行，不仅收获了蒋益澧这个客户，还又结交到了官场中的一位朋友。可谓是一举两得。由此，我们可以看出人情在官场上的应用是多么重要。

胡雪岩的好友王有龄在湖州府任职的时候，统辖的一个县城发生了民变，那些起义的农民杀了县官，攻占了县城，竖起大旗，自称"无敌大王"。消息传到湖州，王有龄大为恼火，准备对他们进行围剿。在召集幕僚向大家征询办法，手下幕僚也大都支持他的这一构想。只有一个人例外。

这个人就是司马松。在他看来，乱民是有备而来，而且现在对方的士气正旺，乱军的风头正盛，而官兵却因为久不训练，早已忘记拼杀之事，所以，这个时候正面的冲突是兵家忌讳，而应当以"抚"字为上，才可以既安抚民心，又能平定民乱。

再说司马松这个人平素向来寡言少语，又喜欢贪小便宜，衣着服饰也很随意，叫为官之人看来更是乱七八糟，所以很多同僚都看不起他。当然，王有龄也是看不起他的其中之一。只是当王有龄按照自己的想法对乱军进行围剿的时候，不仅遭到了失败，而且真的正如司马松所料，别处的饥民见官兵不堪一击，也纷纷起来闹事，响应"无敌大王"。

王有龄听到军报后，大惊失色，这时候才想起了司马松的话。准备寻他，他却告病回家了。幸运的是，王有龄有胡雪岩这个头脑聪明，善于察人、用人的好朋友。只轻轻一下就替王有龄解决了难题。

事实上，司马松命中多难。首先，他是个遗腹子，也就说在自己还未出生的时候爹就死了，全靠他母亲把他辛辛苦苦养大。其次，老母亲好容易拉扯大他，却在给他娶了妻子不久就一病不起，让人心寒。再次，和他生活没过几年，妻子居然留下几个儿女，跟他人私奔了。所以，司马松的生活只能用"水深火热"来形容。况且当时他"上有老，下有小"，自己得养家糊口，既要照顾老母，又要照顾孩子，所以欠了一屁股的债。而司马松这个人虽然聪明，但不善交际，更是不谙人情世故，加上身受的挫折太多，性情难免古怪，所以，向来他自己有种怀才不遇的感觉。这次王有龄刚愎自用，更是将他激怒，所以，落魄如他的人选择了"告病回家"。

胡雪岩这个人最大的特点就是"爱才、惜才"，所以当他知道司马松的困境后，特地登门拜访，不仅为司马松还清旧债，临走还留下了 500 两的银票，以备司马松以后的日常开支。都说"君子有成人之美"。胡雪岩这个君子也是这样，他在得知司马松妻子跟人私奔后，见到王有龄便劝他的夫人王夫人将自己漂亮的丫鬟赠给司马松续弦。

胡雪岩的这一举动当然令司马松感激涕零，第二天就亲自前来拜谢，胡雪岩当然趁机将王有龄准备求助于他的意思告诉了司马松。司马松因为已经完全折服于胡雪岩的"德行"，所以只听也不多说什么，就主动要求王有龄让自己去与乱民谈和。

而司马松也果然厉害，他凭着三寸不烂之舌居然舌战乱民成功，很快就瓦解了乱民的斗志，暴乱很快就分崩瓦解。王有龄闻讯自然大喜，也赶紧向朝廷奏明了司马松的功劳，司马松因此就在民变的县城就任县令。而原本就很有才的司马松在任的时候，

商道
胡雪岩

经商之道 学胡雪岩

第九章

206

更是治理有方，很快就把人心平定，生产也发展了上去，所以一时间政通人和。

从中，我们能看到胡雪岩的用人、管理技巧。他并不是一个以严厉著称的管理者，相反，他具有非常强的亲和力，而且这种亲和力对下属有非常大的杀伤力。因为它不仅仅是平常意义上的微笑，而是发自内心的一种德化，一种让人折服的"以德服人"。

所以，现代人研究胡雪岩的管理技巧，都觉得他对下属的管理方式，颇有一些日本式管理的风格。首先，他对下属很是慷慨，只要是他认为可以为自己所用的人，在物质上他绝不会亏待他们。其次，他不仅对他们进行物质上的投资，更多的还赋予了感情。中国人向来是重"感情"的民族，几乎每个人的内心里对于恩人都有着"感激涕零"这个意识。所以，中国古代的封建统治者才顿悟出了"得民心者得天下"这句深刻的话。而胡雪岩，正是因为他深知"得人心"的重要，所以对下属总是设身处地地关心照顾，诚心诚意地帮助他们解决实际困难，与他们祸福同当。他还曾经对手下的人说过："我请你们帮我的忙，自然当你们是一家人看待，一家人自然就是祸福同当，而如果大家齐心协力把生意做好了，彼此都有好处。"

作为商人，很多人认为这是他的一种管理技巧，其实不然。生活中的胡雪岩就是一个很有德性的人。他不仅仅是个热心肠，而且还是个出了名的大善人。他做任何善事，并非是为了挣得名声，或者是如同现在的某些明星一样假惺惺地博得广告的效应。因为，他是个从小受到良好家庭教育的人，是个吃过苦，懂愁苦的人，是个知恩图报的人，所以，他才会开设放心的药店，才会出钱赈济灾民，才会得饶人处且饶人，才会处处给人不图回报的感情投资。

所以，他能全心全意地帮助郁四处理家务，细心地筹划成功了古应春和七姑奶奶的婚事，然后竭力撮合阿珠姑娘与"小和尚"的姻缘，诚心帮助漕帮解决资金困难……所有这些，以商人的眼光来看是在做感情投资，但以一个"人"的标准来看，他是在施德。当然，人本来就是感情动物，人与人之间的关系也是暖呼呼的爱恨，所以这些感情投资在回收的时候，都有很高的"利润"，而这，也是他生意成功的一大法宝。

中国素来被称为是礼义之邦，人与人之间最讲究的就是个"情分"二字。不仅仅是胡雪岩，现实中还有许多商人，他们之所以成功，大多在于管理有方、能招募到为自己办实事的能人良才，而这，都是因为他们在做生意的过程中能体恤下属，将他们视若亲人，从而收服了他们的心的结果。

所以，要想使手下对你长久地忠诚，要想自己的公司中能有贤才良将，要想自己的公司发展壮大，老板对于下属、员工只用金钱物质的奖惩是不够的，还要学会尊重、体恤下属、处处以情义来打动他们。这样，下属才会将心比心，才会将他的心也交给你，将他的才能心甘情愿地贡献在公司中，把你看做是唯一的忠诚对象。

微笑功夫，赢得人才的忠诚

胡雪岩官道箴言：

> 要得到真正的杰出之士，只凭借钱是不能成事的，关键在于"情"、"义"二字，要用情来打动他们。
>
> 原本"笑里藏刀"是个贬义词，但是应用到商场上，却另有一番韵味。任何一个人（除非是心理畸形的人），都喜欢别人对自己投以笑脸。而且，每个人见到别人的笑脸，第一反应也是笑脸相报。笑嘻嘻地谈生意、做事情不仅能让人心情愉悦，还能增加成功率。所以，老板如果对下属能够笑容可掬，就能给公司带来意想不到的收益。

在生活中，当你与人交际时遇到一个讨人厌的人，他可能不厌其烦地用言语刺激你的神经，可能用一些超乎想象的行为折磨你的心理。但你理智的做法不是愤然离去，或者投以斥责，而是应该优雅地对他展示"微笑"的功夫。这样做，不仅让你保持了自己的风度，也给对手一个虎生生的下马威。

在商场上，管理者如果整天摆出一副严肃的臭脸，不仅让下属看了觉得恐惧，觉得每天神经都绷得紧张兮兮，还让人觉得这个上司没有多大的肚量，没有智慧的管理技巧。所以，大凡是那些有成功管理经验的人，我们都能看见这样一种现象：他们什么时候都是笑容可掬，但是笑容的背后，是威严，是神圣不可侵犯。

无疑，对比之下，那些面带笑容的上司更容易得到下属的认可，也能更有效地管理一个团队。当然了，这"微笑策略"里面充满了丰富的智慧。首先，笑容必须要有，但是须有个度。而这个度，最好是保持在既不让下属看了觉得是"哥们儿"无话不谈的朋友这一层面，又能展现自己的亲和力。其次，笑里藏刀顾名思义笑容里需要有"刀"。只有有了这把刀，才能划分出上司与下属之间的区别，也才能告知下属，自己笑容里除了亲和力，还有神圣的你不可触摸与挑战的威严。

任何从事管理的人都知道：收服人才的最高境界就是，让他心服口服地为你出力。而领导者要做到这一点，可得下一番苦功夫。并且，这个世界上很多的案例已经告诉我们"外行不能领导内行"这个道理，所以，要想收服人才为我所用，就得提升自己的能力。然而光是提升自己一个人的能力还是不行的，毕竟公司是一个团队，是众人合力推动的结果。所以，在提升自己的前提下，还需要不断地让下属对自己折服，让他们自愿为公司贡献他们的光和热。

所以，在收服人才为自己所用的时候，要因人而异，因时而异。因为，人有吃硬和吃软之分，因此，对一些人可以采取攻其软肋的手段，但对另一些人却不能把事情做得太直接、把话说得太直白，而要开动脑筋，略施小计，让他"心甘情愿"地就进了你的掌心。

胡雪岩对人情世故的练达，让他在处理与下属、员工关系的时候得心应手。他因此收服了有不同能力的不同人才，并让他们心甘情愿地为自己卖力。例如陈世龙，除了好赌外，他的优点是年轻、悟性又高，于是胡雪岩表面上对他"笑"——给他解决经济问题，给他工作的机会，暗地里给他"厉害"——派人暗中跟踪调查他的生活轨迹。在这种方式下，陈世龙不仅对胡雪岩感恩戴德，还一心要为他的生意大干一番，因此，胡雪岩趁此机会恰到好处地安排他做自己生丝生意方面的帮手，并在他逐渐走上正道的情况下，再给他一些甜头——要求他学外语，以便将来和洋人打交道（这就类似于今天的企业开设的员工培训）。

老张是个老实人，为人本分，只是他老婆却喜欢贪小便宜。所以，胡雪岩就先给他"笑"——让他当丝行老板，再给他展露"厉害"——当老板的责任逼得他非约束他那聪明却爱贪小便宜的老婆不可；古应春懂外语，了解洋人的一些习俗和洋行的规矩，善于和洋商打交道，胡雪岩因此先给他"笑"——极度尊重他，再给他"厉害"——箭在弦上，不得不发，你乖乖地去给我打理我和洋人有关的贩卖军火、买卖生丝的生意吧；朱福年出身朝奉世家，对典当行业非常熟悉，但贪钱、猥琐，胡雪岩就先给他"笑"——贿赂，再给他一把"刀"——不替我办事，你就背上不忠不义的名声得了。于是，他才心甘情愿地做自己典当行的主事……

现实中还有很多很多这样的例子，都是胡雪岩"微笑策略"的表现。在这种行为里，他充分展示了商人"无奸不商"的本性，同时，也将管理的技巧展示给了后世人。纵观胡雪岩的一生，为他拼命，为他竭尽全力，为他肝脑涂地的人何止一个、两个。而他，也正是有了这些人才的支持，这些人才的堆积，才造就了他一生的辉煌。

阜康银号发达之后，在通都大衢也设立了自己的分号，但是他们有一个规矩，那就是：雇佣号友的时候，一定会先询问他们家中的情况，例如日常用度是多少之类，然后先付一年的工资，使他们安定下来。因为胡雪岩知道：任何时候，人都是只有在解决了温饱问题的时候才能专心致志干活的，所以他先对他们笑。

另外，胡雪岩还懂得以利益激励员工。他这样的做法目的就是让员工将自己的利益和公司的利益挂钩在一起，起到一荣俱荣、一损俱损的效果。他主要使用了下面两种方式：第一种方式是红利均沾，也就是类似于今天说的公司分红。但他比现在特殊的一点是对于没有资本的伙计，也会根据年终公司业务经营的好坏，来享受年底分红；第二种是入股合伙，也就是今天讲的股份制，有资本的伙计，就入股吧。这样做既能帮助公司筹集资金，又能让员工享受到分红的福利，可谓一举两得。在追求物质利益的动力驱动下，胡雪岩公司的那些员工自然是积极性大增，竭力地为公司效力。胡雪岩是个花钱大手大脚的人，这点从很多地方都能看出来：他给贪官大量的贿赂，给军官无偿的军饷，给自己的伙计提供现在所说的"养老保险"、"失业保险"、"抚恤金"等。而这些都只是他"笑"这方面的展现。其绝妙之处在于了解人的心理，知道什么时候，什么情况下，以何种方式让自己"微笑"，从而实现商人利益的最大化。他探知到了这个规律，并灵活加以运用，终于获得了成功。

所以，后世人都惊叹于胡雪岩是个聪明的人。他不仅仅在物质投资领域收放自如，在人情投资、人事管理层面上也是高人一筹。对于那些有才干的各色人才，他们只是得到了自己想得到的一点点东西，却为胡雪岩生意的发展立下了汗马功劳；对于那些店员、小伙计，他们得到的只是一份待遇不错的工作，却给胡雪岩的公司带来了兢兢业业、勤勤恳恳、尽职尽责做好本职工作的氛围。

如果按照投资和回报的方式算起来，胡雪岩一辈子仿佛都在做着盈利的生意，所以这就是他为什么能成功的原因。

但是这里有特殊的一点。胡雪岩虽然能不拘一格使用人才，可他的"不拘一格"里是有内容的，那就是坚决不用小人。后世人评价胡雪岩，有点将他神化的意思，其实是过于夸大的结果。胡雪岩确实用了几个在当时看来是无法让人忍受的人，但是他微笑的背后有一双带刀的"毒眼"在刺探这些人的内心。他用的那几个有争议的人，他在给他们笑的时候用的"刀"是非常尖锐也非常锋利的——那就是敲开他们表面上堕落的面具，试探他们内心是不是大丈夫。因为胡雪岩本身是个严肃的生活者，所以他是不可能找很多地痞、流氓来为自己做事的。

后世人看胡雪岩，往往只看见他笑的一面，也就是"求人才"、"寻人才"、"用人才"上，却没有注意他隐藏中的"刀"。他表面上虽然是在找各行各业有才能但其他方面有瑕疵的人来为自己工作，但实质上他用刀剔除了那些人的瑕疵。例如：他秉持的"用人不疑，疑人不用"的原则，初看重点在用人不疑上，其实刀藏在了疑人不用上，所以，他才可能找到那么多心甘情愿为他卖命的人。再例如，他提倡的"赋予一个人多大的责任，就应该给他多大的权力"。初看起来，这个理论的重点是在"给他权力"上，但他的刀对着的是"责任"。言下之意，他的意思很明白：你只有挑得起责任，我才会给你与责任相对应的权力。

所以，聪明的管理者，一定要学会胡雪岩的这种管理技巧，才能逐渐熟悉胡雪岩的那种驾驭之术，才能学会掌控员工的技巧，从而让下属心甘情愿一辈子为公司作出不朽的贡献。

当初，胡雪岩对待老张就是那样。照理说，老张只是一个船夫，一辈子老实巴交，没有见过什么世面，但是胡雪岩居然让他在湖州开了第一家丝店。老张一家人在丝行刚开业的时候，不仅不晓得如何打开局面，全家还仍然居住在船上，过着以前船夫的生活。胡雪岩几次派人催促，要他马上寻找一间气派、宽敞而又临街的房子搬家，老张却一拖再拖。

其实，当时胡雪岩到湖州后对于老张的做法是很不满意的，但他做惯了"笑脸人"，所以语中带刀地说："老张，你没有必要因为怕做生丝生意而紧张，也别担心排场摆大了收不了场。只有你的丝行开张，并快速上了轨道，我们才会有流水进账，所以，你要勤要快，不要怕出错。况且早出错是好事。因为那个时候什么都刚开始，有了错误我们能较快地将它纠正，如果你这样畏首畏尾，不仅没有流水进账，还容易因为怕出错而出错。如果摊子真的铺开了再出错，那损失可就大了。"

老张一听，不仅觉得老板为自己考虑的很周到，还深深觉得这样拖拖拉拉对不起他。于是，马上放开胆子做了起来，并且因为他的格外用心，也使得丝行的生意越做越红火，最后生丝生意竟然逐步扩展成了胡雪岩事业中非常重要的一部分。

综上所述，我们可以总结出这样一条规律：作为经营者，如果能像胡雪岩一样运用巧妙的方法让人做事，用独特的手段挖掘身边人的潜能，那么，你就会发现处处都是人才，哪里都是公司发展的源泉，随处都是为公司尽职尽责的人。

第十章·商场如战场，行销艺术就是战术

红顶商人胡雪岩，是清末政商界的一个传奇。他以贫贱的钱庄学徒出身，在短时间中事业崛起、形成近代中国金融事业中的一个异数。

胡雪岩说:"招数只有出奇,才能达到理想的效果。"任何一个人做生意,目的都是卖出去东西。既然是卖东西,那就涉及到行销的艺术。在商场这个战火硝烟的地方,艺术也已经不再是原本"用来欣赏"这样的本义,而是类似于战术般实用的东西。总之一句话:商场如战场,商人只有掌握了行销才能掌控商场沉浮。

找准市场，做好策划就成功了一半

胡雪岩官道箴言：

> 入行开店铺，都希望能够生意兴隆，不断发达昌盛，而生意应以店铺起名开始。店铺起名要与同行相区别，要适合所经营的生意，还要讲究吉利。
>
> 有句古话叫"好的开始是成功的一半"，生活中的很多人已经领悟了这句话的哲理，于是越来越多的人将它应用到了其他的领域中去，乃至生意场上。

对于商场中人来讲，真正意义上的开始，就是在市场的定位和策划上。一个好的市场定位，仿佛是在走迷宫的途中发现了顺利地走出迷宫的路线，能起到事半功倍的效果。所以，很多的公司、企业、个人，都将市场定位和市场策划当做是公司的重头戏在做。

当然，定位和策划并不是舞台剧上演前的小打小闹，也不只是起到一个过渡、片花、序幕的作用。它的功能远比这些复杂得多，甚至可以说它是公司运作的主心骨。因为不论是在公司运营的前期，还是公司的发展壮大期，它都处于核心的地位。就是在公司发展的过程中制定计划、实施策略也需要受到它的指引。所以，我们一定要扭转那种以为策划和定位就是进军市场的一个小插曲的思想。

商场中的人都知道，边想边干和想好再干的差别是非常巨大的；一个发展成了卓越的公司，一个永远沉浮不定，停留在凡事皆小的地步。而之所以造成这么大的差别，用人生来作比喻会更容易理解一些。

一个人，如果在他明世事的时候，就给自己设立了一个明确的目标，此后他的人生轨迹都围着这个目标在转动，那么这个人是幸运的。因为他人生的灯塔随时都为他亮着灯，他能在任何情况下都很快地找准自己的方向，不绕弯路地走向自己梦想中的目标处。而与这种情况相对立的是，如果一个人在他明事理的时候，总是随心所欲，边想边干，那么他人生的灯塔就犹如漆黑夜空中的苍穹一样，忽而有点光亮，忽而一片死黑。那结果也只能是他一辈子永远深一脚，浅一脚地行进着。而痛苦的是他一辈子都处于迷茫的境况中，虽然很劳累，甚至比那些有人生方向的人还劳累，他却没有多大的收获。

纵观胡雪岩的发达历程，他之所以能由白手起家，从穷小子不几年间混成大富豪，并成为了中国历史上第一位也是唯一一位"红顶商人"，很大的一个原因就在于他很是懂得规划自己的人生，筹划自己的市场。所以，他能从一行做到多行，能从一做到一百，能从身无分文变成富可敌国。

很多人都纳闷，为何胡雪岩从事的行业都能挣钱，为何胡雪岩投资的行业都是赚钱的行业？其实，这并不仅仅是他运气好，或者眼光好的结果，更大程度上来自于他的做事风格：有规划、有定位。比如他还很小的时候，就已经规划好了自己的人生方向——当一名商人，因此，在当学徒的时候，在做跑堂的时候，在学做生意的时候，他都围着这个目标不断地努力、使劲，最后终于获得了成功。

仔细观察就会发现，胡雪岩做事有一个很显著的特点：喜欢分析、思考。当然，这是一个好习惯。并且这个好习惯促使他不仅能很快找到市场定位，还能很准确地定位市场。当初，他做钱庄生意的时候，就是看中了兵荒马乱，人人居危思安这个大的社会现实。因此联想到那些人们的心理：将钱财先寄存起来，不仅逃难的时候方便，也可以给自己以后的生计减少一些后顾之忧。顺着这个思路规划钱庄的生意，胡雪岩的钱庄大获成功。其他，如生丝、军火生意上，他也是看准了"外国资本主义的发展，棉纺织工业的进步迫切需要大量生丝"、"国家处于混乱时期，打仗几乎是日常生活需要经历的一项重要内容"等社会现状，他才会精准地将市场定位在生丝和军火上。而事实再次证明他的成功。

当然，市场并不仅限于眼前明晃晃的利益，很多时候，市场中的商机是隐藏起来的。所以，这个时候，也需要商人能准确地找到那些潜在的市场定位，然后做出市场规划。胡雪岩就曾说过"放长线才能钓大鱼"这句话。所以，很多时候，胡雪岩的策划是非常有力且成功的，这也让他尝到了很多事前策划的甜头。

都说精明的生意人一般不会在第一笔生意上赚取别人的钱财，而是采用巧投鱼饵的方式，或者是通过让利、促销等手段来引导消费、刺激消费。胡雪岩深谙这个道理，因此，他在有了市场定位并进行策划的时候总是考虑到了事情的各个方面，从而让策划成为公司以后运作的"行动指南"，也从而使生意获得成功。

那个时候，胡雪岩在钱庄里当学徒。一个小小的学徒当然存不了什么钱，况且他家境还那么贫穷，一家老小等着他照应。所以，他在开"阜康钱庄"的时候唱的完全是"空城计"，而他这个空城计唱成功的原因就在于他有一系列行之有效，深思熟虑的事前策划，而这些策划对存款和放款方面都提出了大胆设想。

由于当学徒的时候胡雪岩很留心，所以他对钱庄的运作一点也不陌生。在他看来，自己要做钱庄的生意，唯一的劲敌就是山西票号。而山西票号原来是以经营汇兑为主要业务的，目标客户又以京城作为中心。它的有利条件是那些年的社会背景：由于国内战乱频起，道路被堵截不畅通，行走艰难，所以如果带着公款到京城会有很多的不方便。票号这时候的兴起当然就是为了帮忙解决这种麻烦，所以它无形中代理了一部分县库与省库的职司。

有了这个借鉴之后，胡雪岩就开始用他们的经营方式规划自己的钱庄。他分析出自己这边存款方面没有山西票号那样的有利条件，但在放款生息方面却大有文章可做，于是就将放款放在了规划的重头上。

当初，胡雪岩敢开钱庄，很大一部分的原因也在于他有一定的规划，否则他可不敢空壳子闯江湖。首先，他看中的是自己的好友王有龄马上就有实权在手，而且自己也可以依赖他。其次，他在钱庄做学徒的时候认识了很多的客户，并且和他们的交情都还不错。再次，自己有一身牢靠的钱庄经营经验。所以，他的规划就是先利用王有龄来为自己拉些业务，然后自己再东挪西筹，发挥自己借鸡生蛋本事，慢慢一步步将钱庄培养起来之后，再投资其他的行业，将生意做大、做强。

一开始，王有龄一跃而为湖州府知府，这已经按照胡雪岩的策划迈出了第一步了。所以胡雪岩马上着手开始实施他的大胆放款计划：第一他的目标是将款放给做官的。由于那个时候战乱频发，路途行进艰难等原因，那几年官员调补升迁，很多并不是按照常规进行的。那些采用"引荐"之类的升迁变通，尤其对于是军功上保升的官员，还真有不少是在地方上当了巡抚、道台这样主持一省钱谷、司法的大员的。只是因为他们从未进过京城，所以如果有个钱庄给他们当后盾，那会提供给他们很多的方便。还有一种类型的官员：由于升迁，需要从一地到另一地的，这种人一般少不了需要一笔盘缠和安家费。因此，找官员来当客户，不仅他们以后的钱财有富余不会赖账，还可以结识一些官场中人，可谓好处多多。

按照胡雪岩的计划，第二项放款是放给那些逃难到上海来的内地乡绅人家。这种类型的人家财万贯，又多有祖上留下来的大把家私，他们不少人坐吃山空，而等到逃难的时候也就带着嘴就出来了，所以，如果向他们放款，完全可用他们的地契来做抵押。等到他们有现金了还自己现金，如果没有，那些田地之类的不动产就归自己了，那也算是一笔财富。

等到后来胡雪岩做生丝生意，也并不是贸然进军这个自己不熟悉的行业的。他事前有一套详细的规划。首先，他看中了王有龄刚好调到湖州当知府；其次，自己的船家老张的老家就在湖州。于是，他一开始就打着如意算盘：王有龄当上这里的知府，那自己就可以依靠他的官位搞些运作。第一，可以让王有龄将在那里征收的钱粮，也就是有需要解往省城杭州的现款都存入他的阜康钱庄。这样一来，他可以来一次移花接木的生意运作，也就是用湖州收到的现银，在湖州就地买丝，等运到杭州之后再脱手将它们变现，既可以解交"藩库"，又能给自己大挣一笔。第二，王有龄在生丝原料产地当上了知府，那自己在那里做生意也算有个官场靠山，这样在那个官本位的社会自己做生意会非常方便。

所以，正是有了这一系列的规划，胡雪岩才能从一个毫不懂生丝生意的人，做成为生丝生意的大家，甚至还垄断控制了上海的生丝生意。试想一下，如果他没有这些提前详实的策划，仅仅是边想边干，边做边想，不只他的大脑永远赶不上世事的变化，就是做起事来也是无头苍蝇，无从下手，更别说做大、做强了。

这就告诉我们一个道理：任何事情，只有在找准了市场定位的时候进行准确、完整的策划，我们才可能迈出胜利的一步。而策划并不仅仅是事前的一个计划，而是做事、做生意的时候始终要坚持，要以它为中心的一个"规划书"。如果要形象地将它作个比喻来理解，那么，它就像是天空中的那颗北极星，永远为生意人指引着自己前进的方向。只要有了这颗星，生意人做生意的时候才能有目标，才能有方向，才会盈利，至少，就算输的时候也只是轻轻的磕碰一下，不会导致"覆水难收"的后果。

而且，准确的市场定位，好的策划能提升成功的概率。当市场定位很准的情况下，几乎就是商家摸到了市场的规律，从而能预测到市场发展的未来方向的时候。如果是那样，那做起生意来自然是得心应手，处处如鱼得水。如果在这种情况下，再配上一环紧扣一环、设计缜密、考虑全面的策划，那么公司仿佛就进入了成功的隧道，只需要一步步地履行计划，一点点地扩充计划，公司就能不断发展壮大起来。

广告，成功路上不可或缺的基石

胡雪岩官道箴言:

> 做生意要扬名，必须学会扬名之法。名气一响，生意也就自然热闹起来。
>
> 随着商品经济的发展，媒体、公关这些行业也在不断地发展，在此基础上相应地广告应运而生。而广告又并不仅仅是在于打出一个名号，说出一句广告词就了事那么简单，它里面涉及到品牌的推广、产品的推销、公司的盈利等一系列复杂的问题，是一门很高深的学问。

当经济开始发展起来的时候，人们慢慢注意到了广告带来的良好效应。而随着广告的发展，又产生出了"广告创意"这个理论。因为随着经济持续高速地增长、市场竞争的不断激烈、竞争手段的升级，商战已经进入了"智战"时期，广告竞争也逐渐转到"创意"竞争。

"爱生活，爱拉芳"、"我选择，我喜欢"、"好吃你就多吃点"……越来越多的广告词已经深入我们的日常生活，成为生活的一部分。当然，这些简单好记的广告词不仅让生活中的人们记住了它们，也影响了人们的消费理念，因此堪称是广告中成功的典范。

由此可见，广告对于公司、对于产品有很大的影响力。好的广告有可能一下子让公司名声大振，销量大增而获得巨大的利润。

这方面五谷道场就是一个很好的例子。当"非油炸"这三个字成为了公司的主打标签之后，五谷道场几乎是一夜之间声名鹊起，突然之间进军到市场就受到了消费者的关注和青睐，继而大获成功。同样，"怕上火，喝王老吉"，当这句广告词被媒体大肆宣传之后，王老吉的创意广告自然也给公司带来了不菲的收益。

当然，在今天，随着媒体的发展，广告已经越来越多地是用媒体宣传的形式展开。可是在胡雪岩生活的那个年代，并没有如此便利的传媒业，那么这一代大商又是靠什么宣传自己的产品，树立公司的名声的呢？

首先，胡雪岩采取的是今天被很多商家借鉴的一种宣传手段：发试用装试用。用胡雪岩自己的话说，就是"要得之，必先予之"。思路就是我先给你用我的产品，用完了你觉得好，那结果自然就是来我这里吧。当然，这种做法仅限于那些产品质量好，极具竞争力的商家，这种商家用自己的实力来说话、替自己作宣传。

胡雪岩当时设立"阜康"钱庄的时候，尽管有王有龄的背后支持和各个同行的友情"堆庄"，但是，做生意的人目光一定得放得长远，胡雪岩就是这样。他知道仅仅是靠这些客户，这些"货源"，自己的生意无法做大、做强。要想发展还只能招揽广大储户。于是，深思熟虑之后，胡雪岩想出了一个"放长线钓大鱼"的妙计，而这条计策本质上就是一种广告。

钱庄开张那一天，等摆完宴席客人们都相继离去之后，胡雪岩静下心来盘算开业的情况。他觉得做钱庄的生意，第一步就是要闯出名头，有一定的名气，让潜在的客户感到在这里存钱既安全，又有利可图。并且一旦能做出名气，招来了顾客，那以后生意肯定能财源滚滚。有了这个思路之后，胡雪岩就开始着手准备给自己的钱庄打广告的策略了。

忽然，他脑际灵光一现，想到了一个不错的妙计。立刻就将总管刘庆生找了过来，给他下了一道命令：马上立下 16 个存折，并且每个折子上面存银 20 两。云里雾里的刘庆生见胡雪岩迫不及待地要开这么多存折，有点莫名其妙，但我们都知道他是一个对自己东家行事向来支持的好总管，所以立即照办。

等到刘庆生把 16 个存折的手续办好，给胡雪岩送过来之后，胡雪岩才细说出其中的奥妙。原来那 16 个存折，都是给抚台和藩台的眷属们立的户头，而那 20 两其实就是胡雪岩自己掏腰包替她们垫付的底金。刘庆生现在所需要做的，就是把折子给太太小姐们送过去，这样就如同写文章的人提前给后面的故事埋下了伏笔，以后"往来"起来就顺畅多了。

"太太、小姐们的私房钱并不是很多，所以算不上什么生意，"胡雪岩说，"但是我们给她们免费开了户头，垫付了底金，已经让她们多了一丝好感，再把折子给她们送过去，她们肯定就会很高兴。她们一高兴，自然就会用碎嘴向别人夸奖我们，而这，也就相当于帮我们四处宣扬，做了活广告。这样，和她们往来的达官贵人当然对阜康钱庄就有所知晓。达官贵人一旦知晓了我们的名字，那他们肯定就已经快成为我们的潜在客户了。"

在刘庆生把那些存折送出去没几天，果不其然如胡雪岩所料，马上就有几个大户头前来开户。

这件事情更进一步说明了胡雪岩这招"放长线钓大鱼"的成功。可见，要想能做到从"无名"到"有名气"需要开动脑筋来打出自己的名号，广告真是一门高深学问。

太太小姐可以利用来为自己服务，达官贵人就会成为自己的客户。但是胡雪岩是贫苦人民出身，加上他又有一颗博大善良的心，所以他的目光还投向了那些下层社会的人物。

开钱庄的人最忌讳的就是只重大客户，不理小市民。根据"积少成多，汇流成河"的理论，小市民的力量是无穷的，这也难怪历史演绎中总是上演着"水能载舟，也能覆舟"的历史剧目。所以，胡雪岩没有忽略社会底层这个重要的顾客群体。

在那些为小市民开户的存折中，胡雪岩就特地为巡抚衙门的门卫刘二爷准备了一份。胡雪岩本着和官场的熟络，经常出入抚台，所以跟门卫刘二爷也算是老相识了。等到现今自己的钱庄开业，送给刘二爷一份存折，一则算是送给老朋友一份薄礼，二则刘二爷也能给自己打个活广告。刘二爷虽然只是个守门人，但有一点胡雪岩没有忽视，那就是在他刘二爷眼皮底下来往的都是些有名有姓、有头有面的人物。都说"多个朋友多条路"、"朋友多了路好走"，既然刘二爷的信息十分灵通，那保不准以后真有用得着他的地方。

从这里，我们又可以看出胡雪岩做事的一个特点"好广泛交际"、"喜欢给自己铺路"，这在现代提倡"人脉就是钱脉"的时代，相信很多的人对于胡雪岩的这种做法都有刮目相看，佩服得五体投地的想法。

真别说，胡雪岩当初的投资真的有回报。后来某次一个极其偶然的机会，刘二爷居然给胡雪岩带来了一个非常重要的信息，也就是朝廷要发官票。自然，在"消息值千金"的商场，这个信息让胡雪岩把握了一次先机，大大地发了一笔财。

或许，在寻常眼光的人看来，胡雪岩在经营之前的这一做法实在有一些"亏本"。但都说"舍不得孩子套不了狼"，这在现代生意场上已经成为了一个公开的秘密，甚至，现代不少商家还争相模仿，并筹划着超越。可见，广告除了宣扬自己的名号外，还可以拿产品本身说事。

其次，虽然胡雪岩给人开户放存折是为了广泛地让人知道、关注自己钱庄（这类似于今天大马路上兴起的发传单），但他还有其他的一系列办法来做活广告。其中，讲信誉、提高钱庄知名度就是其中一种。

在胡雪岩的阜康钱庄刚开业不久，绿营兵罗尚德就携带着毕生的积蓄，差不多一万两银子前来存款。罗尚德是四川人，因为年轻的时候嗜赌如命，甚至还经常是一掷千金地豪赌，所以他没过几年就不仅把祖辈遗留下来的殷实家产输得一干二净，还把从老丈人家借来的、准备用于重振家业的15000两白花花的银子在一夜之间输得分文未留。老丈人气愤不已，觉得罗尚德就是一个败家子，所以对他说，干脆让他把和自己女儿的婚约毁掉，这样就不用他还借去的钱。

罗尚德是个"性格刚烈的人"，他认为这是老丈人对自己的侮辱，于是只身背井离乡，辗转来到浙江，参加了绿营军。十几年来，他一直想方设法拼命赚钱，终于积攒了一万多两银两。但是，由于太平军的兴起，绿营军马上就要开赴前线，想到自己肯定不可能随身带着银两的，于是他就想到了胡雪岩的阜康钱庄。

钱庄的总管看见是绿营兵来存这么大数目的钱，而且罗尚德还声明存款四年，不要利息，所以，怕因为钱的来路不明而惹了官司，刘庆生只好向胡雪岩报告情况。胡雪岩是见过大世面的人，他只和罗尚德一番交谈之后，就豪爽地认定了罗尚德这个朋友，不仅帮他将银两全部存上，而且还承诺到时候肯定是连本带利一并奉上。

之后，罗尚德在前线战死，原本他托付来取银子的朋友以为这笔钱因为罗尚德的去世收不回来了，没想到阜康钱庄居然在证实了他们的身份之后就双手奉上了那笔大数目。一时间，阜康钱庄重信誉的名声就传了开去，阜康钱庄的名气更是大涨。

再次，胡雪岩是个大善人，他一辈子都在做大善事。所以，他的这些身体力行所具备的德行也成了一种活广告，这就相当于如今广告专业中讲到的"公关效应"。人性都是向善的，所以，人们在看到胡雪岩如此有社会责任感，如此能为民为国着想之后，除了佩服他的人品德行，对他的生意也是非常的信任，继而肯定会相当照顾。

杭州城被朝廷从太平军手里夺回来之后，左宗棠将战后的处理工作交给了胡雪岩。正当胡雪岩忙前忙后地处理战后遗留工作时，杭州城里来了一位洋人，奇怪的是他指名要见胡雪岩。胡雪岩接待了他，原来是驻扎在宁波的"常捷军"法军军官让内。原来朝廷在收复杭州城的时候，让内曾指挥带领常捷军帮助清政府用礼炮吓唬过杭州城里面的"乡巴佬"太平军，当时那样做的目的只是帮助清军攻克城门。并且，让内当时只耗费了十几箱炸药子弹，几乎没有人员伤亡就把杭州城拿下。

都说"天有不测风云，人有旦夕福祸"，而且根据历史规律，战争之后肯定会有瘟疫泛滥，杭州城也不例外。宁波在紧接着的日子里也流行起了瘟疫，让内也没能幸免于难，他一连几日，高烧不止。胡雪岩因为让内光复杭州有功，曾许诺只要他在中国一日，在宁波的钱庄就要尽力帮助他。所以让内生病之后，宁波钱庄的档手就带了"诸葛行军散"等散丸药去看望他，让内服完药一天后，居然就能下床走动。

让内是个好奇心极强而且团队性强的人（当然这是外国人的本性），他想自己康复的这么快，是不是也该让自己的同胞们用一下呢。于是第二天中午，就亲自跑到阜康分号，问档手送他的是什么神药，并询问是否可以让自己带一些回去给其他同胞也服用。挡手自然将药给了让内。让内带回的药让感染瘟疫的洋人服了之后个个精神抖擞，于是洋人的头目便派让内到杭州，让他向胡雪岩多要一些这种散丸药。

外国人看中了此药？胡雪岩很是高兴，于是开动自己商业大师的头脑，发扬慷慨解囊的中国传统美德，实实惠惠地送了让内两大箱这种药。外国人一定要留下钱，胡雪岩却执意相送。就这样，让内带回的药不仅管用，而且中国商人重情薄利的名声就在洋人中传开了。自然而然，胡雪岩的广告收到了它该有的广告效应。胡雪岩刚到上海，就有洋人找了来，说在宁波曾经服用过胡庆余堂的药，不仅药效奇佳，而且胡庆余堂的人品极好，现在他要随船回国，希望胡雪岩卖他一批成药，他还留下定金，说下次再来中国，还要采购。

就这样，胡雪岩的药店名声越传越大，到最后，竟然还传到外国人那里去了。这当然也给他带来了生意上的极大好处，不仅声名远播，还利润滚滚。只此一件小事我们也该明白了为什么胡雪岩能将生意做活、做强了，因为他除了擅用人才，有双慧眼，还深谙商场经营的各种手段。

其他，还有很多胡雪岩做活广告的例子，像盛夏给莘莘学子提供药丸预防痢疾之类。所以，可以毫不夸张地说，正是胡雪岩深深懂得了广告给自己带来的效益，并大力地用各种各样的手段给自己公司树名声，打广告，才使得胡庆余堂的名号渐渐地在全国闻名。

精良的产品是威力无穷的市场引爆器

胡雪岩官道箴言：

> 与人争胜，物真价实是关键。
>
> 任何一家公司，如果要想在商场中生存并发展下去，唯一能让它不被商海弄潮溺死的方法就是要有一个"质量优良"的产品。只有有了这个救命的东西，公司才能如同是抓住了一个救生圈，即使不能翻身矗立起来，至少也能让它摇曳不倒。

很多商家最希望看到的一幕就是自己公司的产品一旦投入市场，马上就激起一片水花，而且火速地引来商场的爆炸。当然，这一幕向来很少发生，至少发生的概率非常的小。因为这要求商家的产品必须有十足的优势，能将以前出现的同类产品 Pk 下去，或者至少能比原来的商品有非常大的突破或创新。

随着商业的发展，不仅品种上已经越来越琳琅满目，就是质量上很多的商家也是使尽了力气，动足了脑子。所以，要想在市场中异军突起，带来商场中的一场沙尘暴，给现今的市场带来冲击，让自己的公司成功，那唯一的办法就是把好质量关，做出一流的产品。

关于这一点，商人的祖师爷胡雪岩就是一个例子。他当初开钱庄的时候，已经是钱庄林立的局面，况且还存在着实力雄厚的山西票号在这个领域构成的巨大威胁，但是他最后不但能存活下来，还将钱庄做得非常大，原因就在于他的钱庄信守了钱庄产品"借贷"必须符合"讲信誉"、"客户第一"的原则。所以，这种无形的商品在质量上的严格把关给他带来了巨大的客源，丰厚的利润。

俗话说"德行定终身"，现实中那些真正做大、做强的企业，它们之所以成功，之所以得到市场的认可，和它们管理者的人格、人品是有很大关系的。一个真正能生产出负责任产品，高质量产品的公司，其管理者在为人处世上肯定兼具着诚信、对社会负责这两种美德。

现代的传媒业异常发达，我们经常会听到或看到，今天这个企业家为某个贫困山区建了一所希望小学，明天那个大明星义演，为弱势群体筹集善款等，这都是一些有社会责任感的行动，那些人也都是有社会责任感的人，他们很自然能得到社会的认可，成就一番辉煌。

社会责任感已经不是一个新词语，它除了在社会上表现为是一些英雄人物所说的"上报国家，下安黎庶"，还在经济上表现为对消费者负责、对社会负责、对自己负责。而这种表现主要体现在公司生产的产品上面。这就是为何优质产品能成为市场引爆器的原因。

"红顶商人"胡雪岩，之所以能成为今天说来的成功企业家，就在于他继承了中国传统商人优秀品格中的一个重要理念，那就是上忧国，下忧民。胡雪岩不仅在官场中协助左宗棠办理洋务，协助西征筹集粮饷，济世救人，扶贫济困，还在生意场上戒欺，讲诚信，重质量，关注消费者利益，为客人着想等。

在胡雪岩的理论中他一直认为：无论为官为商，都要有一种社会责任感。也就是说既要为自己的利益着想，更要为天下黎民的利益着想。否则，为官就容易成为遗臭万年的贪官，为商就成为成不了大气候的奸商。当然，这两种人，都是没什么好结果的。

所以，要想成为一个堂堂正正的商人，做细水长流的大生意，那么就必须要将人品中优良的品质应用到做人、做事、做生意中去。应用到做生意上，就是要把好质量关，不给消费者造成任何利益损失，不给社会造成任何的负面效应，不给国家造成任何利益的侵害。关于这一点，无数的商业大家是楷模。例如，日本的稻盛和夫，他能在有生之年创造了两个世界500强，在他的《活法》一书中，我们就可以看到他经商成功的秘诀——将优秀的人性品格融入于经商中。正是这样的经商理念，他才能严格地以做人的原则来对待商品，以做人的美德来美化商品，继而获得消费者的认可，独领市场风骚。

胡雪岩除了开钱庄为客户着想，以诚信待人，不忽视下层人民外，他开药店还基于"济世救民"的目的。所以他才会在药材的选择、药方的匹配上要求严格，从而造就了一个"放心药店"的形象，吸引了极多的顾客而大获成功。

从地理上来看，浙江的气候适宜、自然生态环境也很优越，是非常适合药材生长的宝地。所以号称"浙八味"的浙贝、元胡、白术、白芍、麦冬、玄参、郁金和菊花，在浙江的城乡都有广泛的种植，并且也因为水土的原因它们的品质都很优良，向来被历代皇家御医所采用。

因此，胡雪岩在要求自己药店进行药材选取的时候，就制定了这几样东西一定要选购浙江本土的这个规矩。并且，其他的各种药材，他的选购要求也非常的严格，这致使胡氏药店的药从选材上就已经比别家的药店讲究很多。这样，从一到一百，他都做到尽善尽美，等到后来出来的成品——药，那自然比别人家的产品好出的倍数就不只是一点两点了。

而药，向来是治病保命的物品，涉及到的是人的健康问题，好的质量自然就容易使病人脱离病魔的折磨，不仅快速恢复健康，还不容易给病人带来其他的伤害。因此，这类型的产品在同类商品中，拥有好的质量肯定容易取胜，并且好的质量对于市场的冲击力是非常强的。病人或医师在使用这些药品一次、两次，多次之后，渐渐可以区分出药品质量的好坏，这无形中已经用自己的产品给自己做出了广告。好质量产品的广告效应自然好，不仅名声打响，产品也为人所接受，顾客就更是络绎不绝了。

胡雪岩曾经在医药业发达的杭州生活多年，自然或多或少地受到中医文化的影响。他明白"济世救人"的重要性，也明白药效对于减轻病人痛苦的巨大作用，所以他总是尽自己所能选择好药材，严格要求工人进行合理配方、制作，从而以生产出好疗效的药品为目标。那个时候，刚好赶上咸丰、同治、光绪三朝，全国范围都在进行着农民起义、中外交战。而一波未平一波又起的战争每次一打完，往往尸体堆积如山，再加上自然灾害频繁，各地瘟疫不断流行，老百姓为此吃尽了苦头。

胡雪岩看在眼里，痛在心里，上面说过他是一个心地善良有着强烈社会责任感的人，既然有社会责任感，他就打定了救死扶伤的主意，自然就会加倍地提升自己药店产品的质量。早在清军镇压太平军和出关西征的时候，他就已经邀请江浙名医一起研制出了诸如"诸葛行军散"、"胡氏辟瘟丹"、"八宝红灵丹"等具有奇效的药品，送到左宗棠、曾国藩的军营，以及陕甘豫晋各省藩署来帮忙减轻军士的伤痛，缓解打仗的后顾之忧。

后来的胡雪岩在经历了很多事情之后，想到了开药店这样帮助百姓更直接一些，于是就开起了药店。当时在乱世中，开药店对于胡雪岩来讲只是为了做一项善举，他并不想以此赚钱。况且，乱世之中，常有瘟疫流行，加上兵匪交按，百姓已经流离失所，还要饱受因水土不服导致的病患，这样的惨景在一个有社会责任感、有民族危机感的商人眼里是一幕幕悲剧。他悲痛伤心还来不及，怎么还会想着在那些已经吃不饱、喝不足的百姓身上赚钱，所以这时候开药店必定赔本。

胡雪岩本是一个有商业头脑的人，这个时候开药店赔本的道理他肯定懂，但他同时也是一个真正意义上的大善人，是一个为大局着想、分得清轻重的人。念及天下黎民百姓的艰辛，他的宗旨就是：纵然做赔本买卖，也要帮助百姓们脱离苦海。于是，他下令阜康在各地的钱庄，另设医铺，就算是有钱的人家也少收费，对于没钱的人家更是直接白看病、白送药。

另外，胡雪岩看到战火导致官兵伤残严重，还与湘军、绿营军达成协议：军队只需出本钱，不需出力，胡雪岩派人去购买原材料，再召集名医，配制成各种金疮药送到营中。胡雪岩这种有民族精神的商人真是世间少见，以至于连曾国藩知道他的作为后，都大为感叹："胡氏为国之忠，不下于我。" 由此可见，胡雪岩药店的药品质量绝对是靠得住的。优质的产品加上他优质的服务，胡庆余堂不出名都难，不成功都难。

这就像 2008 年汶川地震的时候，全国上下一片哀痛，人们有钱的出钱，有力的出力。有些有善心的商人更是既出钱又出力，不仅筹集善款帮助赈灾，还派出人力、物力来参与救援。当然，他们的这种善举是一种社会责任感的表现，他们的这种行为是一种为社会、为人民负责的表现，因而灾情过去之后，大凡那些在赈灾中有重大贡献的公司企业，都受到了社会的关注，人们争相购买它们的产品。因为在一般人看来，国难的时候能挺身而出的公司企业，就如同国家、民族危急时候能挺身而出、站出来的大丈夫一样让人值得信赖。既然是值得信赖的公司企业，那么它们生产的产品、提供的服务必定也融入了它们的企业文化、公司价值观，那产品或者服务也一定具有良好的质量，从而能在市场上起到爆炸性的效果。

在现代社会，人们在上当受骗一次两次之后，已经不再那么容易上当受骗。所谓"群众的眼睛是雪亮的"，在那些雪亮的眼睛面前，任何的掺假，任何的做作，任何的不真实都会被人们揪出他的狐狸尾巴，还原他的真面目。就算刚开始一次两次他会获得成功，谋取了暴利。但是长远来看，他们在商场中的存在注定了是一种转瞬即逝的悲哀命运。而那些暂时赚取的"暴利"，总会在以后的"不诚信"中挥霍一空，并换来覆灭的后果。

如果用药作比方，那么质量好、能解除病人伤痛的药就是好产品，就能在市场上激起很大的浪花。当不诚实的人卖药，一定会用料不实，分量不足，从道德上来讲，当病人服用之后不仅不能治病，相反还有可能会加重病情；从经济方面来讲，刚开始此类公司的运营就出现了方向性错误，那以后它在商场中只能是举步维艰，只能一步步地将自己逼上绝路。

所以，胡雪岩才会说："'说真方，卖假药'最要不得。"他才会要求胡庆余堂卖出的药，必须是真方真料且精心修合，必须是经过严格的用量称重，必须是经过了严格的配药顺序。在购买药材的时候，他规定当归、黄芪、党参这些药材必须来自甘肃、陕西；而察香、贝母、川芎之类必须来自云南、贵州、四川，对于虎骨、人参这些贵重药材，则必须到关外去购买。即使是诸如陈皮、冰糖之类最常见的材料，他要求它们必须是分别采自广东、福建的。

由此，我们可以看出胡雪岩做事的严谨，也可看出他为何能在商海中即使处于浪尖之上也依然风云驰骋。因为，任何一个人，任何一个社会，任何一个群体，对于那些有利于自己的人、事、事物都是存有绝对的容纳心的。在人们这种"趋利避害"的心理下，要想在商场中纵横驰骋，运筹帷幄，立于不败之地，就必须要不断修炼自己的产品，在自身质量上下苦功夫。

服务是易被人忽视却可扭转乾坤的细节

胡雪岩官道箴言：

> 冷语伤客六月寒，微笑迎宾数九暖。如果对顾客不理不睬，甚至恶声恶气，商品再好，门面再漂亮，也会使人望而却步。
>
> 做生意、经营公司都是人主动的行为，这当中自然而然就会涉及到服务的问题。传统中，人们就有关于"顾客就是上帝"的说法，既然顾客是上帝，那就意味着商家必须要提升自己的服务质量，而这一点，向来被很多商家忽视掉。

"细节决定成败"，在这个发展日益快速的时代，更多的人已经将这种观念植根于脑海，并将它融会贯通到商业领域。纵观现今商场，有很多很成功、很卓越的公司，它们之所以能从众多的优秀者中脱颖而出，成为某个行业的龙头老大，就在于它们比别人更注重小问题，也就是所谓的"赢在了细节"。

商界有这样一个故事：日本东京有一家外贸公司，它与英国一家公司有着贸易往来，只是贸易额不是很大。巧的是，英国公司的经理经常因为业务的需要而乘坐从东京到神户的火车。长时间之后这位经理发现了一个规律：自己每次从东京去神户的时候，座位总是被安排在了右窗口，而返回东京的时候座位却总在左边窗口。这位经理有些不解，就前去询问帮忙购票的日本公司的那位购票小姐，这其中是不是有什么缘故，令他没有想到的是，小姐微笑着答道:"您乘车去神户的时候,富士山在您的右边,所以给您买了右边的座位;而当您返回东京时,富士山在您的左边,所以给您买了左边的座位。因为外国人大都喜欢富士山的美丽景色,所以我特意为您安排了不同的座位。"这位英国经理听后十分感动,觉得这家公司很细心,他立即把这家日本公司的贸易额从50万英镑提高到200万英镑。

既然细节决定成败。那么什么是细节呢?对于企业来讲,细节就是公司的根本素质,企业文化公司价值观等。正如俗话所说:"播种经历收获习惯,播种习惯收获性格,播种性格收获命运。"公司只有在有了良好的人文素质、优秀的企业文化、良好的公司价值观的基础上,才能将一切事情做得有条不紊,任何细小问题都摆上日程,从而才能增强和同行业其他公司的竞争力。

一个企业,不论大小总有一个所谓的"企业文化"。但是现今存在着一个不好的现象是:企业文化中,公司总是过分地将目光投在了员工的能力要求上,而忽视了左右公司成败的员工素质的提高。这就导致了一个结果:员工的确有了较强能力,只是员工本身的素质没有提升,导致了那些能力受到提高的员工在这个环境里面显得有些不相称,并且也容易发生无法对号入座,找不到自我的情况。这就如同一个将衣服洗得干干净净、叠得整整齐齐的人,他只重装束,而忘了自己需要洗洗澡、修修头发、剪剪指甲之类涉及表现灵魂的"小事情"。衣服再漂亮,颜色再鲜艳,穿得再怎么高档,也掩饰不了他的低俗,藏匿不了他的不整。

人是如此,公司更是如此。要想在同行中脱颖而出,做出一番样子,鹤立鸡群,管理者就必须要重视公司内部的素养提升,赢在细节上。而服务,向来是这些细节中比较容易受人忽视却又起着关键作用的一个因素。

很多人都有这样一个经验，当遇到两个卖同样商品的人，人们更倾向于购买那个将自己当做"上帝"般服务人的商品，哪怕他的价格更贵一些。这是因为，每个人的心里都有一种潜在的"社会认同感"。也就是说，当自己受到他人的赞美，或者是受到他人友好的待遇，诸如尊敬、热情等的时候，人的内心里都有一种自己被认同的感觉。购买商品的消费者也是人，他们也会有这种感觉。当卖家对自己表现得毕恭毕敬，热情非凡，微笑服务的时候，除了能带来言语沟通交流之上的愉悦之外，还让消费者获得了一种被重视、被抬高的满足感。同样是商品，同样是消费，都说"消费的目的就是为了愉悦"，既然能愉悦自己，为何不选择那个服务好，能让自己感觉舒服的商家呢？

任何一家公司，经营的目的并不仅仅是生产、销售这么简单，如果只是这么简单，那么任何一门生意只需要有良好的市场定位，有一定的销售经验就行了。但事实证明，事情远非这样，做生意和做人、做事一样，靠的是心，只有用了心，任何事情才会向着好的方向发展。而这个心，又不仅限于挖空心思做构想，它还含有付之以"情"的意思。

商品如果能让人感觉到在购买的时候不只是一种交换，而是一种身心舒服的娱乐，更是一种享受，那这个商品无疑才是成功的，也才会产生极大的市场效应，大获成功。而要做到这一点，服务在中间扮演了举足轻重的角色。

当然，服务并不只是我们平常提出的"微笑"、"热情"这些字眼，它更需要的是一种融情于中：在产品生产的初期为消费者着想，在产品制造的过程中符合消费者的利益，在产品销售的时候对消费者负责。

胡雪岩当初开钱庄的时候之所以能做大、做强，就在于他能在服务上下功夫。他能看到那些达官贵人赴任时候的尴尬，能理解那些有钱人家忙于逃难的不便，能看到小户人家吃不饱饭的悲伤，所以，他为他们不同的人都做了考虑，都做了规划，以至于人人都将他看做是可以信任的人，他的钱庄是一个自己在那里可以享受到实惠的地方，因而他才将钱庄慢慢做大起来。就是后来，他帮助那些忙于逃难的纨绔子弟理财时，也本着为他们谋取利益的宗旨，替他们做了很详细的规划，而这种做法自然比那些只要拉到客源就什么也不管的钱庄强了百倍。无怪乎那些本就贪图享乐，懒得理财的有钱人争相涌向了阜康钱庄。

而等到胡雪岩开药店的时候，他更是将提高服务质量摆上了日程。因为在那个时候，战乱频发，受苦受累的不只是兵士，还有那些老百姓。对于老百姓，胡雪岩向来有一种极深的社会责任感，他给他们药，给他们看病，收很少的钱，或者是不收费，这表面上看起来是在做善事，没有做什么商业服务，但实质上这才是一种最高贵、最让人感动的服务。

对于官兵做药店生意上提供的服务，表现为胡雪岩与湘军、绿营军等都达成协议：军队只需出本钱，不需出力，胡雪岩派人去购买原材料，再召集名医，配制成各种金疮药，然后再送到营中。这在当时的社会看起来完全是为国尽忠的典型，更别提服务了，无怪乎他能成为封建王朝第一个也是最后一个"红顶商人"。

当然，胡雪岩对于做生意中重视服务的思想，除了体现在这些为民着想，为国家民族大义考虑的宏伟方面，还表现在平时对待顾客的态度中。传说中，有一次一个远道而来的顾客，在购买了某种药物之后发现了药物的纰漏。胡雪岩得知之后二话没说，不仅及时地收回了那种药物，还免费给客人提供食宿，让他耐心等待自己药店再给他配制一种新药。几天之后，这位顾客拿到了他们配制成的药丸，自己很受感动，听到这个故事的他人也深受感动。

人，是感情动物。当别人尊重自己，对自己礼貌有加，当做上帝看待的时候，不自觉地就会对对方产生出较好的印象，自己心里也生出舒服的感觉，因而这样会拉近两个人之间的距离。距离既然能拉近，那行销、做生意不就是很容易的事情了？

胡雪岩是个人情上通达的人，将他的那种为人处世上善于替人考虑的风格带到了商业运作上，就造就了良好的服务质量。而这种服务质量对于提升公司形象，扩大公司客源是非常有益的，难怪胡雪岩的生意总是越做越大，越做越广，越做客户越多。

现代社会，很多公司都学会了各种手段、经营模式来发展公司。于是有人在策划上下功夫，有人在产品质量上攻关，有人在广告上投资，总之，现如今的社会，公司与公司之间，实力上面的差距已经越来越小，更多的成功与失败的差距就体现在了诸如服务之类的小细节上。

在郑州的亚细亚商场有一个奇怪的公司，是赔钱公司，公司名叫"售后服务公司"。它主要的职责就是充当商场的售后服务，所以商场对这个公司的考核不是看它赚了多少，而是看它赔了多少，而这个所谓的"赔"就是指赔付给消费者。如果公司把商场拨给它的经费全部赔光，那就证明这个赔钱公司获得了最佳效益了。

很多人都觉得亚细亚商场这么做，不把老本赔光才怪呢。但是奇怪的是亚细亚商场依然做的很大，甚至生意更好。原因是它的这种细致的服务已经对顾客构成了很大的吸引力，人们已经从商场的这种运营模式中看到了这个商场的文化，体会到了商场的可信度。顾客就算是在亚细亚商场买了大件的商品，也不担心会出毛病。因为一旦出了毛病，只需要一个电话，亚细亚商场的维修队便会骑着摩托车上门免费维修。那些维修队不仅技术精湛，而且装备精良，可以在顾客家里充氟利昂，焊接创口。

就算是出现买了不称心的商品这些让顾客烦恼的事，在那里也可以不必着急。因为只需要到这个售后服务公司去投诉就可以为顾客解决此种烦恼。例如：某位开封来的顾客买了两套裙裤，结果因为营业员的一时疏忽把顾客挑剩下来的商品装进了袋里。等到顾客第二天返回商场对售后服务公司投诉，要求退货并报销路费时，公司也心平气和地达成了他的要求。第五天，投诉站站长和部门经理居然还专程到顾客所在的开封向顾客赔礼道歉，并赔偿损失费一百元。这让这位顾客深受感动，也让别的顾客感受到了亚细亚商场的细心负责，服务态度良好，自然也就提高了亚细亚商场的知名度，增加了商场的客流量和交易额。

亚细亚商场的常务副总经理韩梅说："虽然售后服务公司是赔钱公司，但亚细亚商场在 1993 年的销售额曾达到 3.2 亿元，在河南名列前茅，而且居全国第 36 位。"可见，这种所谓的赔钱生意本质上是赚钱的，主要是它靠特殊细心的方式给消费者提供了优质的服务。

所以，任何一个公司，任何一家企业，要想在商海中搏击幸存，继而发展壮大，细节是非常值得注意的，特别是交易行为本身就是一种交际、沟通的人际交流。良好的服务，不仅仅让人看见了企业积极向上的精神，看到了公司关注消费者利益的渴望，体味到了企业深厚的文化底蕴，还让消费者对公司产生了信任，拥有了依赖感，而这对于一个准备发展壮大的公司，是非常有必要的驱动力。

商道 胡雪岩

经商之道 学胡雪岩

第十章

第十一章·荣辱不惊临危不乱，大商家肚里能纳百川

红顶商人胡雪岩，是清末政商界的一个传奇。他以贫贱的钱庄学徒出身，在短时间中事业崛起、形成近代中国金融事业中的一个异数。

胡雪岩曾有豪言："今日之果，昨日之因，莫想过去，只看将来。"人生像是一段美丽的音符，有甜美的乐章，也有悲伤的旋律；人生像是一首优美的诗，有高亢的激情，也有温婉的沉郁；人生还像是一个绚丽多彩的舞台，上面可以演绎着嬉笑怒骂，也可演绎着爱恨情仇。面对世事的沉浮、情感的波动，我们唯有采用一种平和的心态，宽大的肚量，才能做到"荣辱不惊，闲看庭前花开花落"，才能任何情况下"胜似闲庭信步"。

成功商人必备的心态——乐观积极

商道
胡雪岩

经商之道 学胡雪岩

胡雪岩官道箴言:

> 担心有什么意外?凡事物极必反,乐极生悲?我是不太相信这一套的。有什么意外,都因为自己脑筋不够用的缘故。
>
> 我们平常祝福人,总喜欢说"心想事成"。虽然这句话向来被唯物主义哲学论者批判,但实际情况有时候却是唯心主义胜出。积极乐观的人们,似乎总是给人"老天眷顾"的印象,他们因为乐观而积极,又因为积极而创造了良好的现实,再由良好的现实萌发出乐观。如此,周而复始,不断循环。

很多人都听过农夫和驴子的故事。故事情节其实很简单:农夫的驴子掉进了一个深坑里面,农夫费了九牛二虎之力都没有将它解救出来。于是,无奈之下的农夫想到了将这匹老驴埋葬,他一铲一铲地往坑里填土。刚开始,驴很消极,甚至绝望,它抱怨自己的命苦,抱怨农夫的无情,但渐渐地,它发现这于事无补,只能增加自己的痛苦。相反,无意中的一次,它抖落农夫抛下的让身上沉重的泥土,却发现了一个秘密:原来那一铲一铲的泥土可以踩在脚下来增加自己的高度。马上,它就转换了心态,变得积极乐观起来,它甚至快乐地躲着农夫撒到自己身上的泥土,再一点点地将它们踩在自己的脚下,最后,它竟然雀跃着逃离了那个深坑。

对于坑外的很多人来讲，他们看到的只是雀跃着出坑的驴子，而没有看到也没有想到坑中驴子曾有的绝望。因而很多人都忽视掉这样一个事实：那些曾经悲观的情绪肯定会导致驴子最后被沉重的泥土掩埋在那个深深的坑洞里面，是积极的情绪引导它逃脱了噩运，走向自由的。这就是消极和积极的区别。同样的环境、同样的状况、同样的现实，只是心态变了就产生出如此不同的结果。

由此想来，生活并不需要多大的智慧，很多时候只是一个心态的转变而已。连向来被形容为愚蠢的驴都懂了，人还怕他作甚？

拿破仑曾经说过："世界是一个可以产生回音的山谷，可以把我们对生活的抱怨或感激一丝不差地反馈回来；世界是一面镜子，我们对它是什么态度，它对我们就是什么态度。"这么说来，如果我们积极地面对它，它就会赋予我们积极的生活；如果我们消极地面对它，它就惩罚地给我们晦涩的世界。

胡雪岩虽然从小家境贫困，但他很早就懂得了这个简单的人生道理。所以，他一直积极、乐观地生活，而生活也严守信用，赋予了他人生的成功，生活的富裕。

比如当初他创办阜康钱庄时，从外部环境来说，当时正好是太平天国起义时期，国家处于战乱之中。而且，更要命的是太平天国活动的主要区域，也正是胡雪岩开钱庄的长江中下游地区的东南一带。况且，当时国内的金融业也就是钱庄主要还是山西"票号"的天下，后起的宁绍帮、镇江帮经营的钱庄，不论是在业务经营范围还是在整个钱庄商界的影响下，都远逊于山西票号。在这种恶劣的外在因素下，胡雪岩并没有消极悲观，而是乐观地认为：越是混乱的时期，越有做生意的商机。

而从自身条件看，胡雪岩那个时候的身份只是一个钱庄学徒，他除了学徒的经验外一无所有。这明明是大部分人最看重的"残酷现实",然而到了胡雪岩的眼里却变了色彩。他认为:虽然没有本钱,但自己有那些钱庄当学徒的宝贵经验;虽然没有自己当掌柜的经历,但自己对世事、人情有很深的了解,并且还有精到的眼光和过人的手腕。于是,在这种转害为利的思想转变中,他乐观积极的态度改变了现实,终于在那个艰难的环境下办起了阜康钱庄。

其实,硬说"现实随心而动"是很唯心的说法。真正的情况是:当一个人变得乐观积极的时候,他看见的是机会,关注的是有利条件,从而他能有效地抓住机会,利用那些有利条件解救自己。而悲观的情绪往往是一剂毒药,它让人产生惶恐,蒙蔽双眼,看不见可以利用的条件,抓不住可以翻身的机会。

仔细观察那些积极的人,他们总是寻寻觅觅,小心翼翼地在寻找机会;而那些悲观者,除了怨天尤人,悲悯自己外,总是呆坐那里,毫无行动。生活中是这样,商场中更是这样。乐观积极的商人任何时候看见的都是商机,都是自己公司的光明未来。而自从有了那些他们眼中的美丽蓝图作为驱动力,他又会去发现更多的机会,思考更好的经营策略来发展公司,从而让公司步步高升。但悲观者,看见的永远是那些一辈子也解决不完的问题,还没有动手解决,他们就已经被问题的繁多吓住,喘不过气来。这样导致的结果就是他们逐渐感觉力不从心,公司业绩频频下滑。

胡雪岩当然深谙这个道理,所以时时在做生意中应用积极乐观。就是在他的生意面临全面倒闭的最危急的时刻,他也相信自己虽败不倒。

到了光绪七年,曾经生意兴隆,店面外车水马龙的阜康钱庄内部却发生了一件极其重要的事件:总经理宓本常私自挪用了钱庄三百万两白银，投入到自己私下经营的走私业务中。但是他运气不好，货船在吴淞口被人偷袭，全船的货物都沉入江底，这意味着他挪用钱庄的公款三百万两白银打了水漂。而三百万两在当时可不是一笔小数目，一时间阜康钱庄的现金流就打开了巨大的缺口。宓本常虽然自知过失重大，一心想自己填平账目，但他无能为力。

都说屋漏偏逢连夜雨，仅仅是钱庄内部人做做手脚捣捣乱也就罢了，左宗棠的政敌李鸿章及其党羽这时候也插手进来。他们在很快得知阜康资金周转出现问题这一消息后，第二天下午，就安排人到钱庄挤兑。按照钱庄（也就是类似于今天的银行）的运营规则，钱庄里大部分的钱都是通过放贷来再增值的，钱庄只有少量的现金会放在店里来供储户提现。所以，如果所有的储户都拿着自己的存单来钱庄兑现，钱庄就只能倒台。

阜康在被总经理挪用三百万两打了水漂之后，当时钱庄只存有十几万两的现银，而受到李鸿章等怂恿来兑现的人却都是要求三五万两地兑现，宓本常根本就招架不住。随着围观的人越来越多，所有储户都将存单拿来兑现，更糟糕的还是大家都纷纷在传说阜康钱庄"银根不足，被挤兑关门"。胡雪岩知道后，并没有表现出如想象中的那么心急。

那个时候恰恰是他的三女儿出嫁。按一般人的想法，胡家正处于即将破产的危机之中，儿女婚事应该免去铺张。但胡雪岩这个爱面子重名声的人却仍然坚持要把场面做大。因为他始终相信自己的钱庄不会那么容易就倒闭，所以改为乐观积极地面对着这一切。甚至，他还要求婚事的一切不仅都照常，该怎么办就怎么办。所以，他三女儿办喜事那天，胡家仍然是张灯结彩，轿马纷纷。排场上，各式灯、彩亭、仪仗都排出三里路远；那些帮办喜事的执事人等，也是清一色的蓝袍黑褂；抬运嫁妆的挑夫，还是一律簇新蓝绸镶红边的棉袄的装扮，整体气派非凡。当然，这一个场面收到的效果就是，阜康钱庄照样开门，胡雪岩在杭州城里的所有生意，无不风平浪静，甚至阜康挤兑风波也被这一片喜气洋洋冲淡了许多。

胡雪岩当时如果换一种心态：消极面对，那么结果只能是相反的：人们看见家财万贯的胡家连自己女儿出嫁都这么不讲究排场，肯定以为胡家已经到了穷途末路的当口，而这样做对于那些关于阜康钱庄马上倒闭的流言就增加了它们的真实性。恶性循环地，人们便会不顾一切地来兑现存在钱庄里面的银子，这样就会加快阜康的破产。

可以毫不夸张地说，胡雪岩的一生正是在这种乐观积极的心态中一步步走向辉煌的。

如果没有这种心态，他就不会在小小年纪父亲去世，独挑大梁的时候，始终秉持着坚忍的心态承受着生活中的苦难，乐观地面对自己以后的人生，也就不会制定出宏伟的人生目标。

如果没有这种心态，他就不会在枯燥折磨人的学徒生涯中，静静地修炼着自己，锻炼着自己各方面的能力，也就不会走上以后的成功生意人行列中。

如果没有这种心态，他就不会在他出生的战乱四起，颇不太平的年代里，冒险地走南闯北，做着各行各业的生意，也就不会有"红顶商人"的称呼。

如果没有这种心态，他就不会在好几次差点无路可走的情况下，不仅走出困境，还转害为利，也就不会在官和商之间自由地周旋。

美国著名的心理学家赛利格曼认为，悲观的人对失败的解释与乐观的人是不相同的。悲观的解释形态具有三个特点：第一，在时间维度上，悲观的人习惯将失败解释成永久性的。如果一次做某事失败了，他们就倾向于认为，因为这次失败了，所以今后所有的这类事都会失败。而乐观的人刚好相反。如果某件事情做砸了，他们会认为这次失利只是暂时的，只要下次好好努力就会做好。第二，从空间维度上，悲观的人喜欢把失败解释成普遍的。所以，如果一件事情失败了，他们就倾向于认为别的和这件事情相关的事情也会失败。而乐观的人比较理性，他们不将失败普遍化，而只是认为是自己在这件事情上没有发挥好或者是自己只是缺少这方面的能力优势造成的失败而已。第三，悲观的人面对问题，喜欢过度自责。他们倾向于将失败完全解释为个人原因。而乐观的人不会如此不理智，他们会客观地从各方面来剖析问题，让自己不至于陷入自责，走入放大自身错误的怪圈中。

商道 胡雪岩

经商之道 学胡雪岩

第十一章

商场上沉住气，总能一路赢到最后

胡雪岩官道箴言：

> 遇事要冷静分析，以静制动。
> 在人生道路上，每个人的内心深处都蕴藏着一种潜力，拥有一种智慧。而这种潜力和智慧表现为在压力袭来，在困难面前，或者是被欺负、被凌辱的时候都能沉住气，都能充分地展现并爆发出自己的能力。

都说人生如戏。既然如戏，就有悲欢，就有离合。如果一个人能在这些喜怒哀乐面前，保持着平和的心态，不消沉，不躁动，那么长此以往，他终将成大器。

人生如此，商场更是如此。在商场中，硝烟弥漫，竞争激烈，沉浮就如同家常便饭一样平常。如果在这些沉浮面前不能把持住自己，不能沉住该沉之气，性情冲动，做事浮躁，就只会导致对形势的误判，从而产生错误的决策，将公司一步步引向消亡。

胡雪岩就是这样的例子，他曾经说过，"千万要沉住气。今日之果，昨日之因，莫想过去，只看将来。今日之下如何，不要去管它，你只想着我今天做了些什么，该做些什么就是了。"正是因为他遇到事情沉得住气，才能在很多紧急、危险的情况下可以理智地去思考问题，从而解决了问题。当然，胡雪岩不仅自己这样做，他还将这沉住气的智慧教给身边的朋友。

之前，王有龄因为胡雪岩的资助，进京捐官成功，后来又由于有了旧相识何桂清的推荐，回到杭州很快就得到了海运局坐办的实缺。再后来，王有龄又在胡雪岩的全力帮助下，圆满解决了关系到他自己以及整个杭州官场人士前途的运送漕米的大麻烦。

由于在工作中表现突出，不仅能得到上司的"关爱"，又能创有佳绩，王有龄很快在杭州得了"能员"之称。刚好这个时候又恰逢湖州知府出缺，于是王有龄就又顺理成章地补了湖州知府的实缺。而湖州是有名的生丝产地，向来很丰饶富庶，这里因此是一个令许多做官之人垂涎三尺的地方。不仅如此，王有龄还同时得到了兼领浙江海运局坐办的许可，真可谓是前途无量，好事连连。

官场上的顺利，让王有龄自己都有点不太敢相信，他不禁对好友胡雪岩说："一年工夫不到，实在想不到有今日的局面。福者祸所倚，我心里反倒有些嘀咕了。"胡雪岩倒是他自己一贯的作风——平静得很。于是他就对好友说了那段后人引为至理的话："千万要沉住气。今日之果，昨日之因，莫想过去，只看将来。今日之下如何，不要去管它，你只想着我今天做了些什么，该做些什么就是了。"

从中，我们能看出胡雪岩的胸襟和气度。他不是一个斤斤计较的人，不是一个钻牛角尖的人，不是一个感性、冲动、不理性的人。他把一切将推到他面前的现实看得很淡薄，很宠辱不惊，颇有"兵来将挡，水来土掩"的沉着冷静。而他，之所以能这样沉得住气，原因只在于：在他理性的眼中，后天出来的情况，都是今天种下的果实。

由于钱庄经营的特殊性，胡雪岩当初进入钱庄是从后门进去的，并且传说中他自从进入钱庄的那一夜起，后来的整整两个月时间都没有踏出过店门半步。因为按照当时钱庄的规矩，学徒进门首先需要训练的就是"坐功",一方面为了让他们将所有的时间都花在金库里面,练习算银票、包银元、串铜钱等,另一方面也锻炼他们的"沉稳"——做钱庄学徒必备的沉得住气这项特点。因此,白天晚上都待在店里。按照当时的规定,学徒"坐功"的考验期是一个月,如果这一个月内学徒不仅闭门不出,还表现不错,就算合格。但如果在第一个月就漏洞百出,屡出差错,就需要再考验一个月。若是再有违规的行为,就会被彻底辞退。

按照常理,对于一个十九岁童心未泯的青年,又是第一次来到风光明媚、景色如画的杭州,那肯定是想法都要溜出去偷偷观光下。但对于胡雪岩而言,他小小年纪就已经非常理智沉稳,对于这份自己好不容易得到的又是想做的工作,他铁了心要遵守一切规矩。加上家里从小对于他的家教,灌输的要认真、要用心、要勤劳、要努力,更要听老板的话之类的思想,所以整整一个月的时间,他都像是脚下注入了铅锌,始终没有离开过钱庄,并且工作上不但熟练而且准确,没有发生任何差错。

所以,从中我们还能学习到胡雪岩沉得住气的方法:活在当下,做好当下。中国有句俗语叫"种瓜得瓜,种豆得豆",胡雪岩的话也是这个意思。只不过他的表达更突显了他的睿智:现实是需要面对,而不是憎恨和逃避的。因此,沉得住气的另一层意思,就是要求现实中的人们能做好当下的任何一件事情,真实地面对自己曾经做过的事情,勇敢地面对现实。

俗话说得好:"没有无由的福祉,也没有无由的灾祸。"世间的一切荣辱得失,其所得所有,一定有它该得该有的缘由。所以,凡事该淡薄一些、学会沉住气。只有明白了这层道理,在得意和失意的时候都做到宠辱不惊,才能在任何情况下都冷静地分析实际,做出正确的判断和选择。而保持了这样的习惯,再应用"今日之果,昨日之因"的说法，那么以后的日子将会更顺利、更精彩。这也是为什么我们发现很多人一辈子能过上越来越好生活的缘由。

胡雪岩不仅自己这样做，教朋友也贯彻运用这个智慧，甚至也欣赏有这种智慧的人。

前面我们讲过，在太平军攻占杭州的时候，胡雪岩的一家老小都在杭州城内。他的家人会不会因此受到伤害？而他辛苦创立的在杭州城里的店铺会不会被破坏？更要命的是，他的靠山兼好友王有龄因为失去了城池而自缢殉职。这一连串不利的消息，足以把任何一个平凡人击垮。但胡雪岩是出了名的沉得住气，所以他才能静下心来，从而找到了一条解决的办法，不仅洗脱了自己的罪名，还制止了那些不利谣言及事情的发生。试想一下，如果当时的他冲动、沉不住气，浮躁地面对着这一切，那结果将是落进在朝廷和太平军两面都受敌的境况。

杭州城被收复的时候，里面的一切几乎都发生了翻天覆地的变化，而唯一没变的只有更夫老周。他不论什么时候都是一如既往地每夜按时打更，从来没有间断过。那时候战乱刚过，家家户户都是闭门不出，街上也一片萧条肃杀的景象，但胡雪岩重返故里的第一个夜晚，就听到了那久违的"咚，咚，镗！咚，咚，镗"的梆锣之声。为此，他十分动容，在听完老周的每天坚持打更后不禁连声赞叹："难得！真难得！"当即就觉得老周这个人是个人才，并决定要把老周收到自己的门下，还将委以重任。

或许是因为老周的价值观和胡雪岩的相像这个缘故，所以在"精明"的胡雪岩看来，像老周这样的人，他肯定是个无论在多么糟糕的情况下都能一本正经、踏踏实实做好自己分内事情的人。既然他具有这种难能可贵的品质，那就是一个"了不起"的人。因为在胡雪岩的哲学里"世界上很多事，本来就用不着有才干的人去做，平常人也能做，只看你是不是肯做，是不是一本正经地去做。能够这样，就是个了不起的人。"老周刚好符合这个标准。

如此看来，胡雪岩算是发扬光大"沉得住气"精神的一个大家。他自己履行，广为向朋友传播，自己还十分欣赏"业内人士"。

那么，究竟要有怎样的态度才算沉得住气呢？明代的吕坤在《呻吟语》中阐述了这种"沉住气"的真正态度，他说："在遭遇患难的时候，内心却居于安乐；在地位贫贱的时候，内心却居于高贵；在受冤屈而不得伸的时候，内心却居于广大宽敞，就会无往而不泰然处之。把康庄大道视为山谷深渊，把强壮健康视为疾病缠身，把平安无事视为不测之祸，那么你在哪里都不会不安稳。"其实，说到底，沉得住气就是要求人们"不以物喜，不以己悲"，在任何情况下都能保持一个平和的心态，而这需要的可不是简单的一天两天的修炼。

当然，沉得住气并不代表着人不能有喜怒哀乐，只是要求人们在情绪激动的时候稍稍收敛一下，在表达喜怒哀乐的时候把握住一个度，过与不及都不是好事。

翻开历史的卷轴，我们就能发现里面"大家"的处世风范几乎都可以用"沉得住气"这几个字来形容。司马迁笔下的周文王拘而演《周易》，仲尼厄而作《春秋》，屈原放逐乃有《离骚》，左丘失明厥有《国语》，孙子膑脚《兵法》修列，不韦迁蜀世传《吕览》等都形象地再现了古人面对人生曲折、困难、逆境时的沉得住气。就是称赞这种智慧的司马迁，本身也是这个品质的良好继承者。他即使受到了屈辱的宫刑，依然沉住气，踏踏实实地创作了中国第一部纪传体通史《史记》。

这个世界的规律就是这样：要想成就为驰骋自身领域，独领风骚的大家，必备的一项——"沉得住气"这个态度绝不能少。

冷眼看失败，输了还能赢回来

胡雪岩官道箴言：

> 事情来了，急也没有用，顶要紧的是自己不乱。
>
> 人的一生，总要经历许多的坎坷、挫折。如果缺少了这些，就不能称之为是完美完整的人生。因为，无论是学习、生活，还是工作、家庭上，任何时候、任何阶段都或多或少地会出现高潮与低谷。人们只有在那些低谷中悲伤过、希冀过，才能体会那些成功的喜悦，相应地，人们只有在那些成功喜悦对比中，才能感受人生的精彩。所以，这个世界才被人形容为酸、甜、苦、辣、咸并存的五味瓶。

成功和失败，就这样填补着人生的空白。它们粗看起来是两个不可调和的对立面，但实质上却是相补相承、携手共进的连体儿。所以，虽然成功令人喜悦、失败令人伤悲，但如果恰当地处理、面对，它们是可以互换的。因为这个世界上没有永远的成功，也没有永远的失败。

俗话说"失败是成功之母"。由此来看，我们在面对失败的时候，不能一味地怨天尤人，低迷不振，而应该鼓足勇气，加油努力，将逆境变换成成功必备的顺境。古今中外，睿智的人们都是这样做的。

光绪八年，即公元1882年，胡雪岩的生意一下子受到了洋行和官场敌对势力的两面夹击，已经到了生死存亡最危急的关头。

第一，由于越南主权所属的问题，清廷和法国的矛盾激化，这导致了上海市面萧条，银根非常紧张，整个上海甚至谣言满天飞，搞得人心惶惶。那些有钱的人都认为在这个时候最能相信的只能是自己，因此，手握着现款不存进钱庄。而对于钱庄来讲，它很大一部分的业务开支就来自于存户的存款。如今存户只取不存，那钱庄就会因为资金周转不灵而面临倒闭的危险。在上海当时，也的确已经有好几家钱庄因此而破产。阜康虽然因为在官商两界都吃得开，实力也雄厚，但暗中也藏着危机。

第二，那个时候的胡雪岩正准备垄断洋庄市场，因而囤积了大量生丝，但是由于洋人为了给中国商人施加压力而联合拒购，胡雪岩虽然力求摆脱这种状况，但一直无法实现为存货找出路的计划，所以，资金方面阜康也出现了危机。

第三胡雪岩以前替左宗棠为办洋务而向洋行借的款，应还的第二期本金的期限也马上到了。加上当时身为胡雪岩靠山的左宗棠的对手李鸿章，他频频准备"在整垮左宗棠之前先挤兑掉他的鼎力后盾胡雪岩"。所以，明里、暗中李鸿章一伙都给胡雪岩不少苦头吃。上海的邵友濂其时正接受盛宣怀的授意，将该拨还洋款的各省"协饷"有意拖延，导致该还洋行的资金始终不到位。而按协议上关于偿还洋款的约定：如果政府借的款到时还不上，就只能由阜康"代垫"。这对现银周转如此紧张的阜康而言，无异于雪上加霜。

第四，当时为了给靠山左宗棠协赈和购买军火，阜康一共需要拨付 45 万两银子出手。虽说这是转运局暂存在阜康的官款，这会儿拨出去只是物归原主，但这么一笔银子出去毕竟对逆境中的阜康少了一个支持。

第五，胡雪岩的女儿在这个紧要的当口于十一月初五出嫁，以胡雪岩定下的宴请局面，至少需要 20 万两银子……

这些都是对胡雪岩不利的情况，看来只要再有点风吹草动，他辛苦创立的家业就将岌岌可危。而偏偏这时候，又发生了由胡雪岩的商界对头邵友濂与盛宣怀合谋挑起的挤兑阜康钱庄的事件。邵、盛二人同属李鸿章门下，胡雪岩则属于左宗棠门下。中法之间战事一起，正直的左宗棠力主张与法开战，而卖国求荣的李鸿章主张讲和，因此双方再次发生严重冲突，但碍于官场不敢公开将这种矛盾激化，只是暗地里争斗。于是邵友濂与盛宣怀为了配合自己的主子李鸿章，就拿胡雪岩的钱庄开刀，派人暗中四处传谣，谎称胡雪岩的阜康钱庄内部空虚，信用不足。

挤兑先由上海开始。那时候上海阜康钱庄的档手宓本常自己还挪用了公款无法补救，就更别说应对了，所以挤兑一下子就酿成了不可收拾的燎原之势，不到一天的时间上海阜康就宣布关门歇业。之后，挤兑风波蔓延到杭州和宁波的分号。在十一月初三，胡雪岩到杭州的时候，才知道上海和杭州发生挤兑的消息。

对于胡雪岩来讲,钱庄是他所有生意的"龙头"和起家的本钱。如果钱庄一倒，那么他几十年辛苦建立的商业大厦就会随之土崩瓦解。因此，他刚一听到这个消息的时候，心情十分沉重，差点不能控制自己的情绪。但我们都知道，胡雪岩是个非常有忍耐力的人，他很快就冷静了下来，准备理智地面对这一切。首先，他在挤兑事件发生的时候，想到的第一件事，就是他做生意以来一直看得比什么都重要的"信用"二字。所以，即使是在那个让他崩溃的现实面前，他依然保持着镇定出现在阜康的客户面前。

作为领导的胡雪岩心中十分清楚，现在唯一于局面有利的，就是自己这个船长必须冷眼看待现实的一切，这样即使不能拯救大船，至少也不至于船毁人亡。因此，到了阜康钱庄，胡雪岩重新使自己冷静下来。他暗暗告诫自己，发生今天的挤兑风潮，完全是自己一手酿成的结果，所以必须面对现实。他还甚至暗示自己：最好忘掉自己是阜康东家的身份，干脆就当自己是胡雪岩的"总管"，那个东家胡雪岩已经"不能问事"，只是委托了自己全权帮忙处理这一场突如其来的灾难罢了。

从心理学上分析，胡雪岩的这种做法有利于将自己从失败的境况中分离出来，更容易冷静下来，集中全部心力应对当时的灭顶之灾。事实上，也的确是这样。在处于失败中的时候，人性决定了人们习惯于在逆境中消极地看待问题，因为过分想到自己的得失，而无法冷静并清醒地思考问题，更不用说分析现状，找到摆脱困境，挽回失败境况的方式方法了。

其实无论是在生活中还是在生意场上，一个人在面对失败的时候，都该有胡雪岩的这种冷静心理。失败有时候容易导致人产生"失心"，而有了"失心"，人就容易进入消极的状态，从而不仅不利于问题的解决，还容易毁掉一个人的一生。

即使是到了穷途末路，自己家底被抄掉，店铺被迫宣布倒闭的情况下，胡雪岩还能说出"我是一双空手起来的，到头来仍旧一双空手，不输啥！我不但不输，还吃过、用过、阔过，这些都是赚头。""只要我不死，你看我照样一双空手再翻过来。"这就是心态，这就是一代大商的心态，这就是能由贫寒出身成为一代大商的胡雪岩冷眼看失败的宽广胸怀。

都说战场上没有永远不打败仗的将军，应用到商场上也是这个道理：商场上也不会有常胜不败的"不倒翁"。做生意，没有人能够向世人宣称自己可以永远立于不败之地，也没有一个商人能够真正地做到永远立于不败之地。是人，总会要失败，是商人，总会有亏损的时候。唯一不同的只能是每个人面对失败的态度，有的人冷静对待，有的人一蹶不振，于是，才出现了世间人不同的生活结局：有的人获得了最后的成功，有的人一辈子碌碌无为。

一般来讲，每个人做任何事情都不可能是一下子成功的，做人如此，做生意更是如此。生意场上，充满了很多未知的陷阱，需要承担很多的风险，因而商人成功的机会在激烈的商战中总是相对的。虽然人人都希望自己能扭亏为盈，虽然人人都希望老天爷永远站在自己的这一边，但事实上，这是不可能的事情。人有分析错误，估算失败的一刻，老天爷也有照顾不周，忙不过来的时候，所以，我们要学会的只能是面对失败时候的态度和勇气。

因此，任何一个征战在商界中的人，或者是有意于进入商场的人，都首先要有输的心理准备，更要具备赢得起也输得起的心理素质。也就是说，在商场当中，面对胜与败应该如同有经验的军事将领打仗一样：在胜利面前不骄不躁，冷静处之；在失败面前不气馁，养精蓄锐再谋胜利。只有拿得起，放得下，才能够算是真正的好汉，才能够踏上成功的商道，走上最终成功的人生。

残局收拾得好，废物也成宝

商道胡雪岩

经商之道 学胡雪岩

第十一章

胡雪岩官道箴言:

> 你为人处世之道，无外乎外圆内方，这决定着你总要想方
> 设法使事情完美无憾，使自己有后路可走。
>
> 残局，顾名思义，就是不好的局面。不好的局面人人都会
> 遇到，但很少有人有处理的智慧。大多数人面对残局的时候，
> 顶多也只能道一声悔恨，说一句悲天悯人的话，然后鼻涕一把、
> 泪一把的不知所措。只有少数人能够冷静下来，分析那些局面
> 的利弊，然后从中理出头绪，找到下手处，再将它们整理规整，
> 变废为宝。

韩愈曾经说:"攀高到一定程度，一分一寸也上不去，一旦失
去势力，一落地则不止千丈。"就充分地说明了残局是多么的令
人难以收拾。但纵观历史，大凡有很大建树的伟人，他们都有收
拾残局的智慧，不仅将原本注定的破败残局收拾得好，还能变废
为宝。

胡雪岩在受到蓄意的挤兑后，除了上海阜康倒闭外，阜康其
他地方的事业也进入衰退期。那个时候，他全力以赴准备苦撑场
面，不仅想保住杭州阜康钱庄的信誉，还试图重整旗鼓，但"天
公不作美"，接二连三接到了宁波通裕、通泉两家钱庄同时倒闭
的消息。

那个时候宁波的通裕钱庄和通泉钱庄，是阜康钱庄在宁波的

两家联号。其实当上海阜康钱庄总号刚受到挤兑的时候，败家总管宓本常还曾偷偷来到宁波，他本来准备要这两家钱庄集资来解决阜康总号的资金困难，却由于宁波也受到时局影响，这两家商号自己也是"泥菩萨过江，自身难保"。挤兑风刮到宁波没过几天，通泉钱庄的总管就因为无法应对这种局面，而不知道躲到哪里去避难了；而通裕更是以倒闭结束。因此，宁波海关立刻命令宁波知县派官兵查封了通裕，并给那时当任的浙江藩台德馨发去电报，告诉他通裕、通泉已经倒闭，请他转告这两家钱庄在杭州的东家，火速赶到宁波协助处理后事。

　　毫无疑问，通裕、通泉的东家就是胡雪岩。德馨在接到电报后心情十分沉重，不仅因为他跟胡雪岩交情很深，还因为他也是重情重义的人。于是，他立刻让自己的姨太太莲珠向胡雪岩透了口风，还告诉他不要着急，并且说如果只用20万两银子就可以挽救这两家钱庄的话，德馨愿意出面走动，请宁波海关先帮忙垫付上，然后再由浙江藩库归还。

　　但是，胡雪岩从莲珠那里得知了德馨的意思之后，却拒绝了他的好意。他请莲珠告诉德馨，作为大人他能这样为自己付出，胡某人十分感动，但心意他领了，这种事情却是不能连累大人的。在胡雪岩看来，既然败局已定无法挽回，自己就需要坚强地面对并处理。逃避责任，置之不理本就不是他胡雪岩一贯的大丈夫风格，所以现在只能是头痛医头、脚痛医脚。况且当时的情况也决定了胡雪岩必须这么做：在那个危机重重，李鸿章阴谋得逞的情况下，如果还想继续艰难地维持这两家钱庄的运营，不过是在弥补那已经裂开的面子。可面子这东西，它仿佛是女人的丝袜，这边补上那边又会裂开，况且还满是疤痕无法再穿。所以，胡雪岩做了一个大胆而又有魄力的决定——放弃通裕、通泉。象棋中不是有一招叫"丢车保帅"吗？既然这是已经无法维持的商号，那么面对现实，赶紧放弃它们，好集中力量保住目前还可以正常运营的杭州阜康钱庄。

用现代的经营理念来分析，胡雪岩的这种做法是商场中常用的一招。他先保住还没有裂开而可能保住的地方，这其实就是一种处变不惊、收缩战线、保存有生力量、以求再战的策略。在商场上，面临全线崩溃且败局已定的情况下，很多有经验的大商人都会使用这种策略。因为这样能及时收缩战线，集中全部力量保住可能保住的部分，还能应付危机和减少损失，有效处理残局。

在商场中，不可能不出现失败的场面，造成商家不愿面对或者是无法面对的残局。但如果能有效地运用上面这种手段，也不失为一个好策略。一方面，它能够避免因为力量过于分散而造成的被对手各个击破的危险。当商家已经出现危机、有了残局的时候，最忌讳的事情就是公司内部不团结，力量不集中，这样会极大地削弱有限的财力物力的效能，还容易给对手一个破绽——有很多闲散地方可以被逐个攻击。

另一方面，发生险情，有了残局的情况下，最基本的目的应该是求得生存而不是发展，也就是说应该整理干净残局而不是重摆一桌美味佳肴。如果不能冷静面对，分析现实，而陷入了无法正确收拾残局的地步，那将会毁掉东山再起的机会。俗话说"留得青山在，不怕没柴烧"就是这个道理。

所以，冷静地面对、处理残局，是一件很具有智慧的事情。面对残局，我们不能简单地让它"以恶制恶"，让残局变得更面目全非，无法收拾；也不能一味地寄希望于将残羹变化一新，重新摆成表面上看来丰盛的样子。真正正确的做法应该是：冷静地分析，理智地面对，然后找到收拾处理的下手点，一点点将它处

理掉，这样才能变废为宝

在钱庄被挤兑，又遭慈禧太后问罪的大灾难面前，胡雪岩并没有冲动地选择自杀或者是逃跑来撇开所有的责任，而是冷静地开始收拾那个自己摆下的烂摊子。他在这个时候还关心着因此失业的伙计，不仅妥善安置了自己的母亲、夫人和十几房姨太太，还处理了大大小小的债务，并想方设法地保全了胡庆余堂药店。就是小到他自己的身后事，他也都做了周密安排，以至于他去世后一百多年，都没有人知道他的墓地在什么地方。

当时在杭州的阜康钱庄遭到挤兑的时候，在那里主事的是胡雪岩最信任的姨太太罗四太太，她本来是一个既有主见又能干的女人，但这种突如其来的大灾难把她给"震"住了。原本没撤只盼望胡雪岩来处理问题的她没想到的是，胡雪岩刚好在钱庄吃饭的时间回来。而面对已经出现的危机，胡雪岩居然还有"闲心"去看伙计们的饭桌。在看见饭桌上只有几个很普通的菜时，他甚至还嘱咐钱庄总管，说天气冷了，早用火锅吧。当时钱庄的规矩是：冬至以后钱庄才用火锅。因为按外国人的做法，吃什么是依据气温的变化而定的（冬天看达到多少度才决定是否吃火锅，夏天吃西瓜的时间也依据气温而定）。

当然，胡雪岩这时候的这种行为不但显示出了他敢于面对残局、承担责任的勇气，而且还是一种策略。通过这次"看饭桌"，伙计们更是在这种关头觉得了老板的好，因此也对稳定人心起到了非常好的作用。

此外，胡雪岩面对别人恶意挤兑导致的烂摊子，并没有流露出常人容易出现的抱怨情绪。在他看来，事情已经发生了，抱怨是于事无补的，当然他也没有找人诉苦。他甚至在这个空档，还想着每年的施粥、做善事不能停止，要一如既往地承办下去。

严格说起来，胡雪岩在那个时候并不怕被官府查抄，因为存进钱庄的公款都有典当行做抵押，至少可以慢慢还。但是胡雪岩是个视"信誉"为第一位的人，加上他又是一个敢作敢当的大丈夫、菩萨心肠的善人，所以他真正担心的是那些个人存款怎样还清。借用他自己的话说，就是："一想到这一层，肩膀上就像有千斤重担，压得喘不过气来。"可见，胡雪岩平常经常说的那句"不能不为别人着想"，并不仅仅是一句冠冕堂皇的托辞。

除了担心个人存款外，胡雪岩作为大孝子，当然对自己家里也做了安排。他先跪拜了母亲，给她请安，并说了实际的情况但请母亲不要担心之类的话。胡太夫人是个睿智的女人，也是个见过世面的人，面对那一切她其实早有心理准备。之前，她就一直觉得儿子是不是发达得也太快了点，并且儿子做军火生意在她看来是在荼毒生灵，所以总觉得这有可能是报应。所以，这次出了事情，她并没多说什么，只是安慰儿子，让他好好收拾残局。(有如此能干、体谅人、敢于承担责任后果的母亲，难怪有胡雪岩这个商界奇才。)

安抚了母亲，作为一家之主的胡雪岩开始考虑处理家里的问题。他和夫人商量，干脆把十几房姨太太都请过来，大家一起吃饭，然后趁机告诉她们胡家已经破败的消息，让她们都回去收拾好自己的东西，胡家再给她们每人几百两银子，都各自散了，各奔前程吧。于是，除了罗四太太，众人都领了银子散了。然后，胡雪岩就带着全家搬出元宝街的大宅，在杭州郊区住下了。

安顿好了家里，胡雪岩就开始收拾处理外面的局面，他算计着怎样才能归还客户的存款。深思熟虑之后，他把钱庄客户分成了三类：第一类当然是显要人物。因为是显要人物，所以胡雪岩的对策是将这部分人的钱先挨家挨户还掉；第二类是穷人，在曾经也当过穷人的胡雪岩看来，这些人有这些钱非常不容易，所以他们的钱是拼了老命也必须要还上的；第三类是家境比较殷实的人家。这类人本身并不缺钱，但他们也很在乎那些存上的钱。只可惜胡雪岩当时的银两有限，所以，欠他们的债，便有些无可奈何了。

家庭、债务都处理得差不多了，胡雪岩就开始想到了安排自己的后事。他告诉家人，在他去世的三天以后，如果门外有戴铁帽子的人转来转去，就回到家里把他穿的寿衣剪下来一角交给他。虽然家人对此很是不理解，但记下来了。

当然，李鸿章的目的是扳倒左宗棠，所以左宗棠身边的红人胡雪岩自然要置于死地。因此，胡雪岩的案子并没有因为他搬出豪宅，偿还了大部分债务就终止，朝廷在 1885 年（光绪十一年）竟然下达抓捕胡雪岩的命令。幸好胡雪岩和官场中人深有交情，浙江官方念及他曾经的功绩，也同情他的遭遇，在公文传递的时候就稍微慢了一些。结果就是在胡雪岩去世后第二天，那份公文才到胡家。胡雪岩的这个案子也就随着他的去世而不了了之了。

胡雪岩去世后的第三天，家门前果然出现了戴铁帽子的人，家人按照胡雪岩生前的嘱咐，把寿衣剪掉一角交给了他，结果那人便一声不吭地走了。原来胡雪岩口中戴铁帽子的人，是旧时候盗墓团伙的探路人。他们专门负责踩点儿，跟踪有钱人家死者的墓地，然后趁机下手。只是，胡雪岩的寿衣已经因为家境的破败而使用了平常的布料，所以，盗墓者放弃了他。

胡雪岩，大清国的一代"红顶豪商"，他曾经因为自己的能力辉煌了几十年，却又在一夜之间，所有的财富都化为乌有。但，所幸的是，他是一个顶天立地，敢于面对现实、承担责任的大丈夫，所以残局被他收拾得很是圆满。否则，换成是任何一个人，在那个混乱的年代上演这么悲惨的一幕，受到祸及的群众何止千万？

第十二章·要想站在商界前沿，唯有创新是手段

红顶商人胡雪岩，是清末政商界的一个传奇。他以贫贱的钱庄学徒出身，在短时间中事业崛起、形成近代中国金融事业中的一个异数。

胡雪岩说:"势利、势利，利与势是分不开的。有势就有利，所以现在先不必求利，要得到势。"所以，他才能在官本位的封建社会如鱼得水，大展宏图，说白了就两个字——"创新"。

关于创新，越来越多的人已经意识到了它的重要性，所以，各行各业的人都在争着履行"创新"这个实践。而根据创新的概念，创新就是利用已经存在的自然资源或者是社会要素创造新的矛盾共同体的人类行为。于是，人们在现有的资源和模式下，大力地拓展新的领域，发展新的方向，探索新的方法，获得新的成功。

稳定的成功，它需要一个团队托起

胡雪岩官道箴言：

> 凡事就是开头难，有人领头，大家就跟着来了。
>
> 现代社会，已经有越来越多的人注意到"团队"的力量，所以，才会在生活中、组织中，大力提倡团队精神，号召团队合作。而之所以团队能显得比个人更具有力量，是因为团队里面汇集了很多的个人。只要团队里面的每一个人都贡献一份力量，那么加在一起，就成就了很多伟大与成功。所以，现代社会已经渐渐摈弃了"自己动手"这种观念，而转向于"跟着东风走"。

中国人向来提倡自己的事情自己干，并一直将此作为是"大丈夫"的标准。所以，自己动手并没有什么错，也的确是符合了"靠自己一双手吃饭"这种观念，但是，这种思想仅限于在做人方面，应用到别的领域就显得有些牵强附会。

从创新的角度来讲，经济学上已经发现"自己动手"不如"借着东风"创造的价值来得多，来得快。一个人，就算他有十分的能力，他也只可能在某个领域、某个方面高人一等，在别的方面总有比他（她）厉害的人存在。而如果能将这个比自己厉害的角色收为己用，那不是就相当于是顺风而行，速度不仅加快，还减少了难度吗？

当初，诸葛亮之所以能打赢赤壁之战，靠的不就是对"天时"

"地利"的利用吗？如果光是靠孙刘联军的兵力，不靠老天爷送来的"东风"，他不可能创造出历史上著名的以少胜多战役。毕竟曹操也不是一个好惹的大军事家、谋略家。这就说明了，这个世界上那些真正取得了非凡成就的人物，靠的并不仅仅是自己的力量。那些成功很大部分是他们善于借势的结果。

对于胡雪岩来讲，他出生在那个战乱四起的混乱年代，照理讲，就算他有再大的能耐，在那些外在环境影响下，他也不一定能完完全全地发挥出来。但他竟然能在如此乱世成就一番事业，靠的就是他善于借势，善于分析时局的本领。

胡雪岩的一生，都认定自己做生意与时局有关。他始终认为自己只有跟随时局变化的步伐，借着东风才能腾飞起来，而事实证明了他这种做法的可行性和先进性。当初，他的钱庄向太平军逃亡兵将吸纳存款的时候，就因为他借用了太平天国必然走向败局这个东风；他拓展新的商业领域，做生丝生意销洋庄，又借用了当时国外西方资本主义发展，国内太平军杀向浙江阻断上海生丝这个东风。

总之，他的一辈子，都在不断地借势，不断地借东风。王有龄、何桂清、左宗棠是他的东风；太平天国、战乱、民不聊生，也是他的东风；就连他钱庄的老板也是他的东风。

当初，胡雪岩为了帮助王有龄捐官，不仅贡献了 500 两公款，还落下了被辞退的命运。但是后来，当王有龄做官归来的时候，胡雪岩并没有如同某些古时人的固执、迂腐——施恩不图报而拒绝接受王有龄的恩惠。相反，他充分地抓住王有龄这个东风，一路上顺着它跑下去，从而开始了自己事业的起步、发展。

人与人之间，之所以出现这样那样命运的不同，很大程度上真的取决于人的做事风格。有些人，他们可能也有如胡雪岩那般重情重义，广交朋友，但是却永远做不到胡雪岩那样的成功，理由其实很简单，就是他们不善于借东风。

有些人有一种很奇怪的思维：对于自己当初帮助过的人，如果某天他飞黄腾达了要报答你，是一定要推辞再三，不便接受他好意的。其实，这是非常不理智的。人与人之间，本就是一个互相帮忙的关系，不能笼统地讲你帮助了谁，或者是谁帮助了你。举个简单的例子，如果你帮助一个老人找到了家，表面上看来你是做了一件好事，你是帮助者，老人是被帮助者。但是转个角度来看，老人受到你的帮助回到了家，而你，却因为受到了老人给你帮助别人的机会，所以锻炼、提升了自己的修养和素质，说起来，老人还帮助了你呢。

因此，对于很多人，在受到自己曾经资助过的人的帮助时，他们总是不断地推辞，仿佛接受了这样的帮助就降低了自己的人格，就降低了自己的品质，就做了一件不光彩的事情。其实这是不对的。任何一个人的一生，都不可能是一帆风顺的，我们总是在别人落魄的时候给予别人帮助，在自己需要帮助的时刻请求别人的援助。这样，这个世界才能是宣扬中的"人爱人"的社会。

再说，东风就如同是自然界的一种资源，在你不利用的时候，它就会凭空的消失，它并不会因为你的用或者不使用而改变自己出现与不出现这个事实。也不会因为你的使用而造成什么样子的损害，所以，理智地讲，东风是可以借的。况且，借势的过程，顺着东风的过程，其本质上是在实现"双赢"。

例如，早期胡雪岩做生丝生意就是一个例子。他为了挣得"销洋庄"的暴利，准备投资生丝行业，借着西方资本主义发展这个东风。而实际上，洋人对于他来做这个生意，还是有一定的"盈利"可言的。他们的国家需要大量的生丝，而中国的生丝商们却几乎都只是小打小闹，没有形成庞大的组织机构，也就不可能完全地给洋人供应原料。但是胡雪岩一旦加入，就形成了有组织、有规模的生丝产业，这给需要原料的洋人提供了便利。

当初，胡雪岩为帮助左宗棠筹办船厂和筹措军饷而向洋人借款成功，也是乘势的结果。

在胡雪岩生活的那个年代，清朝已经闭关自守很久，因此，能有外商进入国土已经是很不容易的事情，就别提国内的商人还有和他们借款的记录了，所以，胡雪岩成为了中国历史上第一个以商人身份代表政府向外国引进资本的商人。在他之前，不仅堂堂政府没有向洋人借款的先例，而且清政府还明确规定不能由任何人代理政府向洋人贷款。

但胡雪岩通过分析世事之后，竟然又让他找到了可以借的东风，并最终成功地借到了洋款。在胡雪岩的理论中，他曾宣扬："做事情要如中国一句成语说的'与其待时，不如乘势'，许多看起来难办的大事，后来居然都顺顺当当地办成了，那就是因为懂得乘势的缘故。"

在和洋人借款这件事情上，胡雪岩觉得可乘的势有好几个。首先，洋人那个时候已经看出朝廷决心镇压太平天国、收复东南财赋之区这个目标，所以很愿意借款来资助朝廷军务。因为对于洋人来讲，只有清政府镇压了太平天国他们才好做生意。其次，那个时候朝廷为了镇压太平天国军务已经十分紧急，所以在对于不许向洋人借款这个条例上会有所松动。再次，领衔上奏这个提议的是左宗棠，他本人手握重兵，又因为平定太平天国有功而深得慈禧太后信任。所以，胡雪岩看到了这个有利于借款的大好形势，终于借到了这个东风。

"顺势是眼光，取势是目的，做势就是行动"这是胡雪岩做人、做事、做生意的准则。所以，在他的一生中，他总是竭尽所能地为自己做势，让自己有借着东风跑的机会。

在官场上，他深知自己不是为官的料，但是却可以利用那些有东风之势的人。因此，他通过资助王有龄、黄宗汉、麟桂、何桂清、左宗棠等人，并通过为他们出谋献策，出力出钱，将那些官场中人的功名与利益和自己的商业利益紧紧联结在一起，从而达到"此人须臾不可离"的地步，也从而让他们和自己成为了"亲密的合作伙伴"。况且，胡雪岩借东风最高明的一点是他并非只是一味地巴结讨好官场人士，而是让他们心甘情愿地帮助、支持、关照自己的生意，能为自己所用，让自己借着他们的东风在商场上跑起来，从而使自己的商业遍布全国各地名噪一时。

可以毫不夸张地讲，王有龄、何桂清等人的升迁和享乐没有一刻离得开胡雪岩。他们或许有做官的资本、做官的能力，但是如果不是胡雪岩的鼎力相助，他们不会走上那时候的官位。而胡雪岩，在熟知自己没有为官方面的天赋时，通过选择资助他们来给自己造就东风这个势。然后借着那些东风，稳稳当当，快速地行进在商场上。

左宗棠，这个大清朝声名显赫的忠臣，他平定新疆后，建立不世的功名，也是因为受到了胡雪岩这个后勤部得力干将筹粮筹饷的帮助。胡雪岩是个人情精，善于观察别人，知道他们最需要什么，所以也能抓住他们的心，替他们排忧解难。当然，光是为自己寻找势力还不算成功的商人，还得学会运用这些势力，巧借东风。胡雪岩深深领会这些原理，所以他能够依靠那些靠山，转粮拨饷、筹款购枪，让所有自己从事的生意，都可以堂而皇之地去做。

最牛商家宝典——事做圆满，两头吃香

胡雪岩官道箴言：

> 生意场中，无真正朋友，但也不是到处都是敌人，既然大家共吃这碗饭，图的都是利，有了麻烦，最好把问题摆到桌面上，不要私下暗自斗劲，结果谁都没有好处。
>
> 中国人向来喜欢圆满，自然而然地遇事总喜欢"和稀泥"，所以，对于那些能"两头吃香"的人更是多一分敬佩之心。商家原本是以赚取利润为目的的一群人，所以，他们总是和"损害一部分人利益"这一形象联系在一起。而真正牛的商家，却能改变人们的这种看法。

在中国人的传统观念中，"圆滑"的人是最吃香的人，他们八面玲珑，见人说人话，见鬼用鬼语。虽然这种人在很多时候被一些人鄙夷为没有自我，但在实际接触中，他们却处处受人喜欢。因此，做生意的人都以具备这种能力的人为榜样，因为这会给自己的生意带来意想不到的收获。

做生意，图的就是有广泛的人气。现在的商业领域，不是有一句专业的词汇叫做"人脉"吗？甚至还有"人脉"就是钱脉的说法，可见，在商业领域中，广泛的人脉对于商业的巨大影响。而对于商海中的人来讲，广泛的人脉怎么来？那就得来自于平时的交际。

如果一个人能做到凡事都做得很是圆满，两面吃香，那么他就比其他人多了一份机会——将利益对立双方的另一方一起收买过来。这就是创新！在别人只能损掉一方，保全另一方的情况下，如果你能想方设法地将事情处理的两边都得利，两方都为你所用，那你成功的概率比别人就增加了一倍。

胡雪岩就是一个善于多方取巧，八面玲珑的商人。他做事情，向来保证不仅不会损害朋友的利益，又保证自己得到利润，有时候甚至还会考虑到第三方的利益，所以，他总是在生意场上纵横驰骋，所向披靡。很多时候，他不仅将事情办得很圆满，还会让坏心眼的商人得到应有的惩罚，里外不是人，以解那些规范商人的怨气。其中典型一例就表现在与"隆昌"米行斗法的过程中。

胡雪岩原本做的是钱庄的生意，但是大家都知道他不是一个固步自封的人，他总是在尝试着将触角伸到别的领域去。所以，这会儿他瞄上了做米生意。而其中，就必然涉及到了和其他米行存在着合作或者是斗争的关系。

"隆昌"米行，是当时非常出名的一个米行，由谭柏年在经营。但是谭柏年却并不是老板，真正的老板名叫石三官，是个纨绔子弟。他本身并没有多大的本事，只是因为父亲死后给他留下了一大笔财产，加上又继承了年代颇久的一家老米行，所以他成天斗鸡走马玩蟋蟀，躲在苏州乡下享福。米行的一切事务他都交给了舅舅谭柏年打理，甚至懒到连账本也不过目一下，只要能收到每年按时交付赚来的银子就行。

谭伯年仗着自己是老板的长辈，又得到"全权处理"的权力，所以向来在米行中行使老板权利，对伙计十分苛刻，店里上下没有一个不惧怕他的。等到那年苏州乡下风调雨顺，谷米丰收，隆昌米行趁机敞开肚子，仓房里囤积了上万石新米，因此谭柏年需要为这些大米寻找买主。

按理说，谭柏年做米行生意也已经有差不多三十年的光景了，对米行生意那只能用了如指掌来形容。论资历和才干，他自己是完全可以独立开一家米行的，只可惜他家道败落，命运让他沦为别人的帮工。这让他向来有些不甘心，加上石三官对于米行又什么事情都不关心，所以他就动起了邪心眼，在账目上做了很多手脚，只是希望用存米销出的方式为自己制造翻身当老板的机会。

　　所以，当山东米商潘家祥抵达上海的时候，谭柏年听说他有意于在上海收购大批谷米，运往北方，就前去码头相迎。不巧的是，见到潘家祥之后，潘却说他已经与胡雪岩签订了契约。谭柏年不是一个省油的灯，他一方面心里暗地里对胡雪岩刚进入米行就揽到这么大的生意耿耿于怀，一方面已经开始了虎口夺食的构想。

　　于是，和潘家祥是老相识的谭柏年使尽了伎俩，费尽了口舌，终于使潘家祥毁了和胡雪岩签的约。胡雪岩是致力于进军米行的商人，绝对不会因为对方愿付一笔违约罚金而高兴，所以，对于谭柏年私底下捅自己的一刀，他想着怎样再起死回生。

　　俗语说："苍蝇不叮无缝的蛋。"胡雪岩在商场征战了半辈子，见过的世面是多的数不清，经历过的艰难也多如牛马，他早就已经锻炼出了一身善于抓住对手的弱点和疏失，予以痛击的本领。凭他的直觉，他认为谭柏年身为隆昌米行档手，从他平时的为人处世和老板不在店内主事这个事实，谭柏年他肯定会营私舞弊。于是，他尽力地回想着与谭柏年交易的每一个细节，终于给他找到了弱点。

　　当时他在同谭柏年讨价还价的时候，谭柏年出乎意料地并不在意谷米的价码，只是要求按一厘二的回扣，把钱存到"裕和"钱庄户头上。凭感觉，胡雪岩就能知道这笔钱是谭柏年想拿的回扣。否则，替主人赚的钱，必然是随大笔米款一同存在一个户头里的。

　　在抓住了狐狸尾巴之后，胡雪岩就开始了还击。他以存20万两银子为条件，让资金紧张的"裕和"钱庄的档手谷真豪，将"隆昌"米行档手谭柏年在"裕和"的存款数目告诉自己（这在现在就相当于是你去银行向银行人员打探存户的隐私，是一种对消费者不负责任的表现）。但谷真豪因为好容易能有一笔供自己周转的资金，也就顾不得商业道德了，他果然给胡雪岩送来了谭柏年存钱的明细账。

　　通过这份明细，胡雪岩不仅推算出了"隆昌"近年来的生意情况，还将谭柏年攫取不义之财的事情也暴露无遗。有了这个，胡雪岩又假冒"裕和"之名，故意将谭柏年在裕和的存银和利息结算账单送到了老板石三官那里，让谭柏年下不了台。更绝的是，胡雪岩还找到了石三官，提出以入股三成、负责米行事务为条件，来帮助石三官整顿米行，挽回损失，这当然获得了一点管理营销经验都没有的石三官的允许。

　　其实，事情到这里，就差不多该收场了。他胡雪岩已经掌控了全局，也扳倒了"隆昌"米行。但是，这不是胡雪岩的做事风格，他的做事风格是将事情做到圆满，两面都好看。所以，他继续实施着他的计划。

　　胡雪岩面对着谭柏年这个落魄的人，又有罪证在手，直接将他送官不就好了。可是，"得饶人处且饶人"的做事风格让胡雪岩忍了一手，他计划着像曾经对待犯错误的朱福年一样，也给谭柏年两条路供他选择。首先，谭柏年直接被胡雪岩拿着罪证送官处置；第二个，就是谭柏年改过自新，然后改跟胡雪岩安心管理米行，为胡雪岩当差。并且，胡雪岩本着他"爱才、惜才"的风格还答应如果谭柏年同意帮助自己，就将他的俸银翻番。进路堵死，退路豁然开朗的状态下，谭柏年当然只能选择屈居在胡雪岩手下供他差遣，胡雪岩因此又收得一个人才，可谓两全其美。

当然了，按照胡雪岩的风格，如果能做到事事完美，处处吃香那是再好不过了，于是，他再接再厉，又开始了对付潘家祥的计划。

潘家祥当时并不知道隆昌米行的一系列变故，加上谭柏年是自己的老相识，他绝对信任谭柏年。所以签约付定金后，他就急忙返回了山东，寻找销售谷米的合作伙伴。其时，北方很多省份已经闹了很严重的旱灾，庄稼也连年歉收，饥民更是成群。而当时，朝廷为了以防民变，严令各省的抚督，开仓赈灾，安抚饥民。

潘家祥是商人，他当然巴望饥民越多越好，那样他的米价才能抬得更高，自己也才能挣更多的钱。所以，很多位官员来和他谈判都未果，直到来了一位愿以每石15两银的价码购买两万石谷米的官人，潘家祥才动了做生意的心。原本潘家祥这样已经能净赚10多万银子，但商人贪婪的本性促使他说："江南战乱频仍，谷价腾贵，购之不易，路途迢迢，成本高昂，我已蚀不起老本，不敢多做了。"没想到的是，那位粮道大人索性每石又给他再添了2两银子。潘家祥见火候已到，决定成交。

等到签约付定金后，粮道大人意味深长地对潘家祥说："救灾如救火，还望潘公信守合约，按时交割，耽误了公事，可不是闹着玩的。"潘家祥因为太信任谭柏年，一个劲儿地拍胸脯说没问题。

等到潘家祥雇下快船20多只来上海装货时，却看见隆昌米行毫无动静。吓得他顿时没有底儿，直接到隆昌兴师问罪，却被谭柏年告知，这里的老板已经换成了胡雪岩。潘家祥是久经商场的老将，他也知道这时候，自己曾经和官场做生意担的风险有多大，所以只能忍气吞声地以每石20两银子向胡雪岩买了两万石米来向粮道交差。这样，胡雪岩净赚 10 万两银子，又给潘家祥闷头一棍。

由上观之，胡雪岩的大商形象跃然纸上。他只是轻轻地动用了一点点小伎俩，却起到了四两拨千斤的效果。不仅扭转了自己的劣势，还收服了谭柏年，更重要的是最后还反败为胜。当然了，这当中，他完全可以不必去理会谭柏年这样的小人，但是，他又是一个不会将事情做绝，给自己留后路的人，所以，他总是能在一些关键的场合上，两面讨好，两面吃香。试想：如果当初胡雪岩只是扭转了局势，扳倒了隆昌米行，那得罪的是一大帮的人，石三官、谭柏年等。而俗话说"多个对手多堵墙"，况且谭柏年还是米行中深谙此道的人，如果以后的竞争中有了他阻挠，那也很是费神的。但胡雪岩现在这样做，谭柏年不仅不会成为自己的对手，还会对自己言听计从，甚至还会对自己感恩戴德。何乐而不为？况且，自己还能从中找回失败的颜面，净赚 10 万两银子，对潘家祥这个见利忘义、爱听信谗言，分不清是非的人也起到了教训的作用。可谓是一箭三雕。

弱就汇流成河，强就强强联合

胡雪岩官道箴言：

> 大家只有齐心合作，才能真正地稳定市面，才能够共同发财。既然目的不外乎一个"钱"字，那么商人就应该合理竞争。
>
> 他这里所指的合理竞争，也包含了合作联手的意思。中国有句俗话叫做："一根筷子轻轻被折断，十双筷子牢牢抱成团。"这充分说明了个人力量的弱小，团队力量的强大，无怪乎现代商业发展中，已经将"联合"、"兼并"等看做是公司发展壮大的一个重要步骤。

一首歌唱得好"团结就是力量，这力量是铁，这力量是钢，比铁还硬，比钢还强"。而歌词里面唱出的内容已经被现实不断证实，因此，"团结"这个词被现代人广泛地应用。在商业领域中，商人们更是将这些融入到了日常的经营管理中，进而创造出了"合作有限公司"、"股份有限公司"、"集团公司"等概念。

有一句广告词说"凝聚产生力量，团结诞生希望"，讲的也是这个道理。人们只有将心团结在了一起，劲儿才能往一个地方使，成功的机会也才会大大增加。这里最显著的例子就是拔河。拔河的一方只有团结在了一起，大家一起共进退，一起用力，才能战胜对方。

胡雪岩作为一代大商，驰骋商场，可谓是呼风唤雨，但是他也是凡人，也会发愁，也有自己一个人办不成事情的时候。这个时候，他能想到的只能是联合其他人的力量。最典型的例子就是他后来转做生丝生意，为了抵制洋商恶意降低价格而联合同行。

那个时候正是清朝开关设埠没多久，中国与欧美及日本的贸易还主要是以江南的丝、茶业为大宗。而随着18、19世纪西方纺织工业的飞速发展，外国人对于生丝的需求量日益增大，因此国内经由上海外销的江南丝、绸数量大增，几乎占据了整个上海"洋庄"贸易的垄断地位。

胡雪岩原本是做钱庄的生意，但是他看到生丝的商机勃勃，就萌发了要和洋人做蚕丝生意的念头。当时，杭州的丝商和胡雪岩闲谈的时候就提到过，销"洋庄"如果能把上万两的生丝先囤积起来，然后等价钱上涨的时候再卖给洋人，那么赚到的利润非常的多。只是这样做唯一的弊端就是需要的本钱太大，况且洋人做生意不如中国人厚道，他们表面上与你讨价还价，做出一副仿佛铁定了就与你谈生意的架势，私底下却会去寻找其他的门路。而大多数的中国商人就败在了"资本有限"这一条上。他们没有资金周转，生意就会做不下去，因此每每囤积不到一定的时候就急于将货物脱手，而那个时候他们的窘况又被洋人掌握，当然对那些货杀价采购。所以，单个的商人们因为周转资金吃紧这个问题而无法将这个生意做大、做好，也就白白便宜了洋人。

胡雪岩虽然自己是开钱庄的，照今天人们常调侃的一句话就是"他是开银行的"。但是银行也有银行的运营模式，并不是像摇钱树一样的"要就来取"般无底。首先，银行需要有大量的资金储备，也就是说你只能眼睁睁地看着它在那里放着，因为这样是为了保证客户来取的时候业务能顺利进行下去。其次，银行的钱并不是老板自己的。他只是筹集起来了客户的钱，然后借贷给第三方而已，所以，说到底他并不是真的具有随意支配那些钱的权利。

因此，如果要能做到资金充足，可以和洋人抗衡，那就必须要联合其他的商人一起行事才行。至少，这样在一个人资金周转不开的时候，后面的人可以充当后备力量顶住。这就相当于是行军打仗，前方在攻击的时候，后备力量也养精蓄锐，后勤也在默默地供给支持，这样才能保证打胜仗。

　　胡雪岩是何等聪明绝顶的人，他当然知道自己一个人在做这件事情上时多么力量微弱，力不从心，所以他认为，做这行生意就怕心不齐，如果那些专与洋人做丝生意的"丝行"、"洋庄"能像茧行收茧一样，同行之间可以进行公议，然后再定下一个统一的价格，这样愿买就买，不买拉倒，不就可以制服洋人，让他们服帖了吗？

　　胡雪岩因为铁定了要将所有人团结起来，凭借团结起来的强大力量，所以有了这种想法之后，他当然就是想办法解决目前存在的问题了。对于那些也想加入这个团队，有资金做后盾的商家当然很好，对于那些本钱不足，周转不灵只能急于脱货求现的商行，就得想办法了。一个就是以他们求现的价格予以收购，一个就是给他钱庄贷款做后盾。这样，慢慢地，那些同行们就集中到了一起，从而终于扭转了和洋人做生意的劣势局面。而他这种构想让他初入生丝行业，在生丝生意上就行之有效净赚了 18 万两银子，因此在以后的生意中他更是大力地使用这种方式。

　　事实证明，胡雪岩尝到了团结起来的甜头。这件事情也进一步论证了"团结就是力量"这句话。根据物理的力学原理来讲，当受力只是一根筷子的时候，手指接触它的面积很小，压强也就会非常的大，故而它轻易就被折断。但是当将一大把筷子放在一起的时候，一方面不仅受力的面积增加，而且在压力上也有所减小，所以，压强变小，筷子也就不容易断了。

当然，这只是从反面来论证"团结就是力量"，如果从正面来讲。当一个人面对一个重物的时候，凭借他自己一个人有限的力量，就算是能搬动它，也会耗费自己很多的力气，但是如果在这个时候和人合作来搬，每个人都只需要用一点点的力气就可以搞定这件事情。换个应用环境，拿到商业上来说，用小成本就能做成的事情干嘛要用大成本呢？

当初，胡雪岩做生丝生意是为了赚取钱财，但后来随着生意做到一定地步的时候他的目标就是垄断上海的生丝市场。而要做好这一步，当时唯一的办法是说服上海丝行同业联合起来，然后才能共同对付洋人。但是，当时的胡雪岩只是刚开始涉足生丝行业，生意的重头还在钱庄上，所以论经验、论实力，都无法在生丝行中对其他同行产生较大的影响力。因此，他将目标指向了上海生丝行业的老大庞二。

庞二生在上海一个丝业世家，他控制了上海生丝市场的大部分生丝，如果能和庞二联合起来，那胡雪岩垄断上海生丝市场的策划就不仅仅是个梦，而是活生生的现实。于是，胡雪岩又使用了他惯用的一套与人接近的方法来联合庞二。

胡雪岩在结交方面很有一套，因此，为了达到和庞二结识继而再合作，他又费了一次劲儿。只是这次，他幸运地有刘不才这个活宝帮忙。据说庞二不是个一般人，这个富家子弟他不贪财也不贪色，唯一的爱好是赌博。胡雪岩于是想到了自己的公关经理刘不才。

刘不才原本就是一个嗜赌如命，因赌败家的纨绔子弟，所以在赌场上是不要命的角色，那些什么麻将、赌桌上的牌九、摇场摊的名堂等，他是无所不通、无所不会。所以刘不才受到胡雪岩指派后，专门陪着庞二用各种赌法连赌了两天两夜，让庞二玩的不亦乐乎。当然，刘不才赌桌上的全身解数也换来了庞二的尽兴，庞二甚至由此把刘不才看做玩乐场上不可多得的朋友，还爽快地说："无论是在一起玩，还是干啥正经事，都有你一份。"

刘不才看火候到了，便告诉庞二自己的东家胡雪岩希望和他联合，一起控制上海生丝市场。庞二不是等闲之辈，刚听说胡雪岩的时候因为跟他接触不多，自然也有些顾虑，并多少觉得这只是一个穷小子闯出来的老板，实力、魄力等肯定有些欠缺。等到后来胡雪岩借助湖州官场的势力帮助他解决家事事端之后，他才完全地铁了心与他合作，甚至还将自己在上海的生意也全权委托胡雪岩打理。

拉拢到了上海生丝行业的龙头老大，胡雪岩终于成立了上海丝业同盟，也就联合大家的力量一致对外来赚洋人的钱。当然不用说，他们一起大赚特赚，扭转了之前交易被动的局面。

从中，我们不难看出，胡雪岩在生丝生意上的成功很大程度上得益于联合同行业的结果。他原本只是一个初涉丝行的新商，要想将生意做大，赚更多钱，扭转和当时认为"实力强大"的洋人做生意的被动局面，他就必须要看到自己一个人在漫漫商海中驰骋的孤寂这个短处。而他，也正是意识到了这一点，并灵活地将同行业联合了起来，才转被动为主动。这种组织模式我们可以视为是"集团"公司的雏形。

现代商业中，越来越多的有志于做大生意的商人都意识到"生意要做大，做精，公司要发展壮大，走'组建集团公司'这条路是一个非常好的选择"。而事实也的确是这样，小的公司在商场中，就犹如是茫茫无际大海中的一叶孤舟，如果有大风浪的袭击，它将难逃被淹没的厄运。而如果利用团队合作的力量，你弱我扶，你孤我陪，你困难我救济，那么取长补短，各尽所能，总能在商海中躲过风浪的袭击，胜利到达成功的彼岸。

商场上敏捷虽好，成大事终须三思而后行

胡雪岩官道箴言：

> 事缓则圆，不必急在一时，要妥当了再动手。
>
> 生活中，很多人都羡慕甚至是赞扬一个有着敏捷的思维、行动的人。似乎"敏捷"生来就是一个褒义、受人喜欢的词汇。可应用到商场中，某些时候它却显得有些成事不足败事有余。因为在商场中，风吹草动的时候是多之又多，如果只是敏捷而没有三思，将注定失败。

战场上一个士兵如果足够敏捷，那么他总是能在战斗中灵活自如，不仅奋勇杀敌还能全身而退。但是商场毕竟不是战场，商场没有明显的硝烟，没有明晃晃的敌人，没有可视的地理环境可以利用，商场里面，只有无形的一切。无形的刀刺伤你，无形的阶梯抬高你，无形的壁垒保护你，无形的黑暗吞噬你……

市场，人们永远用着"瞬息万变"这个词语来形容。既然是瞬息万变，那么敏捷是一大优势。有了敏捷，人们就可以察看商机，就能把握时机，就能实现盈利。但是，事实证明，商场中真正的赢家，并不是那些敏捷的人，而是那些既有敏捷眼光、行动，又知道三思而后行的人。

俗话说"冲动是魔鬼"。冲动很多时候又是敏捷带来的副产品。人性有一个弱点，就是在自己看见一个事物，大脑做出第一反应

285

的时候，很是专注于本事物，往往不会考虑其他。所以，很多人才会用"大脑发热"来形容那时候的冲动与糊涂。

那个时候，胡雪岩看到洋人卖给国内交战各方军火发了大财，心里也痒痒，作为商人贪利的本性驱使他也很想从这军火生意里面分一杯羹。刚好那个时候他还占着天时地利人和的优势。于是他就敏捷地准备抓住这个好时机！

那个时候的中国，八旗军、绿营军、湘军、淮军、太平军、小刀会、捻军等，都打得不亦乐乎，大清已经天下大乱了。当然，随着社会的发展，历史的前进，人类的文明也在逐渐地进步，所以打仗的各方已经不满足于拿着大刀长矛进行厮杀了，而是都对洋人的火枪产生了兴趣。因此，军火生意在那个时候有非常大的市场。

而胡雪岩是大名鼎鼎的左宗棠的背后人物，所以朝廷如果买枪肯定是胡雪岩先占有商机。当时，江浙一带还没有受到战事波及，因此清政府在那些地方正在积极筹办团练抵御太平军的进攻，当然，当时的两江总督以及江苏省巡抚也在想办法调动兵力以便平息小刀会的暴乱。

天时、地利方面的有利条件占有之后，胡雪岩还有人和作为保障。他一方面在朝廷有人，另一方面认识松江漕帮的老大尤五，也就是说可以借助漕帮航运上的势力，将军火从上海运往杭州贩卖。因此，原本就"嗅觉灵敏"的胡雪岩当然匆匆入行了。

刚开始，胡雪岩就派出了会洋文、了解洋文化的胡氏集团对外谈判代表古应春，去上海找到了一个叫哈德逊的英国商人作为自己的军火供应商。很快，古应春就不负所托，谈妥了枪支的价格——大体议定每支 25 两银子上下。而胡雪岩那个时候也已经想好了买主就定位在浙江的各级政府，这样既有钱赚又可以支持

商道
胡雪岩

经商之道 学胡雪岩

第十二章

286

浙江的防务。

　　都说"好事多磨"，敏捷不一定是好事。胡雪岩这笔钱本来因为眼光、行动敏捷就已经快进腰包了，谁料到居然半路上出了娄子。

　　据说是一个普鲁士商人，走了浙江炮局龚振麟父子的路子，然后为"钱途"着想的这对父子又走了浙江省的黄巡抚三姨太的路子，对胡雪岩已经谈妥的生意斜插一杠子。他们对唯利是图的洋人使用的招数是以 32 两银子一支的价格 pk 胡雪岩的 25 两银子一支，并且还与一个洋人签了 15000 支洋枪的合同。

　　其实，按照市场定价，一支洋枪顶多只能卖到 20 两银子，但是胡雪岩当时刚开始进入军火市场，又本着自己"做事图圆满"、"有钱大家赚"的原则，他故意给洋人 25 两银子一支的价格，里面当然包含了回扣——5 两银子一支枪。而现在的龚振麟父子，出价竟然是 32 两银子，那就相当于一支枪就可以赚 12 两，而签订合同的 15000 支就能赚 18 万两银子。

　　胡雪岩终于意识到了自己当时的疏忽：军火行业既然这么暴利，那么窥视这块肥肉的人肯定是相当的多。自己当时真是一时糊涂，财迷心窍，才没有考虑周全，让这煮熟的鸭子即将飞走了。但是，胡雪岩不是一个轻易认输的人。这次，他在认真地分析了自己的优势和别人的劣势之后，准备给他们来个彻底的反击。

　　第一步，胡雪岩认为政府官员，哪怕就是些贪官，都会有顾及面子，担心自己仕途的时候。所以，他让裘丰言写了一个说帖，类似于今天的群众举报，然后交给了浙江省巡抚黄宗汉和浙江省的财政厅厅长。信的内容，只说是有英国商人想卖给浙江火枪，每支枪只要 25 两银子就行。这就一方面给龚家父子挖了一个让他们跳的坑，又给和他们一伙的黄巡抚一个下马威，让他不敢轻易包庇龚家。

果然，龚家父子在得知消息之后，真的感受到压力了，只是他们还没有彻底悔改，只是找裘丰言假意诉了一番苦。裘丰言当然不会相信他们所说的那一套。

第二步，胡雪岩一看龚家这个态度，那还得再给他们施加点压力啊！于是，他就想到了采用当时当官的最怕御史这点来下手（古代的御史也就是抓那些官员小辫子的人）。只是胡雪岩采取的只是虚晃一枪的做法，他"只拉弓不放箭"。那会儿，刚好裘丰言有个做御史的朋友回家探亲，探亲完自然马上就会回京。胡雪岩便天天让裘丰言去找那位御史喝酒，而这场面看得黄宗汉他们一愣一愣的，以为胡雪岩他们在对御史举报自己，心里实在没底，就只能对胡雪岩他们"缴械投降"了。

因此，没过几天，做亏心事在先的龚振麟就找到裘丰言，表示愿意从 15000 支火枪中拿出 5000 支让胡雪岩经手，这等于是胡雪岩从败局中又有了赚头。所以，阜康钱庄的准备金一下子充实起来了，胡雪岩也有 5 万两银子的纯利润可赚。

从这个典型例子中，我们就可以看出：商场中，最忌讳的就是冲动，打一些无准备之仗。虽然敏捷是好事，但要用对地方它才能显示出它的力量。就比如这次，胡雪岩看准了做军火生意的商机，这就是一个很好的敏捷眼光，但是他马上着手就开始毫无顾忌地做事，那自然就犯了"身手敏捷"的错误。

生意场上，生死毫厘之间。有句话说得很对"方向错了，走的越快只能走的越远"，如果敏捷带来的后果是冲动，是导致方向判断错误就前行，那么到最后还不如不要那所谓的"敏捷"好得多。所以，任何情况下都不能大意，都不能一味地以为敏捷是好事，凡事得三思而后行。

当然，这里的三思而后行并没有否定"行动快捷"，也不是提倡"拖拖拉拉，优柔寡断"，而是指在敏捷行动之前能将重大的事情、因素都考虑在内，做到方向上不会出现大失误，行动中不会半途而废，当然，这样结果也会完美很多。

在胡雪岩做生丝生意的时候也有一个例子。他将生丝囤积起来两年，就是在钱庄资金周转不开的情况下，也从来没有动过卖掉生丝的念头。原因就在于他考虑得非常周到，并且这种考虑是建立在敏捷的市场嗅觉的基础上的。

那个时候官府和洋人的关系已经逐渐缓和，所以限制交易的禁令政府是早晚要解除的。如果解除的时间发生在新丝上架前一段时间，那自己的囤积货肯定吃香；就算是在新丝上市一段时间后才解除，而现实证明新丝那个时候仍然运不进上海，那他胡雪岩的旧丝仍然还是紧俏货。因此，无论如何，他只要囤积起来等待解禁的日子，自己就一定会赚钱。

有人说，胡雪岩这样做非常像是在买股票，其实的确有一定的相似性。现实中的好些人只是一味地知道买涨买涨，只要看见某只股票在涨就不顾一切地疯狂买进，却从来没有考虑过它的未来，考察过它的发展，因此，等到那只股票一路跌下去的时候，叫娘的有，叫爹的有，跳楼的也有。而胡雪岩做生丝生意时已经用敏捷的市场嗅觉预测到了那只股票会一直在涨，所以，虽然中间有时候股票的涨幅到了引诱他抛售的时候，他仍然坚持着等它一直涨到涨停的那一刻，而这，没有三思而后行的那份细心，是远远不行的。

所以，生意要想做得好，除了具备敏捷的市场嗅觉与敏捷的行动以外，还需要做好各方面的考虑，三思而后行。毕竟做生意不像是玩过家家，输了赢了就是一点点的痛痒。做生意，成败的代价是非常大的，有时候甚至是倾家荡产，所以，三思而后行比敏捷行动来得实用的多。

附　录

胡雪岩大事记

1823 年　胡雪岩出生。但关于他的出生地向来有两个版本，一说是浙江杭州，一说是安徽绩溪，后世普遍偏向于后者。

1838 年　胡雪岩由于在钱庄当学徒表现良好，基础牢靠，被升为"跑街"。

1845 年　外出谋生十多年的胡雪岩首次回到家乡探望母亲，并完成了母亲安排的第一次婚姻。

1846 年　因为胡雪岩将公款 500 两银子用于资助落魄官人王有龄捐官，而被迫离开了当学徒的信和钱庄。

1860 年　胡雪岩当学徒的于老板去世，由于没有儿子，对胡雪岩又很是看中，就将自己的钱庄赠给了胡雪岩，胡雪岩在此基础上发展而成阜康钱庄。

1860 年　太平军攻克杭州，胡雪岩从上海、宁波购运军火、粮米等接济清朝军队。结识了清政府重臣左宗棠，从此以他为靠山，也替他做后盾。

1872 年　因阜康钱庄分号达到 20 多处，遍布于大江南北，有雄厚资金，又因为资助左宗棠西征有功，被授为江西候补道，赐黄马褂。

1873 年　在强烈社会责任心和忧国忧民心的驱使下，筹办了胡庆余堂雪记国药号，济世救民。

1876 年　在杭州涌金门外购买地皮 10 多亩建成了胶厂。

1882 年　随着外国资本主义的发展对生丝的大量需求，胡雪岩在上海开办蚕丝行，高价收得国内的新丝，囤积起来企图垄断丝业贸易。

1882 年　受到国内情势所逼，以及洋人的恶意拒买，胡雪岩做了一次大亏本生意，导致各地商号倒闭，家产变卖，胡庆余堂被迫关闭。

胡雪岩小传

胡雪岩本名胡光墉，雪岩是他的字，他是安徽绩溪人，也是我国近代历史上一位富有传奇色彩的人物。他首先从一名放牛娃步入了学徒的行列，又从一个钱庄里"扫地、干杂事"的"学徒"一跃成为"官居二品、头戴红顶、身穿黄马褂、拥资数千万两白银"、"富可敌国"、"名下多项产业"的一代巨贾。连向来鄙视商人的晚清政府军机重臣左宗棠都在给朝廷的奏章中称他为"商贾奇男子"，他于是成了中国几千年封建社会中的唯一一位戴红顶子的商人，被誉为"红顶商人"。

作为一个成功的商业企业家，作为一个被后世不断研究学习的商业榜样，胡雪岩有着他过人的商业谋略。他有胆有识，有眼有珠，不仅能在商场中把握商机、运筹帷幄，还十分注重"势"在自己商业经营中的地位。所以，后人在分析他的时候往往说他"商不言商"，原因就在于他在经商上不同于别人的个性之处，就在于花费了很大的精力去做势、取势、用势，将他一生的商业活动都从构筑官场势力开始。

他资助王有龄、黄宗汉、何桂清、左宗棠这些地方官吏和朝廷重臣，在困难的时候帮他们解难，在遭遇政事困扰的时候帮他们排忧，并通过实实在在、诚心诚意的为他们出谋献策，出资出力，将他们的功名利益与自己紧紧地联系在一起，从而达到一种那些官员们普遍感觉的"一日不可无雪岩"的效果，那自然在胡雪岩有难的时候他们也不会袖手旁观。浙江巡抚王有龄、两江总督何桂清，他们都曾经是落魄的官人，但是有了胡雪岩的资助，有了胡雪岩这个"哥们儿"，他们快速升迁、舒服享乐；而封疆重臣左宗棠，更是在胡雪岩这个懂世事、识大体、有能力的得力干将支持下，才成就了西北征伐的大业。所以，胡雪岩才得到了重臣左宗棠的器重与信任，他在官场的势力也才做到了极点。伴随着左宗棠金戈铁马在西北战场上的转战征伐，胡雪岩在不断从上海为他转运输将，购置弹药、筹借洋款，拨饷运粮等过程中，一方面有力地资助了左宗棠，一方面谋取了暴利，造就了自己生意的一个又一个顶点。

胡雪岩那长袖善舞，广为交际，左右逢源的手段常常使人看得目瞪口呆，进而让人大为叹服。他不仅仅是一名商人，还是一名夹杂在"黑"、"白"两道的调和剂。在清朝末年，政府腐败，国势凋敝，帮会势力因此十分强大，以至于对官府都形成了极大威胁，而胡雪岩却能通过自己的本事结交到帮会首领，通过给他们提供固定的运送官饷和官方物资的机会，通过给他们提供资金发展的途径，很快在江湖上拥有了自己的朋友，继而也有了自己的势力。在他帮左宗棠提供源源不断的武器弹药、军饷粮饷的十几年时间里，如果没有漕帮这些"黑道"的保护和支持，他做不成这些事情，成为不了左宗棠的坚实后盾，也就得不到左宗棠如此的信任，继而大发横财。

胡雪岩虽然出身贫寒，又生逢清末社会大变乱的时期，但是他善于适应乱世，善于调整自己的人生态度，把握住时局的方向，挖掘、锻炼并提升自己的能力，并发现成功与发财之道。在那个封闭、混乱、妄自尊大的社会，他能从社会底层的贫苦人群中崛起，能够一步步掌握做生意的诀窍，能够出于商业利益的需要较早地和洋人做生意，能够利用亦官亦商的身份，为左宗棠购买洋枪、洋炮，筹办洋务，能够大胆地改变传统思想向洋人筹借巨款开我国外债先河，这都是很了不起的。

在胡雪岩身上，淋漓尽致地体现了一个优秀商业企业家的形象。他一步一步踏踏实实、他灵活善变却不乏诚实善良，他为人圆滑却真诚守信，他目光敏锐，他嗅觉灵敏，他行动快捷，他思想变通，他善于用人，他长于管理，他成功但不骄傲，他重利却也重义……总之，在他的身上，充分展示了一个优秀商人应该具备的种种品质。所以，后世给予了他"商业祖师爷"的尊称。

当然，他的生意很大程度上和他的做人原则是分不开的，他的善良，他的诚信，他的重情义，他的为民着想，他的敢于面对一切，承担责任等。这就告诉今天的生意人：做生意并不仅仅是一个职业，它是和做人、做事紧紧联系在一起的。

胡雪岩经典语录

1. 圆能打通关节，使你走出困境。

2. 饶人一条路，伤人一堵墙。

3. 不招人妒是庸才。但可以不招妒而自己做得招妒，那就太傻了。

4. 拿了会烫手的钱，即使再多也不能沾，否则会自取灭亡。

5. 生意场中，无真正朋友，但也不是到处都是敌人，既然大家共吃这碗饭．图的都是利，有了麻烦，最好把问题摆到桌面上，不要私下暗自斗劲．结果谁都没有好处。

6. 不抢人之美，你做初一，我做十五；你吃肉来我喝汤。

7. 做生意，把握时事大局是头等大事。

8. 一个人如果要有所成就，一半靠本事，一半靠机会。

9. 机遇是靠双手捧、脑子想出来的。

10. 无论做事还是经商，都应学会掌握与运用机变与权变之理，在任何时候任何情况下都应该时时注意给自己留下退路。

11. 做生意一定要学会寻找合适的靠山。

12. 花花轿儿人抬人。

13. 能猜察别人的心里想法，且善于投人所好，是做生意的一大奥妙。

14. 出自真心的赞美，捧人捧得非常真诚，不露痕迹，使被捧的人特别高兴。

15. 有钱可用，还要有机会，还要看人。

16. 做生意就如行船，有了东风就能更好地行船。

17. 八个坛子七个盖，盖来盖去不穿帮，就是会做生意。

18. 中国人做生意要靠山。

19. 做事情要如中国一句成语说的"与其待时，不如乘势"。

20. 做生意要有长远的眼光，要吃一个，挟一个，看一个。

21. 放长线才能钓大鱼，要想取之，必先予之。

22. 做生意要做得活络，这里的活络，自然包括很多方面，但不死守一方，灵活出击，而且想到就做，决不犹豫拖延，应该是这"活络"二字的精义所在。

23. 舍小利趋大利，放长线钓大鱼。

24. 用连环计，要计计相连，环环相扣，滴水不漏，方能有效。

25. 留得青山在，不怕没柴烧。忍一时之气，可以成就一世，未尝不是一件幸事。

26. 你为人处世之道，无外乎外圆内方，这决定着你总要想方设法使事情完美无憾，使自己有后路可走。

27. 遇事要冷静分析，以静制动。

28. 事缓则圆，不必急在一时，要妥当了再动手。

29. 做生意与做人在本质上是一样的，都要讲个信义。

30. 做事总要将心比心，为别人着想。

31. 穷人想富，富了想贵，人之常情。

32. "好人"我做，"坏人"叫别人去做。

33. 在家靠父母，出外靠朋友。我是在家亦靠朋友，所以不能不为朋友着想。

34. 假如在人家困难的时候，帮着解了围，人家自然不会忘记。到时利用手中的权势，行个方便，何愁五万两银子拿不回来。

35. 我看你好比虎落平阳，英雄末路，心里有说不出的难过。一定要拉你一把，才睡得着觉。

36. 事情都是人做出来的，不通的总是想办法让它通畅才是。

37. 眼光要放远些，在目前留些交情，将来才有见面余地。

38. 顺势是眼光，取势是目的，做势就是行动。

39. 这时候做事，不能说碰运气，要想停当了再动手。

40. 做小生意迁就局限，做大生意要帮公家把局势扭转过来。大局好转，我们的生意自然有办法。

41. 既然目的不外乎一个"钱"字，那么商人就应该合理竞争。

42. 与人争胜，物真价实是关键。

43. 我当然不会闯到死路上去。我说的闯，是遇到难关壮起胆子来闯……我遇到太平军，实在有点怕，现在我不怕了。越怕越误事，索性大胆去闯，反倒没事。

44. 治我损我，拆我的烂污，那是行不通的，甚至应该让你没有好下场。但是只要你尚有可用的地方，饭总是大家一起吃的。

45. 广泛地施恩于人会使自己的事业兴旺发达；而与人积怨则导致灭亡。

46. 江湖上做事，说一句算一句，答应人家的事，不能反悔，不然叫人家看不起，以后就吃不开了。

47. 事情是件好事，不过要慎重，心急不得。而且像这样的事，一定会遭同行的嫉妒，所以说话也要小心。

48. 待人和睦，是一个人的处世之道；生活俭朴能使人家业兴旺、发达繁荣。一个人心性平和，那么气血则通畅；气血通畅，就能百病不侵，骨肉祥和，身体无恙。一个人若能待人和睦，那么就不会与人发生争端；一家人若能和睦相处，那么家业必然昌盛。

49. 为人最要紧的是要收得结果，一直说话算数，到临了失一回信用，自己就完了。

50. 做什么事都要敢于"赌"，敢于出钱。

51. 生意场上的胜败在于你"敢"与"不敢"。

52. 交往、接触和托付的人，如果选择不当，那么即使拥有万金，也不能称之为有钱。

53. 中国历来就有送礼的习俗，然而如何送礼，却是有学问的。

54. 交结官场，不仅"趁热门"，也"烧冷灶"。

55. 凡事总要有个退路。即使出了事，也能够在台面上说得过去……我们的生意，不管是啥，都是这个宗旨，万一失手，有话好说，这样子，别人能够原谅你，就还有从头再来的机会，虽败不倒！

56. 入行开店铺，都希望能够生意兴隆，不断发达昌盛，而生意应以店铺起名开始。店铺起名要与同行相区别，要适合所经营的生意，还要讲究吉利。

57. 名气一响，生意也就自然热闹起来。

58. 门面就犹如人脸，好不好会影响生意的。

59. 凡是贸易均着不得欺字，药业关系性命，尤为万不可欺。余存心救世，誓不以劣品巧取厚利。惟愿诸君心余之心，采办务真，修制务精，不致欺余以欺世人，是则造福冥冥，谓诸君之善为余谋也可，谓诸君之善自为谋变可。

60. 做生意第一要市面平静，平静才会兴旺，我们做事，就是求市面平静。"饥寒起盗心"，吃亏的还是有钱人，所以做生意赚了钱要做好事。

61. 我们做生意赚了钱，要做好事。我们做好事，就是求市面平静。好事不会白做，我是要借此扬名。

62. 做生意是要先求名，不然怎么叫"金字招牌"呢？……这话大有道理，创出金字招牌，自然生意兴隆通四海，名至实归，莫非名利就是一样东西？

63. 做生意要扬名，必须学会扬名之法。

64. 做生意第一要齐心，第二要人缘。

65. 大家只有齐心合作，才能真正地稳定市面，才能够共同发财。

66. 用人要以财买"才"，以财揽"才"。

67. 眼光要好，人要靠得住，薪水不妨多送。一分钱一分用人也是一样。

68. 招数只有出奇，才能达到理想的效果。

69. 冷语伤客六月寒,微笑迎宾数九暖。如果对顾客不理不睬，甚至恶声恶气，商品再好，门面再漂亮，也会使人望而却步。

70. 我觉得眼前只不过是一个挑剔的顾客，而挑剔的顾客才是真正的买主。

71. 市面"哄"得越大，阜康的生意就越好做。

72. 凡事总要动脑筋。说到理财，到处都是财源。一句话，不管是做官的对老百姓，做生意的对主顾，如果你想要人家腰包里的钱，就要把人伺候得舒服，人家才肯心甘情愿掏腰包。

73. 多少年来我就弄不懂，士农工商，为啥没有奸士、奸农、奸工，只有奸商？可见咱们做生意的人的良心，别有讲究，不过要怎么个讲究，我想不明白。现在明白了！对朝廷守法，对主顾公平，就是讲良心，就不是奸商！

74. 能巧妙地利用各种条件来发展自己，壮大自己，才有可能达到自己的目的。

75. 商机抓住了，就能带来滚滚财源；抓不住，财富就会从你身边悄悄溜走。

76. 天变了，人应变。

77. 发财一要抓住时机，二要敢想敢干。换句话说，要靠机会，更要靠本事。

78. 机会要靠大家双手捧出的。

79. 运用之妙，存乎一心。做生意跟带兵打仗的道理差不多……随机应变之外，还要从变化中找出机缘来，那才是一等一的本事。一个生意人缺乏敏锐之性，将难有大作为。

80. 犯法的事，我们不做。不过，朝廷的王法是有板有眼的东西，他怎么讲，我们怎么做，这就是守法。他没有说，我们就可以照我们自己的意思做。

81. 看人要不拘一格，要看准了人再用。

82. 合伙开办商铺、经营生意，应该选择最有能力的人来领导。

适当分工，管理事务，应该选择最合适的人来担任。数人合伙开办商铺的，应该选择其中最有实力的人来托付本钱，选择最有能力的人来托付买卖大小事务。

83. 赋予一个人多大的责任，就应该给他多大的权力。

84. 根据他人的才干，授予他适当的事情，则不会失败。根据他人的能力，让他做力所能及的事情，则能少犯错误……要事先观察他的为人，看他们的能力磨炼到了何种程度。所用之人的才干与所做的事情不相称，必然导致钱财的丧失、生意的失败。所用之人的能力不能担当所托付的重任，必然导致事业的倾覆。家仆、佣人之类，也要根据他们的能力来使用，否则只能是成事不足，败事有余。

85. 对于有势力的人，应该用心来交往。而对于没有钱的人，应该给他们一点利益来结交。如果对方是贫困、窘迫、困难的人，凡事应该扶助支持他，为对方着想，给他好处，那么他必然会感念我的恩情，这对事业的发展未必没有帮助。

86. 对手下要给予充分信任，放手使用。

87. 若是手下自己想要去做，事情办理起来就特别容易。

88. 遭到人们嫉妒的多是能干之人。

89. 要得到真正的杰出之士，只凭借钱是不能成事的，关键在于"情"、"义"二字，要用情来打动他们。

90. 光是我一个人有本事也不行，"牡丹虽好，绿叶扶持"。

91. 做大生意光靠一个人是撑不住的，需要有大批的人才。这就需要在做生意的过程中培育人才。

92. 对小人的失察和放纵，就会毁了自己辛辛苦苦打下的家业。

93. 做生意一定要做灵活，切不可吊死在一棵树上面。

94. 将来总有见面的日子，要留下余地，为人不可太绝。

95. 我有了钱，不是拿银票糊墙壁，看看过瘾就完事。我有了钱要用出去！

96. 有慈善心，肯施惠于人，以仁取众。

97. 诚则灵！种瓜得瓜，种豆得豆，因果不可不信。

98. 千万要沉住气。今日之果，昨日之因，莫想过去，只看将来。今日之下如何，不要去管它，你只想着我今天做了些什么，该做些什么就是了。

99. 做生意怎样算精明，十三档算盘，盘进盘出，丝毫不漏，这算不得什么！顶要紧的是眼光，生意做的越大，眼光越要放远。做小生意的，比如说，今年天气热的早，看样子这个夏天会很长，早早多买进些蒲扇摆在那里，这也是眼光。做大生意的眼光，一定要看大局，你的眼光看得到一省，就能做一省的生意；看得到天下，就能做天下的生意；看得到外国，就能做外国的生意。

100. 人手不够是顶苦恼的事。从今天起，你也要留意，多找好帮手。像现在这样，好比有饭吃不下，你想可惜不可惜。

101. 我的奇技也很多，大小由之，大才大用，小才小用，只看对方自己怎么样。

102. 用人之道，不拘一格，能因时因地制宜，就是用人的诀窍。

103. 一个人最大的本事是能用人，用人首先要识人，眼光、手腕，两俱到家，才智之士，乐于为己所用，此人的成就便不得了了。

104. 事情来了，急也没有用，顶要紧的是自己不乱。

105. 店规不是死板的。有些事不能通融，有些事要改良。世界日日在变……做生意贵乎随机应变。

106. "用兵之妙，存乎一心！"做生意跟带兵打仗的道理差不多的，只有看人行事，随机应变之外，还要从变化中找出机会来，那才是一等一的本事。

107. 什么事都要讲机会。明明一定办到的事，阴错阳差，叫你不能如愿。

108. 今天我仔细想了一想，我的基础还是在钱庄上面。不过，我的做法还要改。势利、势利，利与势是分不开的。有势就有利，所以现在先不必求利，要得到势。

109. 办大事最要紧的是拿主意！主意一拿定，要说出个道理来并不难。

110. 人要识潮流，不识潮流，落在人家后面，等你想到要赶上去，已经来不及。

111. 自己做生意，都与时局有关，太平盛世，反倒不见得会这样子顺利。由此再往深处去想，自己生在太平盛世，应变的才具无从显现，也许就会庸庸碌碌地过一生，与草木同腐而已。

112. 至于要发生作用，局势固然有关系，主要的是看力量。力量够，稍微再加一点，就有作用发生。

113. 不要自恃脑筋快，手腕活，毫无顾忌地把场面拉开来，一个人的精力到底有限，有个顾不到，就会出漏洞，而漏洞会很快地越扯越大，等到发觉，往往已不可收拾。

114. 一个人不能光靠运气，运气一时，总要自己上进。

115. 人生在世，不为利，就为名。做生意也是一样，冒险值得不值的，就看你两样当中能不能占一样。

116. 就请记住一句话，"顺风旗不要扯得太足"，自然万无一失。面子就是招牌，面子保得住，招牌就可以不倒，就是一句总诀。

117. 就像筑堤防水一样，多少日子，多少人工，辛辛苦苦到了"合拢"的那一刻，非要眼明手快，把握时机不可。河官到了合拢的时候，如果情况紧急，往往就纵身一跳，跳在缺口里，身挡洪流，别人看他如此奋不顾身，深受感动，自然一起着力，得收全功。

118. 他到我们这里来做生意，我们也可以到他那里去做生意。在眼前来说，中国人的生意应该中国人做，中国人的钱也要中国人来赚。只要便宜不落对方，不必一定要我发达。

119. 把戏人人会变，各有巧妙不同。巧妙就在于如何不拆穿"把戏"上面。戏法总是假的，偶尔一两套可以，变多了就不值钱了。值钱的还是真东西拿出来。

120. 世上随便什么事，都有两面，这一面占了便宜，那一面就要吃亏。做生意更是如此，买卖双方，一进一出，天生是敌对的，有时候买进占便宜，有时候卖出占便宜，会做生意的人，就是要两面占它的便宜，涨到差不多了，卖出；跌到差不多了，买进，这就是两面占便宜。

121. 有本事也还要有骨气。"恃才傲物"四个字，里面有好多学问，"傲"是他所看不起的人，如果明明比他高明不肯承认，眼睛长在额角上，目空一切，这样的人不是"傲"是"狂"，不但不值得佩服，而且还要替他担心，因为狂下去就要疯了。

122. 世俗都道的一个"缘"字，其实有因才有缘。

123. 担心有什么意外？凡事物极必反，乐极生悲？我是不太相信这一套的。有什么意外，都因为自己脑筋不够用的缘故。

124. 我不爱在人背后传话。无端生出是非，于人有损，圩己无益，何苦来哉！

125. 世界上顶顶痛快的一件事，就是看到人家穷途末路，几乎要一钱逼死英雄汉，我有机会挥手斥金，喏，拿去用！够不够？

126. 我顺便有句话说叫你先有数，我做事是要"抢"的，可以十天半个月没事，有起事来，说做就做。再说句不近情理话，有时候让你回家说一声的工夫都没有。当然，你家里我会照应，天大的难处，都在我身上办妥。凡是我派出去的人，说句文绉绉的话：绝无后顾之忧。

127. 有时候道理不通，大家习焉不察，也就过去了，而看来不可思议之事，细想一想竟是道理极通，无可驳诘。所以只要心定神闲，想的广、想的透，蹈暇乘隙，避重就轻，大事化小，小事化无，亦并不难。

128. 人不能有所蔽，有所蔽则只能见秋毫，不见舆薪。世上明明有许多极浅显的道理，偏偏有人看不破，这是哪里说起？

129. 这也不可一概而论，赴试登进，自是正途，但"场中莫论文"，要靠"一命，二运，三风水"，所以怀才不遇的也多的是。捐例开了方便之门，让他们有发挥机会，不致埋没人才，也是莫大的功德之事。

130. 因此，只要有了私心重的档手，一到动了自立门户的念头，就必然损人以利己，侵蚀到东家的利益，即令是东家一手培植出来的，亦不会觉得自己忘恩负义，因为他替东家赚过钱，自以为已经报答过了。

131. 人以役物，不可为物所役，心爱之物固然要当心被窃，但为了怕被窃，不敢拿出来用，甚至时时忧虑，处处分心，这就是为物所役，倒不如无此一物。

132. 我也相信看相算命，不过只相信一半，一半天意，一半人事，而人定可以胜天。脱运交运的当口，走不得桃花运，这话固然不错，却要看桃花运是如何走法。

133. 细想一想，自己确实是有这样的辞令上咄咄逼人的毛病，处世不太相宜，要好好改一改。

134. 哪个说"福无双至"？机会来起来，接二连三，推都推不开。

135. 什么事，一颗心假不了，有些人自以为聪明绝顶，人人都会上他的当，其实到头来原形毕露，自己毁了自己。一个人值不值钱，就看他自己说的话算不算数。

136. 不得志的时候，自觉埋没英才，满腹牢骚，倘或机缘凑巧，大的其发，却又更坏！

137. 这就是"混世面"的人的苦衷！人之好善，谁不如我？略有身份，总想力争上游，成为衣冠中人，但虽出污泥，要想不染却甚难；因为过去的关系拉拉扯扯，自己爱惜羽毛不肯在烂泥塘里一起打滚，无奈别人死拉住不放，结果依旧同流合污。

138. 为人总要通情达理。三纲五常，总也要合道理，才有用处。我最讨厌那些伪道学，或者不明事理的说法，什么"君要臣死，臣不得不死，父要子亡，子不得不亡"！你倒想想看，忠臣死了，哪个替皇帝办事？儿子死了，这一家断宗绝代，孝心又在哪里？

139. 人有男女，就好像天地有阴阳，万物有刚柔，如果女人跟男人一样，那就是只阳不阴，只刚不柔，还成什么世界？再说，一对夫妻，都是阳刚的性子，怎么合的拢套？

140. "英雄难过美人关"，一等一的厉害角色，在这上头，往往手足无措，一筹莫展，这便又用得着"旁观者清"这句话了。

141. 我想，人生在世，实在奇妙难测。我敢说，没有一个人，今天能晓得明天的事。

142. 我不是昧着良心说话，这不过逢场作戏，要看机缘，总要顺乎自然，不可强求。

143. 我是一双空手起来的，到头来仍旧一双空手，不输啥！不仅不输，吃过、用过、阔过，都是赚头。只要我不死，我照样一双空手再翻过来。

144. 凡事就是开头难，有人领头，大家就跟着来了。做洋庄的那些人，生意不动，就得吃老本，心里何尝不想？只是胆小，不敢动。现在我们想个风险不大的办法出来，让大家跟着我们走。那时候，你想一想，我们在行中是个什么地位？

145. 用人之长，容人之短，不求完人，但求能人。

146. 在商言商，人生就是一场交易，只有盈利或亏本，没有其他存在。

147. 知人善任，所用号友皆少年明干、精于会计者。

148. 做生意、办事情，贵乎于盘算整个局势，看出必不可移的大方向，照着这个方向去做，才会立于不败之地。

149. 我们长线放远鹞，谋得深，虑得远，看到三、五年以后，大局一定，怎么样也能够飞黄腾达，一下子蹿了起来。

150. 要从正道取财，不要有发横财的心思。从正路上走，不做名利两失的傻事。

151. 要扩大自己的生意和势力，把自己的地盘扩大是首要之务。

152. 要有一颗平常心，正确地看待"洋"字，才能取其精华，去其糟粕，为我所用。洋人也是人，也有缺点，只要抓住其弱点，自然可以与其相争。

153. 无论为官为商，都要有一种社会责任感，既要为自己的利益着想，也要为天下黎民着想，否则，为官便是贪官，为商便是奸商，这两种人，都是没什么好下场的。

154. 商人为钱，钱能害性，我这一辈子，不怀念挥金如土之日，而怀念少年时几文钱买锅，喝水酒之日。

155. 同洋人做生意，两种态度完全要不得：一则以洋人为野蛮人，茹毛饮血，未经开化。一则见洋人则腿软骨酥，称之为父母大人。拿这两种态度来办洋务，岂有不丧权辱国的道理？

156. 说是说"慢慢儿"，但决不是拖延，更不是搁置，想到就做。帮他人做事，须知这一点。

157. 为官与经商的道理是一个样，水涨船高，人抬人高。只有这样生意才做得好，官才做得顺。

158. 一个生意人要输得起，最重要的是应该对于"钱财身外物"这句老话，有一种深刻的理解和认识。

159. 世界上很多事，本来就用不着有才干的人去做，平常人也能做，只看你是不是肯做，是不是一本正经地去做。能够这样，就是个了不起的人。